东北师范大学思想政治理论课建设系列丛书

高校思政课建设六论

王爱莲 / 著

Six Discourses on the Construction of Ideological and
Political Theory Courses in Colleges and Universities

社会科学文献出版社
SOCIAL SCIENCES ACADEMIC PRESS (CHINA)

本书为教育部人文社会科学研究项目
"新时代高校思政课程体系的内在逻辑与科学优化研究"
（项目批准号：22YJC710063）的成果

序

在我国，思政课是落实立德树人根本任务的关键课程，是高校青年学生思想政治教育的主渠道。思政课教师是我们党思想理论战线的"嫡系部队"。历史昭示，思政课是在持续改革、改进、加强中质量提升的。因此，思政人需要不断总结经验、勤于探索思政课教育教学规律。在论及如何讲好思政课时，习近平总书记极为深刻地指出："不仅有'术'，也有'学'，更有'道'。思政课的政治性、思想性、学术性、专业性是紧密联系在一起的，其学术深度广度和学术含金量不亚于任何一门哲学社会科学!"①高瞻远瞩、令人震撼、意蕴深远! 就此，我曾在一篇文章中理解道："术"者，实证应用也；"学"者，理论学术也；"道"者，形上规律也。习近平总书记这一论断，为进一步推动思政课理论的系统化、专业化、学科化乃至学术殿堂建设向纵深发展指明了康庄大道。

人的发展的重要标识是思想的延展和心灵的成长，思政课教育教学实质上是一项建设思想、塑造心灵的伟大工程。为了不断加强和改进大学生思政课教育，党和国家对其课程建设进行了许多重要部署，例如，在新中国成立初期颁布的《教育部关于全国高等学校马克思列宁主义、毛泽东思想课程的指示》（1952 年 10 月 7 日），对全国各类型高等学校的思政课程进行了国家层面的统一规划。由此开始，党和国家在历史发展的各个时期都一贯地坚持对课程建设进行适时调整与改革，先后出台

---

① 习近平：《思政课是落实立德树人根本任务的关键课程》，《求是》2020 年第 17 期。

的国家政策中具有代表性的文本有：《高等教育部关于高等学校政治理论课程的规定（试行方案）》（1956年9月9日），由中共中央宣传部、教育部印发的《关于加强和改进高等院校马列主义理论教育的若干规定》（1984年9月4日），《中共中央宣传部、教育部关于普通高等学校"两课"课程设置的规定及其实施工作的意见》（教社科〔1998〕6号），《中共中央、国务院关于进一步加强和改进大学生思想政治教育的意见》（中发〔2004〕16号），《中共中央宣传部、教育部关于进一步加强和改进高等学校思想政治理论课的意见》（教社政〔2005〕5号）。进入新时代，党和国家对课程发展建设的部署继续推进，具体体现为由中央宣传部、教育部印发的《普通高校思想政治理论课建设体系创新计划》（教社科〔2015〕2号），由中共中央、国务院印发的《关于加强和改进新形势下高校思想政治工作的意见》（中发〔2016〕31号），由教育部印发的《新时代高校思想政治理论课教学工作基本要求》（教社科〔2018〕2号），以及《高等学校思想政治理论课建设标准（2021年)》等代表性的政策文本。

多年来，为不断贯彻落实党和国家对思政课的顶层设计和部署，广大思政课教师付出了艰辛努力和认真探究。这是因为，一则课程建设顶层规划的科学性是建立在对课程发展历程、现实要素、矛盾问题等系统把握基础上的，必须深入研究领会，以防止"主观臆想"；二则要保证顶层设计的落地实践，就必须尊重课程建设的经验传统与一般规律，绝不能"盲目指挥"。而无论是对现实的把握还是对规律的认识，都需要有学科性专业性的探讨作为支撑。不得不说，以客观实际为基础、以党和国家政策要求为遵循，展开对思政课程建设的科学性、全面性和切实性的系统研究，产出服务和支撑高校思政课教学与建设实践的理论成果，是思想政治教育学界所有学人的共同职责与研究愿景。

东北师范大学马克思主义学部教师王爱莲撰写的这部专著《高校思政课建设六论》，是她在多年从事思政课的教学实践及理论积淀基础上完成的。作者在高校从事思政课教学16年，经历了思政课不断改进和加强的成长之路，对课程教育教学现状及发展建设有着充分了解与独到见解，具备一定的理论积累和研究储备，始终保持着学术的敏感度，持续关注高校思政课建设方面的动态和发展。现在呈现在读者面前的这部著作，即作者立足新时代的课情实际、问题探赜与发展趋势，在深刻领会党和国家关于课程建设发展的崭新要求的基础上，展开的对思政课程建设的贯通性梳理、系统化认识和前瞻性思考，是一部观点明晰、内容详实、阐述深刻的研究之作。

全书设置课程体系论、历史贯通论、系统要素论、发展矛盾论、课程本质论和内涵式发展论六大部分。每一部分都对课程建设展开了专门性的理论探讨，包括：厘析了新时代高校思政课程体系的内在逻辑，梳理了高校思政课在新中国现代化奋斗进程中的历史迭进、突出特性与发展趋势，阐释了高校思政课发展与建设所面临的矛盾性问题，盘点了高校思政课的要素结构与系统功能，探讨了高校思政课"讲道理"本质的内涵与要求，展望了高校思政课建设内涵式发展的新方略、新要求。同时各个部分又相互呼应、彼此支撑，彰显着现象与本质、历史与未来、传统与现实、系统与要素等多维交织的建构逻辑。本书包含作者诸多对高校课程建设的实践反思和对课程发展规律的理论总结，体现了一线教师对课程建设研究的学术自觉与勇气，虽有不足之处，但瑕不掩瑜，不失为一部很具创新性的著述，且作者对思政课程建设研究的这份执着亦值得褒扬和鼓励。希望作者继续保持这种宝贵热忱，不断"深耕细作"，产出更多对思政课建设发展、对经济社会发展具有促进作用和现实意义的学术成果。

是为序。

张澍军

东北师范大学 2025 年 4 月

目　录

第一章

课程体系论：高校思政课程体系的
内在逻辑与建构

高校思政课程体系及其内在逻辑是马克思主义理论学科亟待破解的前沿性理论课题，具有重要的研究价值。从理论层面看，梳理和阐释高校思政课程体系的内在逻辑，有利于深化对课程发展规律的认识；整体把握高校思政课程发展状况，克服对课程体系感性化、片面性的模糊认识，实现研究内容的理性升华；推进思政课程理论的纵深发展，促进马克思主义理论学科知识内容体系的自觉发展。从应用层面看，深层次地探讨高校思政课程体系的生成逻辑，有助于提高思政课程理论研究的学理性，推进高校思政课程理论的发展创新；回应新时代课程体系逻辑不清的现实问题，提供解决的思路与办法，有助于提升高校思政课程建设的科学化水平；以系统思维探讨高校思政课程建设问题，有利于为决策部门提供参考。

第一节 学界关于高校思政课程体系的基本观点

所谓体系，必然是一个由相关事物有机联系构成的整体，高校思政课程亦是如此。高校思政课程从无到有、由弱到强的发展历程，就是课程体系化发展与建设的过程。当前学界主要从客观事实层面与内在体系规定层面对其进行整体性研究。

1

一　基于客观事实层面的认识

从客观事实层面看，一些学者对按照国家课程设置方案在高校形成的思政课程群进行了纵、横维度的总体性描述与相应理论研究。

一方面，学界从纵向上梳理了高校思政课程体系的动态发展历程，并将其划分为具体发展阶段。例如，骆郁廷认为，"整体上、大规模地、主动地"开设课程始于新中国成立后，具体经历了 1949~1956 年、1957~1978 年、1979~1992 年和 1993 年至今四个时期，总体形成了以邓小平理论和"三个代表"重要思想为核心的"05 方案"课程内容体系[①]；顾海良主要将 20 多年来我国高校思政课程体系的演化概括为"85 方案""98 方案""05 方案"三个方案，并指出从整体上呈现出"确立一个意识、突出两类课程、涵盖三个层面"的发展逻辑[②]；田克勤则将其前推至恢复和重建阶段，并提出四阶段观点，指出在最新阶段的方案设置中，包含以马克思主义中国化为主线和以中国特色社会主义理论体系为重点的理论逻辑[③]；陈占安在分析三大方案的基础上，特别关注国家在新时代对课程发展的总体新要求，认为国家颁布的相关文件已将高校思政课的教材建设、师资队伍建设、教学方法、学科建设、评价标准和二级机构建设等方面提升到体系化高度[④]；韩振峰、李辰洋认为新中国成立 70 年来，思政课程建设主要经历了社会主义革命和建设时期、改革开放和社会主义现代化建设新时期、中国特色社会主义新时代三个重要发展阶段，并从总体内容方面展现出马克思主义基本理论是其唯一不变理论主线的发展规律[⑤]。综合来看，这些观点都以课程固有

---

① 骆郁廷主编《高校思想政治理论课程论》，武汉大学出版社，2006，第 52~111 页。
② 顾海良：《高校思想政治理论课程体系的演化及其基本特点》，《思想理论教育》2007 年第 7 期。
③ 田克勤：《改革开放以来党的理论创新与高校思想政治理论课程体系建构》，《思想理论教育》2009 年第 1 期。
④ 陈占安：《改革开放以来高校思想政治理论课建设的回顾与展望》，《思想理论教育》2018 年第 10 期。
⑤ 韩振峰、李辰洋：《新中国成立 70 年来高校思政课课程建设的发展历程及经验启示》，《北京交通大学学报》（社会科学版）2019 年第 4 期。

的思想理论内容为课程体系内核。

另一方面，学界从横向上着重强调课程体系相较于外界其他体系自身所具备的相对独立性与发展交互性。例如，冯刚、高静毅指出，需从突出系统性、注重整体性和增强条件保障这三个维度，构建思想政治理论课与日常思想政治教育的协同育人体系①；徐晓宁、叶超群提出，通过对"基础""概论"等五门具体课程进行内容渗透，实现将社会责任教育融入课程体系教学全过程的目标②；靳诺指出，新时代高校思政课改革创新要秉持系统性，既要坚持"理论教育+历史教育+思想品德教育+时事教育"的课程框架，又要树立系统教育观，提升各类课程之间的整体性、衔接性与协同性③。此外，还有一些学者分别从社会主义核心价值观教育、爱国主义教育、生态文明教育、抗疫精神教育、法治教育等教育主题有效融入的维度，开展了思政课程体系的相关性研究。综合来看，课程体系呈现向外延伸与向内聚合的发展趋势。

二　基于体系规定层面的认识

部分学者超越了对课程客观状态的现实描述，从课程体系应有的规定性出发进行理论阐释。例如，李亚美指出，思政课程体系是由各类能够发挥思想政治教育功能作用的课程同向同行、协同共进所组成的课程系统集合，并指明新时代课程体系建构的基本思路是实现全面性、增强系统性、保持动态性④；韩荣指出，要推动基础的思政课、选修的通识教育课和必修的专业课这三类课程有机融合、协调发展，构建协同育人的思政课程体系，从而更好地整合教学资源，发挥立德树人的功能⑤；

---

① 冯刚、高静毅：《中华人民共和国成立以来中国共产党对高校思想政治理论课的认识和探索》，《思想教育研究》2019 年第 9 期。
② 徐晓宁、叶超群：《社会责任教育融入高校思政课程体系刍议》，《安庆师范大学学报》（社会科学版）2019 年第 3 期。
③ 靳诺：《新时代高校思想政治理论课改革创新的逻辑、方向和体系》，《教学与研究》2020年第 1 期。
④ 李亚美：《新时代高校思想政治教育课程体系的生成逻辑与制度保障》，《学校党建与思想教育》2021 年第 7 期。
⑤ 韩荣：《高校思想政治教育课程体系构建研究》，《江苏高职教育》2021 年第 4 期。

高国希、叶方兴还从高校一般课程体系及其承担的育人目标出发，指出高校思政课是高校课程体系的核心，这就需要通过课程体系内部诸课程之间的分工、配合、联动，发挥课程体系与价值教育的同向效应，最终实现育人的总体目标①。从这些观点可以发现，系统整体性、动态发展性、协同育人性是高校思政课程体系的必要特性。

综合而言，学界对我国高校思政课程体系进行了不同层面的理论研究与思考，相关研究总体呈现出纵横兼顾、内外并蓄的特点。尤其近年来，对课程整体性改革建设的关注力度不断加大，进行系统化研究的趋势日益明显。这为我们继续探讨高校思政课程体系奠定了重要的理论基础。但与此同时，该方面研究依然存在很大的探讨空间和发展潜力。一是对高校思政课程体系的认识还未达成基本共识：是将课程体系视为对当前课程设置方案下课程群现实样态的理论概括，还是视为超越现实而更为成熟的课程群应然样态？认识的关键在于对课程体系概念的理解。在这方面虽有认识分歧，但至少有一点可以肯定，即具备稳定的结构与内在逻辑是成为体系的重要前提。二是对当前高校思政课程体系外延的关注不够全面，主要集中于本科生的五门课程，缺乏对专科生、研究生思政课程的总体性关注，缺乏从思想政治教育整体视域进行高校思政课程体系的专门性和深入化研究。基于此，本书力图聚焦课程体系的内在逻辑，以整体性视域审视新时代高校思政课程体系，以期推进课程体系的优化建设。

第二节　高校思政课程体系的前提追问与规律探索

对高校思政课程体系逻辑的探寻需透过表面洞察本质，统揽过程探寻规律，深入探索体系的内部结构，历时性地挖掘体系演进的基本规律。

---

① 高国希、叶方兴：《高校课程体系合力育人的理论逻辑》，《中国高等教育》2017 年第23 期。

一 课程体系有没有逻辑与逻辑合理性的基础性问题

通常而言，事物唯有依托并遵循自身内部的固有逻辑，才能实现体系建构与独立发展。所以，开展高校思政课程体系研究，应以课程体系是否存在逻辑、逻辑是否合理为前提性的基础理论问题。

就课程体系是否有逻辑这一问题来说，不可否认，高校思政课程体系在其发展历程中呈现出体量庞大、变动频繁的总体特征，内容体例不够稳定，变革幅度大小不一，看似无规律可循。然而，深入观察便会发现，课程总体上契合党和国家在各个历史阶段的发展需求，始终保持着内在的"质"的稳定性，这表明课程体系具有内在逻辑，以及一定的继承性与发展性。

谈及课程体系逻辑的合理性，关键在于如何在阶段性发展中处理好新旧体例的有序衔接与有效传承。高校思政课作为党面向大学生开展思想政治教育的客观实践活动，始终秉持课程建设与党的创新理论武装同步推进的原则，依据党的理论创新与大学生思想政治教育内容同频更新的基本要求，持续推进课程体系的优化设计与发展建设。不同阶段的课程体系都必须处理好新旧内容的关系比例及其内在融合度问题，而确保现有内容体系逻辑有序且完整，是新时代高校思政课程体系内在逻辑合理性的关键所在。

二 高校思政课程体系发展的一般规律

在高校思政课程历史发展的动态变化与体系更迭中，蕴含着课程体系演进的一般规律，把握这些规律是推进高校思政课程体系发展建设的重要前提。

一是以党的创新理论为主要动力，同时有效吸纳旧内容体例的发展律。理论一旦停滞就会走向僵化，高校思政课必须紧跟时代步伐，敏锐感知中国特色社会主义理论与实践的深刻变化和发展，及时聚焦党的创新理论，以马克思主义中国化的最新理论成果为思想核心，在有效吸收、合理继承的基础上推进课程体系的集成创新，最终达成人才接续培养的目标。

二是横向区分互补、纵向梯度上升、理论与实践有机结合的内容结构律。高校思政课程体系具有多维互联关系和立体化功能结构，要着重推动形成子课程合理占位与有效互补、高低学段必要梯度与螺旋上升、理论教学与实践教学形式区分而内涵交融的基本关系和功能结构，以保障课程体系结构的完整性与科学性。

三是必修课与选修课结合律。设置必修课是高校思政课的常见做法，在课程发展过程中，也酌情开设了局部性课程与选修课，这两部分内容都切实发挥了相应的历史作用。具体来讲，必修课满足课程普遍开设以及具备稳固思想理论内容的基本要求，局部性课程与选修课则既能兼顾地方和高校的实际情况，又能发挥各自特色，由此形成了必修与选修相结合的传统。

第三节 新时代高校思政课程体系的逻辑结构与优化思路

历史是基础，逻辑是关键。新时代高校思政课程须在原有体系基础之上，遵循与党的创新理论武装同步的原则，严格按照课程内容体例演进的一般规律，重点推进对当前正在着力构建的以习近平新时代中国特色社会主义思想为核心的高校思政课程体系的学理探究与逻辑阐释。

一 高校思政课程体系的历史演进

高校思政课是党和国家针对大学生进行思想政治教育的客观实践活动。自新中国成立后，高校思政课便在全国开始普遍化与制度化的发展建设。在这一历程中，高校思政课程体系的发展沿革遵循的内在逻辑是：依据党的创新理论与大学生思想政治教育主题同频共振的原理及其内在规律，不断改革与优化课程方案，以期达到用马克思主义理论武装大学生头脑的最佳实效。

为保障实现用先进理论武装大学生思想的重要使命，高校思政课程体系始终坚持以马克思主义中国化时代化产生的重大理论创新成果为线索，推进自身的内容建设，并展现出内容体系纵向演进的历史逻辑与鲜明的时代特色。例如，早期的课程经历了从"新民主主义论""中国革命史"向"毛泽东思想概论"的转变；继而在融入邓小平理论、"三个代表"重要思想、科学发展观等马克思主义中国化时代化的理论创新成果后，形成了"毛泽东思想和中国特色社会主义理论体系概论"课程；新时代则在此基础上充实了"习近平新时代中国特色社会主义思想概论"的课程内容。由此可见，在课程体系框架结构不断扩充的发展趋势中，蕴含着以新增部分为中心内容的课程体系发展逻辑。而课程内容的新增时机与党和国家在重要节点所召开的具有重大影响和深远意义的历史性大会，尤其是党的全国代表大会的时间相吻合，体现着理论创新与理论武装同步相随的基本规律。举例来看，1956 年党的八大提出我国国内主要矛盾的观点，次年，毛泽东同志在最高国务会议第十一次（扩大）会议上作了《关于正确处理人民内部矛盾的问题》的报告，随后《高等教育部、教育部关于在全国高等学校开设社会主义教育课程的指示》提出，全国高校开设的"社会主义教育"课程学习"以毛主席的《关于正确处理人民内部矛盾的问题》为中心教材"①，初步体现了课程体系沿革紧随党的理论创新脚步并以其重大理论为中心内容的发展特点；再如 1997 年召开的党的十五大确立了邓小平理论在全党的指导地位，这一重大创新理论直接推动了课程"98 方案"的改革建设，其建设重点是推进形成以邓小平理论为中心内容的课程体系。如此足以证明课程体系围绕马克思主义中国化时代化所产生的重大理论创新成果而革新变化的内在规律与发展特点。

依据党的重大理论创新成果与其思想教育武装同步相随的逻辑规律，及时、准确地推进党的二十大精神全面、有效地融入高校思政课程体系，成为党和国家当前思想政治教育的一项重要而紧迫的任务。党的十八大指出，中国特色社会主义进入新时代；党的十九大报告首次概

---

① 《中华人民共和国学校思想政治理论课重要文献选编》（上册），人民出版社，2022，第 284 页。

括、提炼出习近平新时代中国特色社会主义思想，由此推动了"习近平新时代中国特色社会主义思想概论"课程的开设；党的二十大报告系统阐释了习近平新时代中国特色社会主义思想的历史渊源、理论框架和实践成果，标志着中国特色社会主义理论体系的进一步发展与成熟。再加上课程体系 70 多年发展积累的理论基础和实践经验，这些为加快构建以习近平新时代中国特色社会主义思想为核心的新时代高校思政课程体系提供了重要的思想条件与经验基础。由此来看，推进党的二十大精神融入高校思政课程体系，既是课程体系历史演进的逻辑使然，也是马克思主义中国化时代化大众化发展的内在要求。

二 新时代高校思政课程体系的逻辑结构

新时代高校思政课程体系建设的根本，是积极构建以习近平新时代中国特色社会主义思想为核心的课程体系，并主要遵循如下逻辑结构与关系。

一是确立习近平新时代中国特色社会主义思想为崭新的理论主题。这是课程体系在新时代得以创新发展的动力所在和逻辑前提。一方面，以必修课的方式确保这一思想的重要地位；另一方面，以此思想为统摄，合理审视课程的定位，推动课程群实现用习近平新时代中国特色社会主义思想铸魂育人的使命。

二是增设"习近平新时代中国特色社会主义思想概论"必修课程，并以此为中心，基于原有各门必修课程的历史特点，对其具体职责进行重新审视与划分。如"马克思主义基本原理"（以下简称"原理"）为"习近平新时代中国特色社会主义思想概论"奠定源头性的思想基础；"中国近现代史纲要"（以下简称"纲要"）则从社会历史发展规律的维度进行必要的铺垫；"毛泽东思想和中国特色社会主义理论体系概论"（以下简称"概论"）为"习近平新时代中国特色社会主义思想概论"储备必要的理论基础与历史线索；"思想道德与法治"（以下简称"德法"）从理想信念与情感态度等方面加以认同性的引导；"形势与政策"（以下简称"形策"）则坚持以"习近平新时代中国特色社会主义思想概论"为理论旗帜，理性分析和看待当下中国与世界的具体形势与发展实践，提升分析问题的能力。总之，应通过课程的具体组合，推动学生在理论思维（本科生课程还包括原理思维、历史思维）、情感态度与现实实践相融合的思维视野中，实现与"习近平新时代中国特色社会主义思想概论"课程的有效互动，拓展对引领中国、影响世界的 21 世纪马克思主义有效认知的基本维度。

三是增设新的选修课程，为课程体系有效地融入时代化新元素，满足课程理论拓展与学生主体性选择的需求。在原有选择性必修课基础上，顺应思想政治教育时代化发展的新要求，以专题化形式大量增加与习近平新时代中国特色社会主义思想相融通的课程模块，并加强对文化类、特色类、民族类等课程的价值引导和方向引领，扩大学生可选择的合理范围与有效空间，为课程体系扩充新的理论内容。

四是有效吸纳并发挥其他课程元素的思想政治教育功能。遵循课程思政的逻辑理路，从价值引领、思想指引和精神引导等维度，引领高校的其他公共基础课、专业教育课和实践类课程与思政课程同向同行，共同完成育人的职责与使命。

概言之，依据以上四重逻辑所搭建的"一个理论主题、两类课程外加课程思政功能发挥"的高校思政课程体系的框架结构，既是遵循体系内在逻辑而进行有效改组的现实表现，也是推进课程体系科学优化的重要基础。

三 新时代高校思政课程体系优化的基本思路

新时代高校思政课程体系科学优化须着重抓好如下四个点位建设。

首先，着重强化以担当精神与实干能力为核心的大学生人才培养目标内容，着力培养担当民族复兴大任的时代新人。从已有的历史经验来看，党的人才培养目标需适度超前于社会发展的现实程度。从新中国成立初期培养有社会主义觉悟的专门人才，到进入社会主义初级阶段后培养社会主义合格建设者与可靠接班人，再到新时代奋力实现民族复兴背景下培养担当民族复兴大任的时代新人，高校思政课在把握时代发展脉搏中不断强化人才培养目标的重点内容，以发挥应有的作用、履行应尽的职责。

其次，有效凸显习近平新时代中国特色社会主义思想的核心地位。作为课程体系的核心，既要在必修课与专题课中保证习近平新时代中国特色社会主义思想"量"的存在，又要从"质"的方面展现其居于课程体系结构中心的地位与统领作用。历史上，由于中国特色社会主义理论体系与课程本身发展均不成熟，这一"质"的方面优势表现并不明显，只是较为机械地增加创新理论的新内容。新时代，基于课程发展与理论日益成熟的契机，要更加全面地凸显习近平新时代中国特色社会主义思想的核心地位与引领作用，着力推进其与课程原有内容的融合及新的排序组合。

再次，切实坚持"学马列要精、要管用"的课程设置原则。在精挑细选中合理控制课程群规模，着力构建思想理论内容较为扎实的必修课程，并搭配必要的选择性必修课程和具有隐性教育特征的多样化选修课程，强化理论的本土化发展，彰显思政课程体系的灵活性，以满足学生理论成长的多种需要，推进课程体系实现从散到整、从多到精、由大到强的内涵式发展。

最后，大力彰显中国特色社会主义大学的鲜明特色。马克思主义是课程的鲜亮底色与核心内容，在课程体系结构中要重点强化和凸显中国化时代化的马克思主义的基本内容及其理论特色，推进课程不断丰富和完善具有中国特色的自主理论知识体系，以展现中国智慧、传播中国话语和增强中国自信。

第四节　党的二十大精神融入高校思政课程体系的内在逻辑

高校思政课是党和国家意识形态建设的重要阵地，肩负着对马克思主义基本原理与党的创新理论进行思想阐释、教育传播及价值引领的重大使命。作为落实立德树人根本任务的关键课程，其重要教育职责是培养担当民族复兴大任的时代新人。深刻领会、紧密结合并有效融入党的二十大精神，加快构建以习近平新时代中国特色社会主义思想为核心的课程体系，既是高校思想政治工作系统贯彻落实习近平新时代中国特色社会主义思想的现实需要，也是构建具有中国特色的自主理论知识体系、推进中国特色哲学社会科学繁荣发展的重要举措，更是推进马克思主义中国化时代化大众化的创新之举。

一　融入习近平新时代中国特色社会主义思想的世界观与方法论，提升课程理论知识体系的科学性

课程体系的根本在于其内含的理论知识。高校思政课程坚持以其内含的引领时代发展的先进思想理论教育和武装大学生，旨在促进大学生成长成才与国家事业的发展进步同频共振。从内在逻辑来看，党的二十大精神融入高校思政课程体系，是以党的二十大报告总结概括的马克思主义中国化时代化发展的理论元素为蓝本，将贯穿其中的世界观、方法论与凝练而成的新概念新范畴有效地融入课程体系，在提升理论科学性的同时不断优化课程原有体系的框架结构，并强化课程体系对现实重大实践问题和时代课题的思想包容度与理论阐释力。这一逻辑可以保证课程理论知识体系与时俱进、不断创新，防止课程陷入思想封闭、内容僵化和故步自封的境地，从而有效满足学生对课程释疑解惑的理论需求。

内蕴的世界观与方法论既是课程理论知识体系自身发展的关键，也是其对外产生作用和影响的基石。习近平新时代中国特色社会主义思想是指导新时代党和国家事业发展的重要理论体系，这一思想体系与马克思主义理论一脉相承，贯穿马克思主义立场观点方法。党的二十大报告将其概括为：坚持人民至上、坚持自信自立、坚持守正创新、坚持问题导向、坚持系统观念、坚持胸怀天下（以下简称"六个坚持"）①。"六个坚持"不仅是党继续推进实践基础上的理论创新、不断谱写马克思主义中国化时代化新篇章的重要法宝，也是保证党的创新理论能够有

① 习近平：《高举中国特色社会主义伟大旗帜　为全面建设社会主义现代化国家而团结奋斗——在中国共产党第二十次全国代表大会上的报告》，人民出版社，2022，第19~21页。

效融通、融入其他理论体系的重要基石。就高校思政课程体系而言，"六个坚持"的有效融入不仅可为课程理论知识体系的创新发展指明立场方向，还可为课程体系的创新发展与教育传播增强信仰信心、提供原则方法、拓展理论视野。"六个坚持"的有效融入既是提升课程理论知识体系科学性的重要基础，也是课程体系在创新发展中保持马克思主义理论品格及其理论科学性的重要保证。

第一，"坚持人民至上"是高校思政课程理论知识体系创新发展的价值立场。高校思政课程理论知识体系以马克思主义基本原理与党的创新理论为思想来源，而"人民性是马克思主义的本质属性"[1]，人民至上的价值立场贯穿马克思主义理论发展始终。基于这一理论来源，新时代高校思政课程在建构其理论知识体系及进行教育传播时，要坚持人民至上的价值立场，充分尊重学生的思想愿望，满足学生的理论需求，遵循学生的思维特点，形成学生喜爱、认同、拥有的理论体系，使之成为指导大学生正确认识世界和改造世界的强大思想武器。

第二，"坚持自信自立"是高校思政课程理论知识体系创新发展与教育传播应有的姿态。马克思主义作为"立党立国、兴党兴国的根本指导思想"[2]，其真理价值与理论作用的彰显，离不开中国共产党人带领全体中国人民进行的伟大探索与实践。作为推进马克思主义大众化的重要方式，高校思政课程理论知识体系的构建与思想传播，需要发扬更自觉的历史主动精神和更积极的创造精神，秉持"中国的问题必须从中国基本国情出发，由中国人自己来解答"[3]的基本态度与信心，通过系统性教育推进马克思主义中国化时代化大众化，为马克思主义的创新发展与教育传播作出新贡献。

第三，"坚持守正创新、坚持问题导向和坚持系统观念"是高校思

---

[1] 习近平：《高举中国特色社会主义伟大旗帜 为全面建设社会主义现代化国家而团结奋斗——在中国共产党第二十次全国代表大会上的报告》，人民出版社，2022，第19页。

[2] 习近平：《高举中国特色社会主义伟大旗帜 为全面建设社会主义现代化国家而团结奋斗——在中国共产党第二十次全国代表大会上的报告》，人民出版社，2022，第16页。

[3] 习近平：《高举中国特色社会主义伟大旗帜 为全面建设社会主义现代化国家而团结奋斗——在中国共产党第二十次全国代表大会上的报告》，人民出版社，2022，第19页。

政课程理论知识体系创新发展的重要原则、思路与方法。其一，坚持守正创新的发展原则。"守正才能不迷失方向、不犯颠覆性错误，创新才能把握时代、引领时代。"① 高校思政课程理论知识体系既要坚持"三个不动摇"，又要紧跟时代步伐，不断拓展理论内容的广度和深度，以新的课程体系顺应历史发展新要求。其二，坚持以问题为导向的创新思路。理论创新源于实践需要，回答并指导解决现实问题是理论发展的根本任务。习近平新时代中国特色社会主义思想正是在聚焦各类问题基础上提出的旨在解决问题的新理念、新思想、新战略。高校思政课程也需关注党和国家事业发展中的各类问题，并以习近平新时代中国特色社会主义思想为指导，推进课程理论知识体系的创新完善，以权威观点和透彻理论对学生进行理论宣传和思想教育，帮助学生正确看待问题、积极主动解决问题，不断提升学生思维能力。其三，坚持系统观念的创新方法。高校思政课程体系是一个严密整体，新时代构建以习近平新时代中国特色社会主义思想为核心内容的课程体系，绝非与课程原有理论知识体系简单相加，而是要坚持系统观念，把握好部分与整体、当前和长远、宏观和微观、特殊和一般的关系，从而对课程体系进行前瞻性、全局性和整体性的规划与建设。在明确核心内容的前提下，推进实现从中心到其他各部分的有机融合与集成创新。概言之，明确的原则、清晰的思路与系统的方法，是推进高校思政课程体系发展与理论创新的重要保证。

第四，"坚持胸怀天下"体现高校思政课程理论知识体系创新发展与教育传播的国际视野。马克思主义是致力于人类彻底解放的科学理论，中国共产党在推进马克思主义中国化时代化的过程中，不仅为中国革命、建设和发展探寻出科学的指导思想与正确的道路方向，也为世界文明与人类进步贡献中国智慧、中国方案和中国经验。从马克思主义的理论视野出发，高校思政课程一方面立足国内，针对大学生进行主流意识形态方面的思想理论教育；另一方面面向世界，积极借鉴吸收人类一

① 习近平：《高举中国特色社会主义伟大旗帜 为全面建设社会主义现代化国家而团结奋斗——在中国共产党第二十次全国代表大会上的报告》，人民出版社，2022，第20页。

切优秀文明成果为己所用，并且向世界传播中国形象、中国理论和中国经验。习近平新时代中国特色社会主义思想为"积极回应各国人民普遍关切，为解决人类面临的共同问题"① 作出科学的思想阐释，高校思政课程理论知识体系的调整要遵照习近平新时代中国特色社会主义思想的理论范式，引领广大师生主动承担起讲述中国故事、传播中国声音、阐释中国特色的职责，提高对外宣传能力，优化对外宣传方式，增强对外宣传实效，提升国家软实力，推动构建人类命运共同体。

二 融入对时代与实践提出的重大问题的思想关切，彰显课程理论知识体系的时代性

党的二十大的召开具有划时代意义。它是在全党全国各族人民迈上全面建设社会主义现代化国家新征程、向第二个百年奋斗目标进军的关键节点，在我们党推进马克思主义中国化时代化取得重大成就、21世纪马克思主义取得重大理论成果的基础上召开的一次重要会议。会议向全党全军全国各族人民发出了"全面建设社会主义现代化国家、全面推进中华民族伟大复兴"的时代号召。

对时代与实践提出的重大问题的思想关切是党的二十大精神的理论旨归。党的二十大报告蕴含着对时代与实践问题的思想关切。据笔者统计，"时代"一词在党的二十大报告中共出现62次（其中"新时代"出现39次），时代意识与时代关切在报告全文中体现得淋漓尽致。例如，报告指出中国共产党人深刻认识到"中国化时代化的马克思主义行"，原因在于我们自觉做到"两个结合"，并坚持运用辩证唯物主义和历史唯物主义去"正确回答时代和实践提出的重大问题"，从而保持了"马克思主义的蓬勃生机和旺盛活力"②；同时，我们在解决新时代改革开放和社会主义现代化建设实际问题的过程中，对"中国之问、

---

① 习近平：《高举中国特色社会主义伟大旗帜 为全面建设社会主义现代化国家而团结奋斗——在中国共产党第二十次全国代表大会上的报告》，人民出版社，2022，第21页。
② 习近平：《高举中国特色社会主义伟大旗帜 为全面建设社会主义现代化国家而团结奋斗——在中国共产党第二十次全国代表大会上的报告》，人民出版社，2022，第17页。

世界之问、人民之问、时代之问"① 作出了符合中国实际和时代要求的正确回答，得出符合客观规律的科学认识，形成与时俱进的理论成果，进而指导中国的实践。可见，"思想关切"是党的二十大精神的鲜明特色。高校思政课密切关注党的二十大精神中的"思想关切"问题，并将其融入课程建设，以此推动课程体系的时代变革与创新发展。

从发展历程来看，高校思政课程并非一成不变，课程方案总是随时代发展而不断发展。当前课程设计积极回应党的二十大提出的前所未有的"世界之变、时代之变、历史之变"，以党的创新理论对时代与实践提出的重大问题的思想关切为指导，推动课程体系聚焦"深入回答关系党和国家事业发展、党治国理政的一系列重大时代课题"②，把党的二十大作出的符合中国实际和时代要求的正确回答、科学认识和理论成果融入课程理论知识体系框架，为课程的理论教育提供具有权威性、科学性、现实性、针对性的丰富理论资源，有效彰显课程理论知识体系的时代性，满足课程理论教育实效性的要求。

三　融入中国特色的标识性概念，提升课程理论知识体系的自主性

高校思政课程理论知识体系主要源于马克思主义理论。新时代课程体系的发展创新是在继承和吸收马克思主义基本原理的基础上，重点吸纳中国化时代化的马克思主义理论新成果，积极构建以习近平新时代中国特色社会主义思想为核心的、富有学科特色且被广泛认可的具有中国特色的自主理论知识体系，以此提升课程的理论认同度、扩大学术影响力，这就需要发挥马克思主义理论学科的学理支撑作用。但从当前我国哲学社会科学普遍面临的"有理说不出、说了传不开的境地"③ 来看，

① 习近平：《高举中国特色社会主义伟大旗帜 为全面建设社会主义现代化国家而团结奋斗——在中国共产党第二十次全国代表大会上的报告》，人民出版社，2022，第17页。
② 习近平：《高举中国特色社会主义伟大旗帜 为全面建设社会主义现代化国家而团结奋斗——在中国共产党第二十次全国代表大会上的报告》，人民出版社，2022，第17页。
③ 《习近平谈治国理政》第2卷，外文出版社，2017，第346页。

高校思政课程体系因其秉持的鲜明政治立场及其自上而下的教育传导方式，"说不出、传不开"的问题更为突出。若从课程理论内容方面归因，则很大程度上与其概念认同度不高、理论传播力尤其是国际传播力不强有关。为此，要善于提炼、总结和运用标识性概念，将其作为提升认同度的重要突破口，着力打造被国内国际社会理解和接受的课程理论知识体系范畴，以此推动课程理论知识体系的创新发展。

习近平新时代中国特色社会主义思想坚持以中国传统、中国实践、中国问题作为自身体系建构的出发点和落脚点，蕴含着丰富的独具中国特色又富有世界影响力的标识性概念。马克思主义理论学科在为课程理论知识体系提供学理支撑的过程中，一方面紧紧围绕为课程提供思想理论知识内容的学科职责，自觉领会、吸收和运用习近平新时代中国特色社会主义思想中的新概念、新范畴、新表述，并将其直接纳入课程理论知识体系中，充分彰显高校思政课程理论知识体系的中国特色；另一方面依循学科理论发展的一般规律，推进对新概念、新范畴、新表述的创造性转化，着力推进由"思想体系"到"课程体系"的学理性转化，将党的二十大精神活学活用，打造思想内涵明确、学科特点鲜明，同时符合实践要求、彰显时代特色且易于理解传播的学科概念新体系，积极构建既富于学科特色又易于教育传播、彰显中国特点且为国际社会认可的马克思主义理论学科体系。在此基础上，继续以标识性、共识性概念为中介和枢纽，整体性构建富有中国特色的高校思政课程理论知识体系，不断增强我国哲学社会科学的话语影响力及其国际传播力。党的二十大精神融入高校思政课程体系是一项立足课程体系结构调整，并将党的创新理论精神落实于课程教育教学实践的整体性工程。只有对"融入"的逻辑维度、"融入"后课程体系结构调整的框架思路与具体要求有清晰的认识，才能推进这一系统工程的优化建设。

总之，立足新时代高校思政课程的重要职责与使命，及时以党的二十大精神的有效融入为切入点推进课程体系的创新发展，具有历史的必然性、理论的合理性与现实的可行性。从历史逻辑看，这既符合高校思政课程体系演进的必然趋势与固有规律，又是对其经验积累的有效继承；从理论逻辑看，这源于对新时代高校思政课程理论知识体系创新发展的内在需求，是提升课程理论知识体系的科学性、时代性、自主性的必然选择；从实践逻辑看，这是课程体系创新发展的必然结果，必须遵循课程结构扩展与体系优化的一般规律加以科学建设。对逻辑的梳理、总结与科学阐释，有利于进一步确证二者融合的内在关联，深化对党的二十大精神融入高校思政课程体系这一问题的理论认识与实践探索。

第二章

历史贯通论：高校思政课在新中国现代化百年奋斗进程中的历史迭进、突出特性与发展趋势

在中华民族伟大复兴征程上，以新中国成立为起点，大约需要经历一百年时间，实现把我国建设成为社会主义现代化强国的战略目标。这一百年是中国现代化建设最为基础、最为关键的历程，具体可划分为三个时期。高校思政课作为承载并反映我国社会主义主流意识形态思想理论内容与发展动向的教育实践活动，展现出与中国特色社会主义理论与实践同向发展、同频波动的历史轨迹。基于高校思政课与新中国现代化百年奋斗进程趋向一致、阶段同频、彼此交织的内在关联，以百年奋斗进程的大历史观省思思政课程依次经历的孕育和发展、重新调整和持续改进以及展新貌、开新局的总体性发展，便于深刻洞察高校思政课阶段化发展与中国现代化水平提升之间的积极互动与相互支撑作用。其中，高校思政课尤其在培养社会主义现代化建设人才所应具备的思想道德素质与价值观念方面，发挥着独特的作用，并围绕这一重要职责与使命的实现，推进着课程体系的方案调整与教育教学的实践创新，展现出课程与时俱进的现代性特征。

第一节　高校思政课在新中国现代化百年奋斗进程中的历史迭进

高校思政课是我国高等教育落实立德树人根本任务的关键课程，是

为中国特色社会主义事业培根铸魂、为中华民族伟大复兴培育一代代社会主义合格建设者与接班人的龙头课程，是中国现代化事业全局布阵中的重要点位。针对思政课的发展与建设，习近平总书记指出："办好思政课，要放在世界百年未有之大变局、党和国家事业发展全局中来看待，要从坚持和发展中国特色社会主义、建设社会主义现代化强国、实现中华民族伟大复兴的高度来对待。"① 从中国现代化建设实践整体推进的大格局出发，以新中国成立直至"把我国建成富强民主文明和谐美丽的社会主义现代化强国"目标实现的中国现代化建设百年历史大视野出发，重新审视和科学认识高校思政课建设的重大意义、发展历程与现实样态，深入挖掘高校思政课在新中国现代化百年奋斗进程中的独特作用、功能及其发展特性，有利于在夯实历史根基的同时，开阔思政课建设的研究视野，提升研究的战略水平。

一　高校思政课与新中国现代化百年奋斗进程的内在关系

立足当前时空范畴，在世界形势波谲云诡、两个大局交织交会的背景下，我们必须发扬发展的历史主动精神，自觉认识中国同世界现代化运动赛跑、努力追赶世界发达水平的紧迫性和必然性，沿着历史回溯与未来展望相关联的逻辑思路，分领域、有重点地开展专项研究，不断深化对中国现代化独特道路及其实践发展的思想认识，尤其是对社会主义意识形态理论及教育在中国现代化奋斗实践中独特价值与意义的理论认识，这有利于发挥高校思政课在社会主义意识形态中的旗帜引领作用，为保证中国现代化在"后起步"中赢得新时机提供相应支撑。

（一）以社会主义现代化强国为目标的新中国现代化百年奋斗进程

把中国建设成为现代化强国、跻身世界发达国家行列，实现民富国强是近代以来国人孜孜以求的理想和目标。但在中国半殖民地半封建的社会条件下，这一目标只能是"空想"。新中国成立后，在党的坚强、正确领导下，开辟了中国特色社会主义的崭新道路，使中国现代化建设

---

① 习近平：《思政课是落实立德树人根本任务的关键课程》，人民出版社，2020，第5页。

得以实践展开并逐步步入发展正轨。有学者指出："20世纪中叶以来，新中国历代领导人都把实现现代化作为奋斗目标，从'四个现代化'、'三步走'发展战略到'中华民族伟大复兴的中国梦'。"① 虽然这一过程出现过一定的曲折，但整体向好的发展趋势为民族复兴梦想的实现奠定了坚实基础，确立了前提条件。可以说，正是新中国的成立与社会主义制度的建立，才使中国现代化发展进程得以进行科学化设计并正式拉开帷幕，且在中国改革开放的历史探索中展现出波澜壮阔的发展前景。

党的十八大以来，以习近平同志为核心的党中央擘画出建设社会主义现代化强国、以中国式现代化全面推进中华民族伟大复兴的宏伟蓝图。在综合分析国际国内形势和我国发展条件的基础上，党对中国现代化发展趋势与水平进行了科学对比与研判，有效规划设计并清晰呈现出中国现代化强国目标实现的路线图与时间表②，构建起指导新时代中国现代化进程的科学理论与实践方案，引领中国现代化取得伟大成就。正如党的二十大会议所肯定和总结的，"十年来，我们经历了对党和人民

---

① 何传启：《中国式现代化与全面建设现代化国家新征程》，《中国党政干部论坛》2020年第12期。

② 具体可参考党的全国代表大会报告中的战略部署与安排。如党的十八大报告指出，"在新中国成立一百年时建成富强民主文明和谐的社会主义现代化国家"（《十八大以来重要文献选编》（上），中央文献出版社，2014，第13页）；党的十九大报告在回顾改革开放后我国社会主义现代化建设的"三步走"战略目标与安排的基础上，作出新时代中国特色社会主义发展从全面建成小康社会到基本实现现代化，再到全面建成社会主义现代化强国的"两个阶段"的战略安排：一是"从二〇二〇年到二〇三五年，在全面建成小康社会的基础上，再奋斗十五年，基本实现社会主义现代化"；二是"从二〇三五年到本世纪中叶，在基本实现现代化的基础上，再奋斗十五年，把我国建成富强民主文明和谐美丽的社会主义现代化强国"（习近平：《决胜全面建成小康社会 夺取新时代中国特色社会主义伟大胜利——在中国共产党第十九次全国代表大会上的报告》，人民出版社，2017，第28~29页）。党的二十大报告明确指出的"团结带领全国各族人民全面建成社会主义现代化强国、实现第二个百年奋斗目标，以中国式现代化全面推进中华民族伟大复兴"（习近平：《高举中国特色社会主义伟大旗帜 为全面建设社会主义现代化国家而团结奋斗——在中国共产党第二十次全国代表大会上的报告》，人民出版社，2022，第21页）是从现在起中国共产党的中心任务，并作出了"从二〇二〇年到二〇三五年基本实现社会主义现代化；从二〇三五年到本世纪中叶把我国建成富强民主文明和谐美丽的社会主义现代化强国"（习近平：《高举中国特色社会主义伟大旗帜 为全面建设社会主义现代化国家而团结奋斗——在中国共产党第二十次全国代表大会上的报告》，人民出版社，2022，第24页）的新"两步走"战略安排。

事业具有重大现实意义和深远历史意义的三件大事"，其中非常重要的一点就是"实现第一个百年奋斗目标"①，并提出"在基本实现现代化的基础上，我们要继续奋斗，到本世纪中叶，把我国建设成为综合国力和国际影响力领先的社会主义现代化强国"②的第二个百年奋斗目标。这意味着我们开启了实现现代化强国目标的奋斗进程，这一阶段的奋斗实践，不仅对中国，还将对世界现代化的发展进程与基础格局产生深远影响。

（二）高校思政课发展对新中国现代化百年奋斗的特殊意义

从中国现代化建设实践的广义范畴看，高校思政课发展与建设内嵌于新中国现代化百年奋斗的实践进程中，二者表现出趋向一致、阶段同频、内在关联，在交织中同向发展的趋势。有学者以新中国成立、改革开放和党的十八大召开为时间节点，将中国现代化的历史进程划分为"中国式现代化反复探索时期、中国式现代化道路的提出及初步发展时期、中国式现代化系统成形及完善发展时期"③三个时期，这一观点展示了中国现代化建设以社会主义为制度底色、以中国特色社会主义的实践推进及其取得重大成就的关键节点为阶段划分依据、以中华民族伟大复兴为目标指向和以世界发达水平为自身参照的特征，且得到了学界较为普遍的认可。与此同时，高校思政课作为承载并反映我国社会主义意识形态的思想理论内容与实践发展动向的教育活动，必然表现出与中国特色社会主义理论与实践的同向发展与同频波动。有学者指出："新中国成立70年来，我国高校思政课课程建设主要经历了社会主义革命和建设时期、改革开放和社会主义现代化建设新时期、中国特色社会主义

---

① 习近平：《高举中国特色社会主义伟大旗帜 为全面建设社会主义现代化国家而团结奋斗——在中国共产党第二十次全国代表大会上的报告》，人民出版社，2022，第4页。
② 习近平：《高举中国特色社会主义伟大旗帜 为全面建设社会主义现代化国家而团结奋斗——在中国共产党第二十次全国代表大会上的报告》，人民出版社，2022，第25页。
③ 张本刚、李晓萌：《中国共产党探索中国式现代化的历史进程、理论逻辑与实践逻辑》，《社会科学辑刊》2023年第4期。

新时代几个重要发展阶段。"① 由此而言，不论是从发展进退缓急、建设水平高下起伏的表象观察，还是从中国特色社会主义道路实践探索的深层逻辑挖掘，高校思政课作为从属于中国现代化建设实践的局部性、点位式内容，二者表现出发展趋势与内在关联的高度一致性。换言之，在中国现代化建设百年奋斗的时空场域下，高校思政课作为其中一项独特事业，也是需要百年以及更长久时间推进的建设过程，不论是课程的功能定位、内容建设，还是发展的总体进程与价值导向，都遵循中国现代化发展的基本规律与目标要求。

从高校思政课发展的具体点位看，我国的高等教育及高校思政课的开办与发展为中国现代化强国目标的百年奋斗实践提供源源不断的智力支持和思想保障。中国特色社会主义现代化事业需要一代代有理想、敢担当、能吃苦、肯奋斗的人才队伍与人力资源的支撑，而高校思政课作为支撑高校实现为党育人、为国育才使命的支柱课程，在这方面具有天然的优势。习近平总书记指出："坚持好、发展好中国特色社会主义，把我国建设成为社会主义现代化强国，是一项长期任务，需要一代又一代人接续奋斗。"② 高校思政课作为落实立德树人教育根本任务的关键课程，主要从培育、塑造合格的社会主义现代化建设人才所应具备的思想道德素质与价值观念的战略目标出发，推进课程体系方案与时俱进的调整及教育教学实践的发展与创新，旨在培养一代又一代拥护中国共产党领导和中国特色社会主义制度、立志为中国特色社会主义事业奋斗终身的有用人才，这是高校思政课不可替代的"关键性作用"的现实表现，也是高校思政课理应并且能够为中国现代化事业作出的重要贡献。

总之，高校思政课不是孤岛，也并非纯属思想建设的抽象范畴，它是立足中国大地，紧紧围绕和服务中国特色社会主义现代化建设实践的发展，对大学生同步开展意识形态性的教育的实践活动，承载着培养大学生对中华民族伟大复兴目标与中国现代化道路的思想认同与

---

① 韩振峰、李辰洋：《新中国成立 70 年来高校思政课课程建设的发展历程及经验启示》，《北京交通大学学报》（社会科学版）2019 年第 4 期。

② 习近平：《在北京大学师生座谈会上的讲话》，人民出版社，2018，第 3 页。

理性认知的教育任务与职责。以实现中国现代化强国目标的百年奋斗进程为视镜，用大历史观的宏观视野审视高校思政课的独特地位、作用与发展进程，既有利于推进对中国式现代化理论的深耕细作，也有利于加强对课程建设规律与发展趋势的理论探索，有利于深刻理解高校思政课在已有历程和未来接续发展中服务于中国现代化强国目标的教育职责与使命。

二　"前三十年"：高校思政课在新中国现代化的基础上孕育和发展

党的二十大报告指出："在新中国成立特别是改革开放以来长期探索和实践基础上，经过十八大以来在理论和实践上的创新突破，我们党成功推进和拓展了中国式现代化。"① 从这一重要论断的内在逻辑出发，可梳理出中国现代化总体进程的三个标志性节点，据此将新中国成立以来中国现代化百年奋斗史划分为改革开放前、后"两个三十年"② 以及以新时代为起点的"未来三十年"这三个阶段性历程。在此基础上，以思政课程体系设置及其教学实施为核心线索，由此实现对高校思政课建设的历史审视与整体把握，清晰展现课程历史迭进中的发展全貌。

（一）新中国成立为中国现代化奋斗目标的实现奠定重要历史前提

中国现代化的理念觉醒与实践尝试发轫于近代，但真正从国家层面进行规模化、富有成效的规划部署与发展建设则是在新中国成立后。有学者指出："1949 年革命结束了中国近百年来的内部衰败化与半边缘

---

① 习近平：《高举中国特色社会主义伟大旗帜 为全面建设社会主义现代化国家而团结奋斗——在中国共产党第二十次全国代表大会上的报告》，人民出版社，2022，第 22 页。
② 前、后"三十年"是一个大体的时间范围。关于"改革开放前、后'两个 30 年'"的观点是："从新中国成立到党的十一届三中全会召开，是马克思主义与中国实际'第一次结合'的成功推进、'第二次结合'的初步启动及其曲折转向时期，大体经过近三十年时间"，"从 1976 年 10 月粉碎'四人帮'、结束'文化大革命'、召开党的十二大，到 2012 年党的十八大召开，是马克思主义与中国实际'第二次结合'的重新开启、实现突破及持续推进阶段。这一阶段的时间大体上也是三十多年。"参见田克勤《新中国成立七十多年来高校思想政治理论课课程体系的建构及其经验》，《中国青年社会科学》2021 年第 2 期。

化，第一次实现了国家的高度政治统一与社会稳定。这标志着中国现代化运动进入一个新的历史时期。"① 除了结束战争的动乱局面外，党继续带领人民完成"三大改造"并建立社会主义制度，由此得以在中国全力推进社会主义现代化建设这一全民性、全领域的伟大事业。正如习近平总书记指出："中国式现代化，是中国共产党领导的社会主义现代化。"② 进而言之，社会主义制度是中国现代化实践的社会根基与历史基点。高校思政课作为社会主义上层建筑建设的重要内容，党和国家从其彰显社会主义大学本质的显著特征出发，在新中国成立后及时开展了课程的创建工作，进行了课程的总体设计和具体方案的教育部署，这与我国现代化事业开拓的步调一致。

（二）"前三十年"属于新中国现代化奋斗进程的开创探索期

这一时期中国现代化建设事业主要表现出成就经验和问题教训并存的突出特点。这"三十年"，我们国家在"一穷二白"的基础上历经三年才使国民经济得以恢复，之后通过社会主义改造运动建立了崭新的社会主义制度，并通过连续五个五年计划的方式拉开了现代化的帷幕，逐步建立起独立的比较完整的工业体系和国民经济体系，社会主义的经济、政治、文化各项事业全面推进。在 1954 年召开的第一届全国人民代表大会上，我国第一次明确提出"四个现代化"的任务，并将之作为中国社会主义发展与实践的重要内容。从发展成就与经验上看，此阶段国家现代化发展的总体状况一方面表现为取得了显著的成就，如邓小平所言，在三十年间我们"取得了旧中国几百年、几千年所没有取得过的进步"③；另一方面则"确实犯过不少错误，有的错误甚至是全局性、长时期的，给党、国家和人民的事业造成过严重损失"④。不论成就还是教训，都成为现代化建设事业继续向前发展的重要历史

---

① 罗荣渠：《现代化新论——中国的现代化之路》，华东师范大学出版社，2013，第 385 页。
② 习近平：《高举中国特色社会主义伟大旗帜 为全面建设社会主义现代化国家而团结奋斗——在中国共产党第二十次全国代表大会上的报告》，人民出版社，2022，第 22 页。
③ 《邓小平文选》第 2 卷，人民出版社，1994，第 167 页。
④ 叶帆、朱佩娴：《正确认识新中国的两个三十年》，《人民日报》2009 年 8 月 17 日。

基础。

（三）高校思政课展现出曲折化的发展趋势

受新中国现代化建设事业总体发展形势影响，高校思政课在其起始阶段也表现出曲折的发展进程。"前三十年"，高校思政课在创建和发展、偏差和停滞、贻误和整顿的曲折历练中，取得了一定的成效，有效地服务了国家发展与建设的大局，并积累了相应的经验和教训。此阶段课程分别采用了政治课、政治理论课、马列主义政治课（马列课）等不同的称谓，称谓变化的背后体现的是为适应国家发展需要而进行教育内容的及时调整和课程功能的适时完善，从总体上搭建起课程框架结构、奠定了课程的基础底色。

新中国成立之初开展的马克思主义革命政治教育，成为新中国高等教育体系发展的灵魂，为之后社会主义大学的建设奠定了基调。"辩证唯物论与历史唯物论"（包括"社会发展简史"）、"新民主主义论"（包括"近代中国革命运动史"）、"政治经济学"是新中国成立后最早开设的政治理论课，这些课程集中在华北地区各大专院校的文、法学院开设，是一套具有鲜明政治性、思想性和教育性的课程体系。可以说，思政课从新中国整个高等教育改革与建设伊始，就处于中心地位。1949 年 11 月 17 日，中央人民政府教育部在讨论高等教育改造方针时指出："当前课程改革的中心环节是加强政治课学习。"① 这种将政治课置于高等教育改革与建设中心环节的做法，既是基于国家整体建设发展的历史需要，也是社会主义思想文化阵地建设的规律要求，符合大学生思想道德素质全面发展的教育需求，在课程发展的各个阶段都被始终坚持，并在持续推进中不断强化。1950 年通过的《关于高等学校政治课教学方针、组织与方法的几项原则》，从"政治课教学委员会"的设立，到采用班级、小组等灵活的学习组织形式，理论与实际一致的教学方法，自学和集体讨论的学习方式等方面进行指导，提出了具体的建议，由此标志着思政课程体系已具雏形，并于次年开始以公共必修课的

---

① 谈松华、陈芙泉主编《大学思想政治教育简史》，上海交通大学出版社，1989，第 44 页。

形式在全国推行。

在社会主义改造时期，思政课开始进行系统的马列主义教育，其定位为"高校开设马列主义政治课是一件关系到我国改造旧大学，建设社会主义性质新大学的大事"①。在"马列主义政治课"的名目下，课程设置增加了"马列主义基础"；在人才培养目标上，强调培养人们"具有马列主义世界观、全心全意忠实于祖国和人民事业"②；考核的内容和方式较为灵活，采取考试、动态考察和评定相结合的方式。就配套保障而言，实行党委统一领导下的校长负责制，成立相应的政工机构，建立由各级党委组织与人事、保卫等政工部门和辅导员队伍共同配合的组织保障制度，分设各子课程"教学研究指导组"，注重教师队伍发展建设，定期组织教师培训。概言之，此时高校思政课建设的格局已然成型，逐步进入常态化发展阶段，在社会主义意识形态宣传教育方面发挥着重要作用。

三 "后三十年"：高校思政课在新中国现代化的奋进中重整和改进

改革开放后，中国现代化建设事业承上启下，经历了至关重要且奋进的三十年，取得了举世瞩目的成就。结束"文化大革命"后，通过真理标准问题大讨论，人们的思想从束缚中得以解放。党的十一届三中全会重新确立了马克思主义的实事求是思想路线，作出把党的工作重心转移到经济建设上来的重要部署，实施改革开放的伟大决策，开创了以"改革创新"为时代特征的中国特色社会主义现代化建设事业的发展道路，呈现出经济高速发展、综合国力大幅跃升的崭新发展面貌。在发展目标上，日益接近并实现社会主义总体小康的阶段性目标，现代化事业取得长足进步，收获重大成就。具体而言，这一时期我们"取得的标志性成果就是开辟了中国特色社会主义道路、形成了中国特色社会主义理论体系、确立了中国特色社会主义制度，使中国人民的面貌、社会主

---

① 谈松华、陈芙泉主编《大学思想政治教育简史》，上海交通大学出版社，1989，第70页。
② 谈松华、陈芙泉主编《大学思想政治教育简史》，上海交通大学出版社，1989，第67页。

义中国的面貌、中国共产党的面貌发生了历史性变化"①。与此相对应，高校思政课也历经拨乱反正，明确了自身使命。此阶段课程历经马克思主义理论课、"两课"和思政课的称谓演变，并同步进行了课程体系内部结构的重组，展现出持续改革与创新的发展态势与风貌。

（一）高校思政课在中国现代化奋进中持续改革

这一时期，高校思政课建设踏上"系列性"的改革征程，先后历经"85方案""98方案""05方案"的一系列改革，课程结构依次为"思想品德"（2+3）与"政治理论"（3+1）、"两课"（5+2）、"思想政治理论课"（4+1）②，总体上保留了必要的马克思主义理论教育相关课目，并适时对课目总量进行了增减。其发展变化主要表现为：一是课程门数从多到少精简，进而推动教育内容的稳步整合以及教材统一化和规范化的编订与推行；二是课程定位经历了"对青少年进行系统思想理论教育的主要阵地"③"对大学生系统进行思想政治教育的主渠道和主阵地"④"对大学生进行思想政治教育的主渠道""充分发挥思想政治理论课的作用……是社会主义大学的本质特征，是党和国家事业长远发展的根本保证"⑤的理论升华；三是教育方式大体经历了从注重疏导、说服教育，到注重读书、讲课、研讨和理论运用相结合，再到重视启发

---

① 田克勤：《新中国成立七十多年来高校思想政治理论课课程体系的建构及其经验》，《中国青年社会科学》2021年第2期。

② "85方案"包含"形策"、"法律基础"（必开必修课）、"大学生思想修养"、"人生哲理"、"职业道德"（因校制宜有选择地开设的选修课）5门思想品德课和"中国革命史""中国社会主义建设"、"马克思主义原理"（必开必修课）、"世界政治经济和国际关系"（文科必修课）4门政治理论课；"98方案"包含"两课"，一是"马克思主义哲学原理"、"马克思主义政治经济学原理"、"毛泽东思想概论"、"邓小平理论概论"和"当代世界经济与政治"（文科必修课）5门马克思主义理论课，二是"法律基础"和"思想修养"2门思想品德课，还开设"形策"；"05方案"包含"原理""概论""纲要""基础"4门必修课，"当代世界经济与政治"1门选修课，同时开设"形策"。

③ 教育部思想政治工作司组编《加强和改进大学生思想政治教育重要文献选编（1978—2014）》，知识产权出版社，2015，第41页。

④ 教育部思想政治工作司组编《加强和改进大学生思想政治教育重要文献选编（1978—2014）》，知识产权出版社，2015，第179页。

⑤ 教育部思想政治工作司组编《加强和改进大学生思想政治教育重要文献选编（1978—2014）》，知识产权出版社，2015，第293页。

式教学的发展变化，逐步认识到教条化灌输的弊端并努力予以克服。由此可见，高校思政课程体系具有相对的稳定性、历史的连贯性和发展的超越性。

（二）课程规模日益扩大、课程建设持续升级

在历经"系列性"改革举措后，至"05方案"阶段，思政课建设部署不断优化升级，课程相关配套保障日益完善。"高校思想政治理论课程'05方案'实施显著的特点是在加强课程教学自身建设的同时，重视课程建设的依托学科、师资队伍建设、课程依托单位建设和条件保障，在思想政治理论课程建设的配套政策方面更加完备。"① 这具体表现为：思想政治教育学经过30年从学科建立到不断积累知识、总结规律，直至马克思主义理论一级学科归属下的多个二级学科确立发展，为思政课建设提供了具有针对性的学科支撑和丰富系统的学理指导；教学单位设置进一步健全，全国普遍建立直属高校管理的思政课教学单位，既保障了师资队伍在稳定中扩充，也为开展教学和理论研究提供了基础性的平台支撑；对思政课教育教学活动进行了多种多样的创新性改革探索，持续推动课程改革发展进入新常态；与大学生人数增长相匹配，思政课教师和思想政治教育工作队伍的规模、数量及其教育和工作水平呈正向发展态势；各级党委对思政课实施直接领导、给予建设支持并进行监督管理，强化了思政课建设的组织保障制度；等等。这充分表明高校思政课建设是一项系统工程，离不开多种资源、要素的支持、配合与保障，而这正建立在改革开放30年中国特色社会主义现代化积极开拓和经济社会稳步发展的现实基础之上。同时，为契合中国现代化事业以经济建设为中心、大力发展生产力的建设实践，高校思政课作为社会主义意识形态工作和精神文明建设的重要内容，对社会主义初级阶段总路线进行了有效教育和宣传，在提升大学生思想道德水平和现代文明素质方面发挥了重要且不可替代的作用，从而为社会主义现代化事业提供源源不断的精神动力、智力支持和思想保证，为改革开放营造良好的思想舆

---

① 佘双好：《思想政治理论课程教学法探析》，中国人民大学出版社，2018，第154~155页。

论和学生心理环境，有力推动了物质文明与精神文明建设的协调发展。

四 "未来三十年"：高校思政课在新中国现代化的新阶段迎来新发展

未来三十年，是我们实现"全面建设社会主义现代化国家"这一历史宏愿的新发展阶段[①]。党的二十大报告指出："从现在起，中国共产党的中心任务就是团结带领全国各族人民全面建成社会主义现代化强国、实现第二个百年奋斗目标，以中国式现代化全面推进中华民族伟大复兴。"[②] 以新时代为起点，对第二个百年奋斗目标以及全面推进中华民族伟大复兴中国梦的实现而言，这"未来三十年"是关键性的冲刺阶段。这需要我们在新中国成立尤其是改革开放以来长期探索和取得成就的基础上，持续、全面推进中国特色社会主义经济、政治、文化等各项事业高质量发展。"经过新中国成立以来特别是改革开放40多年的不懈奋斗，我们已经拥有开启新征程、实现新的更高目标的雄厚物质基础。"[③] 高校思政课作为中国特色社会主义事业的一部分，顺应国家现代化建设的整体步伐，在充分吸收利用自身已有丰富经验和有利条件的基础上，也展现出高质量发展的价值诉求，并自觉推进课程建设的改革与创新。可以说，思政课在已有的发展基础之上，在中共中央的大力部署、教育主管部门积极的政策推动下，定位不断升级，功能逐步提升，格局日趋拓展，在新机遇中谋求新发展。

---

① 2021年1月11日，习近平总书记在中央党校省部级主要领导干部学习贯彻党的十九届五中全会精神专题研讨班上讲话强调指出："新中国成立不久，我们党就提出建设社会主义现代化国家的目标，未来三十年将是我们完成这个历史宏愿的新发展阶段。"《习近平谈治国理政》第4卷，外文出版社，2022，第163~164页。加之前文已有的"两个30年"的划分阶段，在时间线上恰好共同构成新中国现代化强国目标的百年奋斗历程。其中的"未来三十年"，从理论的一般意义上特指2021~2050年的时间范围；而若从实践发展与时间推移的角度上说，则是一个不断推进的动态化的时间范围。

② 习近平：《高举中国特色社会主义伟大旗帜 为全面建设社会主义现代化国家而团结奋斗——在中国共产党第二十次全国代表大会上的报告》，人民出版社，2022，第21页。

③ 《习近平谈治国理政》第4卷，外文出版社，2022，第163页。

（一）出台系列性指导纲领与意见，深化对课程地位与作用的理论认识

从观念认识层面看，新时代党和国家尤为重视高校思政课在主流意识形态维护和建设方面的独特地位与作用功能，强调要结合"两个大局"的时代背景与高等教育发展的实际来确证课程建设的重大意义与现实要求。由中央宣传部、教育部印发的《普通高校思想政治理论课建设体系创新计划》指出办好思政课具有"三个事关"的特殊意义。这一定位不仅从国家意识形态安全与建设的维度对思政课的重要性给予肯定，还从中国特色社会主义事业长远发展与中华民族伟大复兴梦想实现的高度，指明高校思政课在国家发展大局中的突出地位与极其重要的作用；由教育部印发的《新时代高校思想政治理论课教学工作基本要求》则进一步聚焦高校建设与高等教育发展，强调高校思政课是"加强和改进高校思想政治工作、实现高等教育内涵式发展的灵魂课程"[①]，并对高校推进思政课程及其教学建设提出基本要求与具体指导意见；由中共中央办公厅、国务院办公厅印发的《关于深化新时代学校思想政治理论课改革创新的若干意见》强调"要放在世界百年未有之大变局、党和国家事业发展全局中来看待"[②]思政课建设，不断提高课程建设质量与水平。这些要求和意见对高校思政课建设给予充分肯定与重视，是新时代推进思政课发展与建设的重要理论依据。

（二）立足时代要求，坚持问题导向，推进课程建设实践新局面

就发展部署与建设实践而言，在新时代党中央的决策和国家发展的政策部署中，始终一如既往地关心重视思政课建设，将其建设成效好坏视为关乎社会主义中国兴衰的重要因素，不断开拓课程建设实践的新局面。

一方面，持续高度关注课程发展中存在的问题与困难。尽管在前一

---

① 《中华人民共和国学校思想政治理论课重要文献选编》（下册），人民出版社，2022，第1483页。

② 《中华人民共和国学校思想政治理论课重要文献选编》（下册），人民出版社，2022，第1530页。

阶段的改革发展中取得了重要成效，但课程发展仍存在诸多问题，如"课堂教学效果还需要提升，教学研究力度需要加大、思路需要拓展""各类课程同思政课建设的协同效应还有待增强，教师的教书育人意识和能力还有待提高，学校、家庭、社会协同推动思政课建设的合力没有完全形成"①，以及"一些地方和学校对'大思政课'建设的重视程度不够，开门办思政课、调动各种社会资源的意识和能力还不够强，课程教材体系还需要进一步完善，有的学校教师数量不足、质量不高，对实践教学重视不够，有的课堂教学与现实结合不紧密，大中小学思政课一体化建设亟需深化，有的学校第二课堂重活动轻引领，课程思政存在'硬融入''表面化'等现象"②。另一方面，立足时代要求，秉持问题导向和高质量发展原则，推动课程建设持续升级。在新时代中国特色社会主义事业良好发展的有利基础上，高校思政课开启了直面问题、自我革新，内外联动、高效服务的协同创新之路，持续推进以提高质量与水平为重点的发展进程。具体如下。

为应对合力不足的问题，中共中央、国务院印发了《关于加强和改进新形势下高校思想政治工作的意见》，提出"实施高校课程体系和教育教学创新计划，面向全体学生开设提高思想品德、人文素养、认知能力的哲学社会科学课程，充分发掘和运用各学科蕴含的思想政治教育资源"③，同时"鼓励有较高理论素养和丰富实践经验的党政干部、社科理论界研究人员等参与思想政治理论课教学。高校党委书记、校长和院（系）党组织书记、院长（系主任）每学期至少为学生讲一次思想政治理论课"④ 等举措。由此推动了思政课立足自身、内外联动的建设之路，蕴含着课程由关注自身建设到注重与其他课程协同发展的格局

---

① 习近平：《思政课是落实立德树人根本任务的关键课程》，人民出版社，2020，第 7~8 页。

② 《教育部等十部门关于印发〈全面推进"大思政课"建设的工作方案〉的通知》，教育部网站，http://www.moe.gov.cn/srcsite/A13/moe_772/202208/t20220818_653672.html。

③ 《中华人民共和国学校思想政治理论课重要文献选编》（下册），人民出版社，2022，第 1424 页。

④ 《中华人民共和国学校思想政治理论课重要文献选编》（下册），人民出版社，2022，第 1422 页。

转向。

习近平总书记在 2019 年召开的全国思想政治理论课教师座谈会上，直面课程建设中亟待解决的问题，立足"两个积极性"的判断，作出了"推动思政课建设内涵式发展"①的方略部署，指出应遵循"八个相统一"的原则，不断加强课程"两性""两力"建设，在学校、家庭、社会协同以及全党全社会关心支持的有利氛围下，推进课程的协同创新大发展。此外，教育部印发的《高等学校课程思政建设指导纲要》明确提出课程思政建设的思路，推进形成育人大格局，提出要"使各类课程与思政课程同向同行，将显性教育和隐性教育相统一，形成协同效应，构建全员全程全方位育人大格局"②，还指出"课程思政"这一战略举措影响甚至决定着接班人问题，影响甚至决定着国家长治久安，影响甚至决定着民族复兴和国家崛起。毋庸置疑，这一部署明确地将课程思政建设置于影响国家发展的重要地位。

2022 年 7 月 25 日，教育部等十部门联合印发《全面推进"大思政课"建设的工作方案》（以下简称《方案》），针对课程思政存在的"硬融入""表面化"等现象，以及一些地方和学校对"大思政课"建设重视程度不够、开门办思政课和调动各种社会资源的意识和能力不足等问题，提出全面推进"大思政课"建设的举措。《方案》指出，要坚持以习近平新时代中国特色社会主义思想为指导，聚焦立德树人根本任务，推动用党的创新理论铸魂育人，不断增强针对性、提高有效性，实现入脑入心③。坚持开门办思政课，强化问题意识、突出实践导向，充分调动全社会力量和资源，建设"大课堂"、搭建"大平台"、建好"大师资"，建设全国高校思政课教研系统，设立一批实践教学基地，推出一批优质教学资源，做优一批品牌示范活动，支持建设综合改革试验区，推动思政小课堂与社会大课堂相结合，推动各类课程与思政课同向同

---

① 习近平：《思政课是落实立德树人根本任务的关键课程》，人民出版社，2020，第 27 页。

② 《教育部关于印发〈高等学校课程思政建设指导纲要〉的通知》，中国政府网，https://www.gov.cn/zhengce/zhengceku/2020-06/06/content_5517606.htm。

③ 《教育部等十部门关于印发〈全面推进"大思政课"建设的工作方案〉的通知》，教育部网站，http://www.moe.gov.cn/srcsite/A13/moe_772/202208/t20220818_653672.html。

行，教育引导学生坚定"四个自信"，成为担当民族复兴大任的时代新人。"大思政课"方案在课程思政基础上，推进思政课程与校内外各类资源的积极配合，也推进高校思政课向前学段的回归与各学段的全程合作，极大地拓展了发展格局，拓宽了育人视野。

（三）聚焦课程内涵式建设，展现课程发展新风貌、新样态、新动力

高校思政课在课程体系改进、教育教学方法改革与基础配套完善等方面展现出新风貌、新样态与新动力。

其一，课程体系在历史沿革中获新风貌。在我国现代化发展进程中，高校思政课程体系已历经若干次调整，始终坚持与党的创新理论武装同步，服务于国家意识形态建设全局与社会主义现代化建设大局。当前正在着力构建以习近平新时代中国特色社会主义思想为核心的高校思政课程体系，这以"习近平新时代中国特色社会主义思想概论"的独立设置为鲜明特征。它不仅与其他四门本科生课程等学分设置，同时在课程体系中还围绕习近平新时代中国特色社会主义思想的专题研究，设置了本硕博各学段的选择性必修课，以此呼应时代，完成以崭新理论阐释中国特色社会主义道路、理论、制度、文化，以中国智慧指导和引领中国现代化实践的课程任务与使命要求。

其二，课程教育教学方法在现代网络信息技术加持下呈现新样态。现代网络信息技术与人工智能以不可抗拒的力量悄然推动着教育技术与方法的发展进步，高校思政课也不例外。不得不承认，现代大学生随时随地受到海量化、碎片化、商业化信息的全面冲击，这在一定程度上造成对思政课教育内容及其主流价值导向与权威的观念消解。对此，只有采取顺应潮流、正视问题的态度，大力推动传统教学方式与现代信息技术的有机融合，实现课程教育方法的迭代创新，才是发展之道。当前，高校思政课正在这方面展现出勃勃生机，涌现出一些高校思政课的网络在线学习平台与专门性的数字化教育教学资源；依托微信、微博、QQ、抖音等社交平台进行师生间的教学交流、互动与协作；利用电子虚拟实验室推进教育内容的时空拓展与"亲临"感悟；通过智能工具的辅助

实现思政课的个性化教学；运用大数据资源与工具推进教学的精准化实施与科学化评估。具体包括：运用雨课堂的线上线下混合式教学模式、全国范围的高校思政课微电影、高校思政课学生艺术作品巡展、全国高校思政课教学展示"云上大练兵"等活动与方式，极大程度地丰富思政课固有的教育教学方法，展现出现代化教育教学发展的新趋势。

其三，得益于中国现代化取得的伟大成就，高校思政课获得空前的基础支撑和条件保障。政策的扶持与推动向来是高校思政课发展的重要动力。新时代，在中国式现代化进入新的加速期、中国特色社会主义事业取得伟大成就的基础上，高校思政课拥有比历史上任何时期都更为有利的发展机遇，在人员、经费、组织机构和制度保障方面获得空前的支持，大大提振了课程发展的信心与底气，课程发展前景更加光明。具体表现为以下几个方面。一是高校思政课的人员队伍日益充足、业务能力日益精进。已有统计数据显示，"截至 2021 年年底，高校思政课专兼职教师超过 12.7 万人，较 2012 年增加 7.4 万人"。其中，专职思政课教师年轻化成为队伍发展新态势，49 岁以下教师占 77.7%，具有高级职称的占 35%，为课程的教学、研究提供较为充沛的人员力量[①]。截至2024 年 12 月，我国高校思政课专兼职教师超过 14.7 万人，其中专职教师占绝大多数且数量有大幅增长，"2012 年至 2024 年，全国高校思政课专职教师从 3.7 万人增至 11.7 万人"[②]。二是马克思主义学院的发展势头猛进。全国高校马克思主义学院由 2012 年的 100 余家发展到 2021年的 1440 余家，中宣部、教育部重点建设 37 家全国重点马院[③]，而在2024 年又新增 6 所全国重点马院和 5 所培育单位，它们为课程管理、建设提供机构与组织保障。三是马克思主义学科人才规模大幅增长。数据显示，2016~2021 年，全国马克思主义理论一级博士学位授权点由 39个增至 104 个、一级硕士学位授权点由 129 个增至 279 个，学位点数量

---

① 《全国高校思政课专兼职教师超 12.7 万人》，《中国青年报》2022 年 3 月 18 日。
② 《思想引领 铸魂育人——高校党的建设与思想政治工作开创新局面》，《人民日报》2024年 12 月 19 日。
③ 《全国高校思政课专兼职教师超 12.7 万人》，《中国青年报》2022 年 3 月 18 日。

位居各学科前列。2022 年，高校马克思主义理论专业本硕博在校生达6.2 万人①，为课程发展储备稳定的人员力量。四是思政课建设的人员经费与项目经费逐步落实和匹配。如各地陆续落实专职思政课教师岗位津贴；设立国家社科基金、教育部"繁荣计划"的思政课研究专项，2019~2022 年累计立项近 1000 项，支持经费近 3 亿元②；设立奖励表彰高校优秀思政课教师和马克思主义理论学科学生的中国教师发展基金会奖励基金，为凸显课程优势地位与推动课程创优发展提供财力保障。除此之外，教育部加快构建全方位、体系化的教师培养培训体系，建有200 余个高校思政课的优秀教学科研团队，组织 41 个全国高校思政课教师研修（学）基地、32 个"手拉手"集体备课中心，开展常态化培训研修，每年培训教师近 6000 人，推进由点位式带动线面式的整体化发展③。

总之，新时代的高校思政课立足高等教育现代化发展的总体框架，在党和国家的发展规划与部署下，遵循课程自身独特的政治属性与教育要求，在发展建设中积极探索依托国家资源、协同社会资源、充分调动高校资源并及时融入现代信息新技术的大格局之路，正朝着与社会主义要求相吻合、与时代共发展、与民族共进步的方向大步前进。

第二节 高校思政课的突出特性

我国的高校思政课以马克思主义理论学科为学理支撑，在高校普遍开设，以专职教师为主力并吸收兼职人员开展教育教学，以大学生为授课对象，进行社会主义主流意识形态理论和实践教育，是一套专门性、系统性、开放性的课程体系。作为主流意识形态的理论和实践教育，其

---

① 《教育部：全国高校马克思主义学院九年增长十余倍 由 100 余家发展到 1440 余家》，中国青年网，https://news.youth.cn/jy/202203/t20220317_13535816.htm。
② 《教育部：全国高校马克思主义学院九年增长十余倍 由 100 余家发展到 1440 余家》，中国青年网，https://news.youth.cn/jy/202203/t20220317_13535816.htm。
③ 《教育部：全国高校马克思主义学院九年增长十余倍 由 100 余家发展到 1440 余家》，中国青年网，https://news.youth.cn/jy/202203/t20220317_13535816.htm。

实质是开展马克思主义理论知识教育，促使受教育者形成对马克思主义理论的精神信仰，以及投身中国特色社会主义现代化建设的具体行动与行为取向。

一 一套专门性、系统性、开放性的课程体系

我国高校思政课既具有高校场域的归属性，又具有向外的延伸性，同时还具备体系的完善性与发展的开放性等特征。

其一，高校思政课是一套专门性课程。高校思政课是专门针对大学生开展思想政治教育的课程，直观呈现为包含丰富知识内容的马克思主义理论课程及相应教育教学活动。其背后涵盖特定的教学目标规划、教学内容制定、教育方式方法设计、教学进程安排、教师队伍建设及其培训与发展、学科理论及科学研究等一系列内容。高校思政课既具有高校课程的一般性，又有自身特殊性。从一般性来讲，高校思政课隶属于高等教育课程体系，与高校开设的其他课程一样，共同面向大学生开展教育，有着明确的培育时代新人的教育目标与职责。在此基础上，高校思政课自成体系，具有一定独立性，具备内容的整体性、课程运行的稳定性、课程功能的特定性，在立德树人方面发挥着不可替代的关键作用，是一套专门性课程。

其二，高校思政课是一套系统性课程。高校思政课作为系统性课程，是指在大学阶段开设的，包括必修课程、选择性必修课程和选修课程在内的课程集合，是由若干课目有机结合而成的课程群整体。从具体构成来看，我国高校思政课是包含上述三类课程的课程集合。"不仅各门课都体现了整体性，而且各门课之间也体现了从马克思主义原理到中国革命、建设和改革中的运用和发展，再到运用马克思主义基本原理和中国化马克思主义指导大学生成长成才这样一个不同层次的逐步递进和内在有机联系。"① 通过梳理课程建设基本历程可知，本科生的几门课程在课程体系及其建设中占据十分重要的地位，是课程建设与改革的关

---

① 张耀灿：《思想政治教育学科建设研究》，中国人民大学出版社，2017，第290页。

键和核心。本科生思政课程群的组合方式构成了各个时期课程体系变化的显著特征。

其三，高校思政课是一套开放性课程。其课程定位与教育内容并非绝对固定和静止封闭，而是处于与时俱进、不断推进和丰富完善的发展状态。"教学内容的动态发展与及时更新是思想政治理论课的基本特征。"① 这是因为马克思主义理论是不断发展的科学理论，尤其是在当代中国，将马克恩主义基本原理同中国特色社会主义实践相结合，形成了 21 世纪的马克思主义理论体系，推动高校思政课教学内容不断更新与发展。高校思政课必须及时体现并充分反映中国特色社会主义的新时代特征，反映马克思主义在理论和实践方面的重大发展与突破，摒弃脱离时代的教条主义话语，才能保持与时俱进的开放品格，有效回应当代中国和世界面临的现实问题，不断提升对社会矛盾的批判力和对社会问题的解释力，进而增强课程的说服力。从当前"大思政课"建设实践来看，其开放性一方面面向校内，表现为挖掘高校中诸如"校园文化、学生社团、社会实践、心理健康教育、行政管理，各门专业课中渗透的思想政治教育"② 等隐性资源，以此扩充思政课可利用的人力组织、载体手段和途径方法，丰富思政课的教学方式、方法与手段，不断拓展思政课的空间格局，彰显其发展与建设的包容性特点；另一方面面向校外开放，表现为与"社会大课堂"配合，充分利用社会中有利的教育元素，形成社会资源利用的有效机制，大力拓展思想政治教育空间。

二 具有鲜明政治属性、突出战略属性并内蕴民生属性

"高校思政课"是"高等学校思想政治理论课"的简称，最早在《关于进一步加强和改进大学生思想政治教育的意见》中被正式提出。翌年，中共中央宣传部、教育部《关于进一步加强和改进高校思想政治理论课的意见》明确指出："高等学校思想政治理论课承担着对大学

① 徐蓉、王梦云：《提升高校思想政治理论课教学质量的多维思考》，《思想理论教育》2017年第 9 期。

② 张耀灿：《思想政治教育学科建设研究》，中国人民大学出版社，2017，第 291 页。

生进行系统的马克思主义理论教育的任务，是对大学生进行思想政治教育的主渠道。"① 至今，这一概念已被普遍采纳，在党政机关、教育系统和社会各领域广泛使用。学界对高校思政课的概念所指非常明确，对其作用与地位高度肯定，围绕"根本保证""重要阵地""主干渠道""核心课程""灵魂课程""关键课程"等观点展开了较为深入的理论阐释，形成了对高校思政课与时俱进的发展定位与理论认识，有利于进一步揭示高校思政课的发展特性与总体特征。然而，这些关于课程作用、地位的"历史罗列"与"观点叠加"，在一定程度上仍停留在对课程属性与特征的"外围化"认识，有待从课程的一般教育属性与专业特性的有机结合中深入解读。我们可从"牢牢把握教育的政治属性、战略属性、民生属性"② 的要求出发，以政治属性为根本、战略属性为导向、民生属性为基础，在"三性"的有机统一中，深刻理解我国高校思政课的突出特性。

其一，鲜明的政治属性。通过梳理上述历程可知，高校思政课的概念在发展过程中逐步固定，前述也呈现了各阶段的具体称谓，在各个历史阶段，它都展现出作为社会主义意识形态工作重要内容、为国家政治服务的鲜明特性。同时，通过横向对比考察发现，国外也存在"同质类"课程。正如习近平总书记强调的"古今中外，每个国家都是按照自己的政治要求来培养人"③，每个国家的教育都有政治属性，在一些课程中表现尤为突出。有学者指出，"西方国家包括亚洲国家，为使国民适应社会发展要求，也开始重视高校思想政治理论课程建设"，像美国这样的国家，虽无这一课程名称，"但无论是公立高校还是私立高校都设置具有浓厚意识形态色彩的思想政治理论课程"④，这充分揭示了课程为国家政治服务的基本属性。实际上，各国因政治制度及政党执政

① 教育部思想政治工作司组编《加强和改进大学生思想政治教育重要文献选编（1978-2014)》，知识产权出版社，2015，第293页。
② 《习近平对学校思政课建设作出重要指示强调：不断开创新时代思政教育新局面 努力培养更多让党放心爱国奉献担当民族复兴重任的时代新人》，《人民日报》2024年5月12日。
③ 习近平：《在北京大学师生座谈会上的讲话》，《人民日报》2018年5月3日。
④ 骆郁廷主编《高校思想政治理论课程论》，武汉大学出版社，2006，第308页。

的方式、理念、立场与原则不同，高校思政课的政治属性内涵也各不相同。我国的高校思政课建立在马克思主义理论一级学科基础上，是系统性的马克思主义理论教育活动，发挥着维护马克思主义主流意识形态地位的重要功能。而且，其外在的政治属性与内在的学术性相互支撑。正如习近平总书记指出的："思政课的政治性、思想性、学术性、专业性是紧密联系在一起的，其学术深度广度和学术含金量不亚于任何一门哲学社会科学！"①

可以说，我国高校思政课鲜明的政治属性，建立在思想性引导、学术性研究和专业教育的基础之上，绝不能以政治性遮蔽或消解课程应有的学术性、科学性。从国内外现象对比来看，确实存在显著差异，如国内课程政治属性鲜明，但学理性稍显薄弱；国外采用公民教育、通识教育、品格教育等称谓，淡化政治属性，凸显学理性特点，造成表里的不统一。但实际上，国外这种情况是"人为"造成的对课程属性的认识偏差与现实掩盖，国内则是由于新中国成立以来，课程建设一直受到国家政策支持，在一定程度上弱化了对自身固有规律的探索与内生动力的培植，所以学理性稍逊一筹，而这正是"未来三十年"推进课程建设内涵式发展的历史因素与重要前提。总之，政治属性是高校思政课固有的、内在的根本属性，只有坚定地以主流价值为导向，开展学术化、专业化的理论研究、创作与教育宣传实践，才能从根本上确保课程的政治属性。

其二，突出的战略属性。高校思政课并非普通课程，它着眼于思想理论前沿，在高校意识形态阵地，围绕大学生人才培养开展专业性教育，在国家发展大局中占据重要地位，承载着重要战略任务，体现着国家发展的战略需求。习近平总书记在学校思想政治理论课教师座谈会上指出："当前形势下，办好思政课，要放在世界百年未有之大变局、党和国家事业发展全局中来看待，要从坚持和发展中国特色社会主义、建设社会主义现代化强国、实现中华民族伟大复兴的高度来对待。"② 显

---

① 习近平：《思政课是落实立德树人根本任务的关键课程》，人民出版社，2020，第25页。
② 习近平：《思政课是落实立德树人根本任务的关键课程》，人民出版社，2020，第5页。

然，这一论述结合当前国际国内发展形势，特别强调了思政课在新时代的重要战略地位和历史机遇，让我们认识到思政课不仅承载着培养社会主义建设者和接班人的人才战略需求，还承载着中华民族伟大复兴的国家发展战略要求。高校思政课作为课程大中小学一体化育人体系的最后端口，与国家社会联系更为紧密，战略影响力范围更广，其战略属性尤为突出。回顾历史，党在革命、建设和改革的各个时期都十分重视高校思政课建设，将其作为党和国家整体工作的一项重要内容。进入新时代，党中央先后召开全国高校思想政治工作会议、全国教育大会，习近平总书记多次亲临高校考察，强调思政课建设的重要战略意义。高校思政课的教学组织与研究单位按照党中央的指示精神，自觉提升对课程重要战略地位的思想认识，思政课"四为服务"的能力日益提升。

其三，内蕴的民生属性。教育是民生大事，具有启民智、润民心，"化民成俗""使人为善"的重要作用与功能，关系着国民素质的发展与提升。思政课作为落实立德树人教育根本任务的关键课程，是教育民生中的要事。如习近平总书记所言："思政课的本质是讲道理，要注重方式方法，把道理讲深、讲透、讲活，老师要用心教，学生要用心悟，达到沟通心灵、启智润心、激扬斗志。"① 高校思政课作用于人的思想、头脑、灵魂，发挥着对大学生思想世界进行正确引导和有效塑造的作用。习近平总书记指出，青少年阶段是人生的"拔节孕穗期"②，这一时期心智逐渐健全，思维进入最活跃状态，最需要精心引导和栽培。大学生属于青少年学生群体中的"顶端"力量，心智趋向成熟和稳定，同时在大学的"自由空间"拥有更多时间和充沛精力去探索新事物，但他们对整个世界的认识比较有限、肤浅，缺乏进一步改造世界的本领和能力，甚至会由于将对世界的认识打上自身专业的"烙印"而陷入狭隘的境地。高校思政课通过传授本学科特有的知识体系，为大学生成长奠定重要的思想基础。一方面，课程着眼于大学生的思想需求，主动

---

① 《习近平在中国人民大学考察时强调 坚持党的领导传承红色基因扎根中国大地走出一条建设中国特色世界一流大学新路》，《人民日报》2022 年 4 月 26 日。
② 习近平：《思政课是落实立德树人根本任务的关键课程》，人民出版社，2020，第 2 页。

关照学生、关怀学生，了解大学生的思想实际、思维短板和认识误区，做好为大学生释疑解惑的准备；另一方面，高校思政课主动将马克思主义及其中国化的理论成果通过知识教育的方式进行灌输，帮助大学生掌握马克思主义的世界观和方法论这一科学认识世界和改造世界的工具，提升他们明辨是非、探索真善美的能力，促进大学生的全面发展。同时，一代大学生的思维与理论水平，代表一个时代最佳的思维状态。大学生的思想政治与道德水平状况，影响和带动着整个国民的思想道德水准及其发展进步。因此，作为民生性的教育事业，高校思政课不仅使大学生在教育中受益，也提升了整个国民的精神文化素质与水平。

第三节　推进高校思政课建设的科学化、高质量发展

从历史梳理和概念分析可知，思政课至关重要，关乎国家意识形态安全与民族复兴的奋斗目标。思政课建设是一项具有历史性意义的系统工程。在新时代新征程上，思政课建设面临着新形势与新任务，需从教育强国的目标规划与责任担当出发，主动关注、自觉回应、积极践行"强国建设，课程何为"的使命担当。遵循习近平总书记关于"思政课是落实立德树人根本任务的关键课程""坚持问题导向和目标导向相结合，坚持守正和创新相统一，推动思政课建设内涵式发展"[①] 的思路部署，依据课程建设的客观规律，以系统思维为指引，坚持从质、量、效三个维度统筹推进课程的全面发展与建设，展现思政课的新气象与新作为。

一　遵循现代化建设的一般规律推进高校思政课建设

我国经济社会发展的历史表明，中国现代化必须走一条科学的建设道路。70 多年来，高校思政课摸索出一系列实践方法和稳定的发展模

---

① 习近平：《思政课是落实立德树人根本任务的关键课程》，人民出版社，2020，第 27 页。

式，发挥了特定的历史作用，作出了重要贡献。例如，在"推动马克思主义尤其是中国化马克思主义'进教材、进课堂、进学生头脑'，在教育引导大学生树立正确的世界观、人生观、价值观方面发挥了重要作用"①。从发展的视角来看，固有的经验、理念和方法无论曾经多么行之有效，在新形势、新任务、新矛盾面前，总会存在不相适应的地方。世界上不存在一成不变、"放之四海而皆准"的模式，倘若一味地因循守旧、不善于改进，必然会使本就"难上"的思政课变得"更难上"。只有直面时代发展变化带来的机遇与挑战，主动应对教育发展面临的现实问题，自觉通过改革适应新形势，通过长远谋划防范和减少弊病，才能让课程发展建设行稳致远。因此，思政课要立足党和国家事业发展以及中华民族伟大复兴的全局，积极探寻一条以人为本、资源统筹、科学发展的道路。所谓以人为本，就是坚持"师生为本"，以学生为中心，以教师为主体，重视教师队伍建设，充分发挥教师的积极性、主动性和创造性，切实发挥课程对大学生"三观"的引领作用；资源统筹，就是要着眼宏观、谋划长远、注重拓展，积极调动各类已有资源，统筹大中小各学段，促进社会公德、职业道德、家庭美德和个人品德协同进步，实现家庭教育、社会教育和学校教育的有机统一，在全方位、大格局、大协同中，推进思政课科学高效的发展建设；科学发展，就是依据课程系统化建设的历史趋势以及内外联动、协同创新的发展诉求，从时代发展要求出发，立足课程发展建设规律，积极探索一条内源动力驱动的优化发展和创新之路，推动课程在理念内容、体制机制、技术手段、方式方法等方面实现整体改革与发展进步。

二 推动"提质""足量""优效"的课程建设

结合课程历史实践与科学发展的一般原理，思政课建设的科学发展之路应涵盖质、量、效的三重维度，是三者的有机统一。从发展历程梳理来看，"前三十年"阶段属于思政课"定质定性"的发展建设时期。

---

① 骆郁廷、唐丽敏：《改革开放四十年高校思想政治工作的三大跨越》，《马克思主义研究》2018 年第 12 期。

彼时，思政课作为新中国文化建设的重要组成部分，是抵制和清除愚昧落后封建旧文化的关键阵地。尽管这一阶段课程设置尚不稳定，教育方式因国家政治运动而频繁变动，课程门数也呈现出增减无常的状态，但人们形成了思政课是社会主义大学显著特征的思想认识，明确了其在我国意识形态领域的独特地位，这成为课程建设长期坚守的基本原则。"后三十年"阶段是"保质扩量"阶段。经历社会动荡且遭受严重破坏的思政课程在此阶段逐步复苏，并发展了课程作为"社会主义大学的本质特征"这一定位。通过三次重大改革和方案调整，课程建设体量大幅增加，发展规模空前。"未来三十年"阶段，思政课建设将逐步迈向以"提质""足量""优效"为导向和原则的发展模式。在充分挖掘、利用现有资源条件的基础上，朝着更高发展水平迈进。大力支持"一流"学科、"一流"专家和"重点马院"建设，重点打造"金课""精品课""网红课""抢手课"，以此推动深层次改革，逐步淘汰落后机制和低效"产能"，消除学生的消极应付和教师的教学乏力现象。在社会精神信仰需求发生微妙变化的背景下，实现课程的精准施教和有效应对，凸显思政课建设发展的内在品质，达成社会功效的最大化。

三　夯实高校思政课建设的关键点位

推动并实现高校思政课建设内涵式发展，应以系统思维为导向，坚持问题导向与目标导向相结合，坚持守正和创新相统一，坚持要素优化与整体发展相统一，切实推进课程的改革创新和发展建设，从而为实现教育强国目标发挥应有的作用，作出应有的贡献。

首先，以"建设标准"为依据统筹推进课程整体化建设。在高校思政课程建设中，普遍存在地区间、高等教育各学段间以及课程内部各要素间发展不平衡的问题，需从全局着眼，进行整体性的规划建设。在这方面，国家制定和颁布的《高等学校思想政治理论课建设标准》为问题的解决提供了切实可行的依据。2021 年新修订的《高等学校思想政治理论课建设标准》分别从组织管理、教学管理、队伍管理、学科建设和特色项目这五个一级指标出发，下设 A*、A、B 三级共 41 个分指标。建设指标既为提升课程整体水平提供了客观标准，又为质量和水平的进一步提升提供了有效参考，是高等教育系统推进思政课程建设的有效抓手。

其次，树立"课堂中心"意识，实现资源的有效联动与高效配合。课堂是育人的主阵地，课堂教学活动是高校思政课建设诸多环节的核心，也是各方主体开展具体建设工作共同指向的"靶心"。尤其是在面对"言者谆谆、听者藐藐"的教学现状及其对课程形象产生的负面影响时，课程建设相关人员要切实增强"课堂中心"意识。思政课教师要敬畏、珍惜并热爱讲台，充分发挥课堂教学的积极性、主动性和创造性；其他相关资源要素向课堂汇聚，持续完善高校支持思政课建设的工作体制；同时，在系统工程建设与外部资源支持的互动中，不断强化保障，切实形成全党全社会关心支持思政课建设的体制机制。

最后，立足课程意识形态属性的基本定位，切实发挥课程的多方面价值与功能。高校思政课作为体现社会主义大学本质、彰显社会主义特色的一套课程体系，秉持"四为服务"的价值导向，在对大学生进行"三观"培育的基础上，还应积极发挥对社会主义主流意识形态的旗帜引领作用、对中国特色高等教育的发展引领作用，以及在国际思想文化展示与交流等方面的价值与功能。

第三章

系统要素论：高校思政课的要素结构与系统功能

从高校思政课建设所涉及的国家、社会、高校各个层面复杂多变的要素中，运用系统思维重点梳理出党的领导要素、"三主体"要素、教育教学过程要素以及课堂教学活动要素这四大类内容。高校思政课建设从整体上而言，是在党的领导与部署下，以"三主体"建设为抓手，在尊重教学过程基本要素相互作用规律的基础上，围绕课堂这一中心环节，提供相应的配套设施、资源保障并推进制度完善的过程，以此促成教育目标的顺利实现。

第一节　高校思政课的要素盘点

毫无疑问，要素是构成系统的基本组成部分或基本单元。已知高校思政课是由四大类（具体包括七项）具体要素及其相互作用构成的一个复杂系统。高校思政课的系统工程建设需在要素梳理的基础上，进一步概括总结各要素历史发展的"来龙去脉"及其固有特点与发展规律，阐明诸要素间紧密依存、相互配合的内在联系，以推进对系统结构与功能的总体认知与有效把握。

一　党的领导要素

高校思政课既是对党的思想政治工作"法宝"的历史继承，也是党的思想政治工作专业化发展的历史产物。课程从孕育创建、复合性建设到稳进中改革及新时代的创新大发展，始终离不开党的顶层部署及其强有力的领导。高校思政课建设，遵从党中央到地方党委与高校党委的统一领导，坚持推进课程在全国的"一盘棋"建设。党对高校思政课的领导，既体现为为课程建设提供方针政策与思想理论方面的指导，也表现为推进课程管理制度及建设规范的制定与具体落实，以及组织开展对课程改革与建设实效的评价、反馈与指导等。

（一）党的领导是课程建设的前提与重要保障

从一定意义上说，推进思政课专业化建设、普遍化推行与科学化发展，是中国共产党的独特创造。这不仅是党的思想政治工作的优势体现，还有机融入并发展成为我国社会主义高等教育的鲜明标志，其成功经验也受到世界其他国家的关注与吸收借鉴。

党的领导是思政课建设的必要前提。马克思主义是指导人类认识和改造世界的科学理论与思维工具，中国共产党坚定地选择马克思主义作为指导思想，在高校通过思政课的形式对大学生进行系统的马克思主义主流意识形态教育。意识形态性是高校思政课的基本属性，也是课程建设必须把握的重要原则。立足党和国家对课程发展建设的政策规范，思政课被定位为"重要阵地""主干渠道""核心课程"，要坚持围绕党的创新理论推进思政课程的内容建设。在坚持以马克思主义的基本立场、观点、方法为大学生"三观"教育的基本指导的基础上，积极将党在各个时期的基本理论、路线、纲领和经验，以及中国革命建设和改革开放的历史、社会主义的思想品德和道德规范要求、中国特色社会主义事业的总体形势与基本政策等，纳入教育。在党和国家的统一部署下，开展课程教材编写与教育内容制定工作，让一代代青年深刻认识和领会党的执政理念与目标，从思想、情感、态度和行动上听从党的指挥，自觉做到"两个维护"，增强大学生在中华民族复兴伟业中的使命担当，使大学生争做社会主义合格建设者和可靠接班人。

高校思政课的建立和发展以党的教育方针为根本指引。鉴于办好思政课在中国共产党治国理政、维护国家意识形态安全以及中国特色社会主义事业大局中具有重要地位，高校思政课建设必须始终坚持以党的教育总方针为自身立足和发展的根本遵循。高校思政课是中国共产党在高校进行社会主义意识形态教育的"主渠道"，关乎国家意识形态安全，必须全面贯彻党的教育方针，坚定不移地跟党走。坚持用马克思列宁主义、毛泽东思想、邓小平理论、"三个代表"重要思想、科学发展观武装当代大学生，深入贯彻习近平新时代中国特色社会主义思想，坚持社会主义办学方向，落实立德树人根本任务，坚持教育为人民服务、为中国共产党治国理政服务、为巩固和发展中国特色社会主义制度服务、为改革开放和社会主义现代化建设服务，扎根中国大地办教育，与生产劳动和社会实践相结合，加快推进教育现代化、建设教育强国、办好人民满意的教育，努力培养担当民族复兴大任的时代新人，为培育德智体美劳全面发展的社会主义建设者和接班人提供思想基础、道德保障和信仰力量。

（二）党对课程的领导及其历史发展

综观从党的创始人李大钊在北大最早开设"唯物史观"与"工人的国际运动"理论课和讲座开始，到党成立后在革命政权下创造有利条件，于具有高等教育性质的大学中开设较为正规的马克思主义课程，再到新中国成立后开启的系统化建设，直至如今课程建设走向成熟并进入新常态这一历程，高校思政课发展建设的整体规划与趋势走向始终离不开党的精心领导。

党对高校思政课的领导历程。作为新中国成立以来在全国高校普遍开展的系统性"显性的理论形态的直接德育课程"，思政课建设受到党中央的亲切关怀与高度重视，课程方案的历次改革与建设实践均是中宣部、教育部等部门直接推动的结果。

新中国成立之初，我国即明确要建立以马克思主义理论课程为特色的高等教育体系，以此逐步改变旧有的教育面貌，并在党的领导部署下开展具体建设。具体举措包括：由各中央局、分局及有关的地方党委统一负责各地区思政课建设及其师资培养等配套工作，且具体由各级党委的宣传部部长或副部长亲自领导组织；从党的干部中选派政治理论水平较高的人员，对思政课教师进行理论培训，或直接参与课程专题讲座；在高校建立由校长或副校长专人负责的思想政治工作制度，负责思政课的组织建设与发展，并就课程建设情况随时向省（市）党委、自治区党委报告与请示，同时协同报告给所属主管部门及高等教育部，以便进行交流、研究和解决问题。1964 年 10 月，中宣部、高教部党组、教育部临时党组发布《关于改进高等学校、中等学校政治理论课的意见》指出，各级党委宣传（文教）部和高校党组织要从"抓方向、抓教学、抓队伍"三个方面加强对政治理论课的领导，将"抓好政治理论课工作"作为学校党委（支部）的主要任务之一。高校的党委书记、党员校长，都应当尽可能兼课。

改革开放和社会主义建设新时期，党中央越发重视对思政课建设的领导，直接推动了三次重大的方案调整，使思政课建设更趋专业化、科学化。例如，"05 方案"是在中共中央"16 号"文件（《关于进一步加强和改进大学生思想政治教育的意见》）的推动下，针对"思想政治理论课实效性不强"等问题深入推进的教学改革。该方案还推动建立了以党委为核心、在党的统一领导下，党政齐抓共管，有关部门各负其责，全社会大力支持的领导体制和工作机制，致力于形成全党全社会共同关心支持大学生思想政治教育的强大合力。

进入新时代，以习近平同志为核心的党中央高度重视思政课建设，提出办好思政课"三个事关"的重要论断。习近平总书记在学校思想政治理论课教师座谈会、全国教育大会、全国高校思想政治工作会议以及全国宣传思想工作会议等重大会议上，就思政课建设作出相关规划与部署。其中，关于思政课发展的策略性指导思想重点包括："关键性课程""灵魂课程"的发展定位论、"改进创新"的发展时态论、"根本保证""有力支撑""深厚力量""重要基础"的发展保障论、"八个相统一"的改革创新论、"六要"的教师发展论、"协同"建设论等。这些重要论述有待在实践中进一步丰富和升华，为新时代高校思政课建设提供了根本遵循和方向指引。

（三）党对高校思政课领导的体制机制

中国共产党是我国各项事业的领导核心。党对高校思政课建设实行逐级分类的一体化领导。党中央、地方党委和高校各级党委有层次、分领域、有针对性地发挥各自领导作用。党中央对思政课的领导体现为提出发展规划与改革的指导性意见，通过中央教育工作领导小组及教育部、中央宣传部等职能部门逐级下发推行，军队院校则由中央军委政治工作部统一负责，并将其纳入各自的工作日程。地方各级党委发挥上通下联的作用，主要负责上级政策的具体落实以及关注课程建设的现实情况，承担思政课建设工作的具体职责，包括从原则上把思政课建设作为党的建设和意识形态工作的标志性工程摆上重要议程，从工作格局、队伍建设、支持保障等方面开展总体工作，以及召开专题会议、实行"联系讲课"制度、统筹当地民办学校和中外合作办学院校思政课建设等。高校党委组织推进发展规划和政策的落地实施，统筹利用校内外教育教学资源，全面负责本校的思政课建设，主要包括党委书记和校长"三个带头"工作机制、明确党委书记第一责任人地位、建立党委常委专题会议制度、实行领导班子讲课制度、完善学校党建工作内容考核制度等方面。

二　"三主体"要素

在高校思政课建设的系统工程中，马克思主义学院、马克思主义理论学科和思想政治理论课程是建设的"三主体"，也是重要抓手，三者相互联系、有机统一。"学科、学院、课程（这里主要指思想政治理论课建设）三者本来就是一个紧密联系、相互作用的有机整体，三者的建设必须拧成一股绳、形成一股劲。"[1]　"三主体"各自分工又相互配合，其中，马克思主义学院是组织思政课教学的机构，马克思主义理论学科是提供马克思主义理论教育教学依据的学科主体，思想政治理论课程是承担马克思主义理论教育内容配置的课程主体。

---

①　张雷声：《思想政治理论课教学的新境界》，中国人民大学出版社，2018，第370页。

（一）马克思主义学院的组织机构主体

马克思主义学院的建立与思政课的发展息息相关。数据显示，截至2021年底，全国高校马克思主义学院由2012年的100余家发展到2021年的1440余家，中宣部、教育部重点建设37家全国重点马院①。马克思主义学院是高校思政课建设的重要依托，汇聚着课程发展建设的人、财、物等方面的基本要素。

第一，高校马克思主义学院的发展演变。若考察高校马克思主义学院的发展前身，则"马克思主义学院（思想政治理论课教学科研单位）作为一个独立教学科研单位的历史可以追溯到新中国成立之前在革命根据地和解放区所建立的马克思主义理论教学机构"②。而其作为专项服务于思政课的"实体性教学科研机构"普遍公开建立，则是在新中国政权建立以后。最初，它只是以"政治课教学委员会"或"教学研究指导组"等身份，实质性地发挥着组织教学和科研的作用与功能。

在改革开放初期，依据1980年教育部印发的《改进和加强高等学校马列主义课的试行办法》的通知要求，各高校陆续建立马列主义教研室。相较于当时思政公共课的全面开设，作为重要教学机构依托的马列主义教研室数量还较少。与高校普通建制的其他相对独立且成熟的二级学院相比，马克思主义学院尚处于建制的孕育阶段。随着教学的开展和理论科学发展的需要，马克思主义理论及其教育教学专业化、学科化发展的趋势和要求越发鲜明，马克思主义学院的独立建制及由此开展专业的理论和教学研究成为必然。以1992年4月北京大学第一家马克思主义学院成立并公布为标志，开启了马克思主义学院独立建制的进程。2003年中国人民大学宣布成立新的马克思主义学院后，其他院校的马克思主义学院也陆续宣告成立。"05方案"后，掀起了独立马克思主义学院"标配"建制的高潮。陆续设立马克思主义学院的高校有：吉林

---

① 《全国高校思政课专兼职教师超12.7万人》，《中国青年报》2022年3月18日。
② 余双好：《高校马克思主义学院建设需要处理的一些关系》，《思想理论教育》2015年第2期。

大学（2005 年）、山东大学（2007 年）、清华大学（2008 年）、武汉大学（2011 年）、苏州大学（2011 年）、复旦大学（2014 年）等。其中，起步早的马克思主义学院后来逐渐成为全国发展水平的"领头羊"。到 2018 年底，绝大多数高校都建立了马克思主义学院。数据显示，"全国有 85.2% 的高校设有独立二级机构，其中本科高校 1109 所，占本科高校总数 89.5%；教育部直属高校 100% 设置独立二级机构；高职高专院校有 1135 所，占高职高专院校总数 81.3%。全国高校有马克思主义学院 750 所，75 所教育部直属高校中，有 71 所建立了马克思主义学院，占 95%；36 所其他部委属高校中，有 20 所高校建立了马克思主义学院；此外还有 58 所民办本科院校、134 所高职高专院校也建立了马克思主义学院"[①]。中宣部、教育部分别于 2015 年、2017 年和 2019 年公布了三批全国重点马院名单，并在此基础上，筹划增加全国重点马院的数量，这些高校的马克思主义学院正逐步发展成为全国马克思主义学院建设的旗帜和标杆。

　　另外，在本科院校大力普及马克思主义学院建制的基础上，逐步推进在高职高专院校、民办院校中的普及建制和发展引领。在高职高专院校，大多设有思政课教研部（或教研室），部分院校与其他专业教师联合办公。2017 年后，在基础条件较好的院校逐步推进马克思主义学院建设，例如安徽职业技术学院、无锡商业职业技术学院、福建水利电力职业技术学院等，且此类院校的总数还在不断增长。在民办院校中，三江学院的马克思主义学院于 2015 年 6 月率先成立，开启了独立民办学院建设马克思主义学院的先河，其他民办院校则借助母体高校资源或通过"人事代理"方式，做好教学人才队伍建设和科学研究工作。2024 年 4 月 30 日，上海南湖职业技术学院、上海科创职业技术学院、上海闵行职业技术学院、上海现代化工职业学院和上海建设管理职业技术学院 5 所新型高职院校共同推进创新举措，建立了上海首个新型高职联合马院。

[①] 《谱写立德铸魂的奋进篇章——全国高校思想政治工作会议以来学校思想政治理论课建设综述》，《人民日报》2019 年 3 月 18 日。

综观全局，全国马克思主义学院建设发展不平衡的状况显而易见。基于此，相关部门已开启整体规划与协调部署，目前已分类别、逐批次地推进高校间合作、研究机构与高校合作、省市委宣传部与高校合作共建等大型项目，这在一定程度上保障了西部及一些相对弱势高校的马克思主义学院建设发展。

第二，马克思主义学院的职能发展及其对思政课的支撑。马克思主义学院的建设主要具备两项基本职能：一是思政课教学，负责专、本、硕、博各学段的系统教学；二是科学研究，推进马克思主义理论整体（包含思想政治教育理论）的研究、发展和创新。二者关系紧密、相互促进、有机统一。教学是科学研究的基础，科学研究的发展则可反哺教学。随着高等教育的发展和思政课性质定位的不断升级，马克思主义学院的功能也在不断拓展。除具备一般学院"学科建设、理论宣传、思想引导、社会服务"等功能外，还担负着"学习、研究和宣传马克思主义，巩固马克思主义在高校意识形态领域的指导地位，培育和弘扬社会主义核心价值观，培养中国特色社会主义建设者和接班人的重要使命"[①]。但这一切都需以思政课建设为中心，其最大的功能价值在于服务思政课的教育教学建设。

马克思主义学院承担着高校思政课建设的主体责任。作为责任主体，马克思主义学院依据中央相关政策和文件精神，积极推进习近平新时代中国特色社会主义思想进教材、进课堂、进头脑，有效衔接主流意识形态教育与大学生思想道德的现实水平与需求，始终抓好马克思主义理论教育的核心工作，为学生成长成才奠定科学的思想道德基础，形成价值共识，适时担负起培养社会主义建设者和接班人的责任使命。

（二）马克思主义理论学科的理论发展主体

马克思主义理论作为一级学科，下设"马克思主义基本原理""马克思主义发展史""马克思主义中国化研究""国外马克思主义研究"

---

① 余双好：《高校马克思主义学院建设需要处理的一些关系》，《思想理论教育》2015年第2期。

"思想政治教育""中国近现代史基本问题研究"这 6 个二级学科。据《高校马克思主义理论学科发展报告（2021）》统计，截至 2021 年底，参与调研的高校马克思主义理论学科点分布状况如下。参与调研的学科点总计 383 个。从学科点类别来看，有一级学科博士点 102 个、二级学科博士点 3 个、一级学科硕士点 258 个、二级学科硕士点 20 个；从高校类型来看，分布在一流大学建设高校的有 41 个，分布在一流学科建设高校的有 78 个，分布在非"双一流"建设高校的有 264 个①。马克思主义理论学科具体从政治方向、理论内容、方式方法和人才队伍等维度，为思政课建设提供学理支持、规范、引导和保障，持续推动思政课建设朝着科学化、规范化和长效化方向发展。

1. 马克思主义理论学科的发展

自新中国成立以来，高校思政公共必修课便坚持以马克思主义及其中国化的路线、方针、政策为理论和思想指导。然而，将马克思主义理论作为高等教育学科之一，开展马克思主义理论知识体系的专业性研究与理论教学，却相对滞后了很多年。在革命时期，党已有马克思主义理论传播和教育的成功经验，以及将思想政治工作作为党的"生命线"的优良传统和有效办法。在此基础上，新中国成立后，作为通识性、基础性、知识性的德育课程，这些课程在新政权下即刻普遍推开。课程得以顺利开展，一方面是基于人民对新政权主流价值的积极渴望和追求，另一方面依靠的是经验传统的积累和政策推进。但是，随着高等教育现代化和系统化发展，新的理论不断涌现，知识体系的专业归属与学科划分越发精细，基于学科化的专业性知识开展课程教育，已成为高校知识创新与孵化的一般规律。

追溯历史可知，思想政治教育学科比马克思主义理论一级学科建立得更早。尽管在隶属于马克思主义理论一级学科之前，思想政治教育学科曾隶属于教育学、政治学的一级学科，但始终保持着马克思主义理论

---

① 艾四林、吴潜涛主编《高校马克思主义理论学科发展报告（2021）》，人民出版社，2023，第 2 页。

教育的鲜明特性，并对高校思政课的理论研究和人才培养发挥了不可替代的作用。思想政治教育学科在20世纪80年代便走上了学科化的建设道路，历经了"思想政治教育"与"马克思主义理论教育"学科专业从独立到融合，再到广泛铺展和不断升级的发展历程。思想政治教育学科发展起始于"思想政治教育学"这一称谓的命名，由此开启"思想政治教育专业"人才培养和学科建设之路。1988年，《中共中央关于加强和改进企业思想政治工作的通知》第一次在党的全会通过的中央文件中"肯定'思想政治工作是一门科学'这个科学论断，表明了对建立这门新兴学科的认可"①。1990年，并列增设了"马克思主义理论教育"的硕士授权学科专业。1994年，《中共中央关于进一步加强和改进学校德育工作的若干意见》进一步提出要做好"人文社会科学的重点学科建设"的部署，将学科建设继续向前推进。之后，在硕士和博士研究生招生的学科专业目录中，又将这两个二级学科合并为"马克思主义理论与思想政治教育"，并由武汉大学作为首批博士学位授权点和建设单位，于1996年开始进行该学科的博士招生。5年后，又开启了国家重点学科建设的历程，中国人民大学、武汉大学和中山大学成为首批重点学科设立单位。

马克思主义理论一级学科的建立和发展，直接服务于高校思政课建设的实践需求。思政课教学与发展的实践，推动了马克思主义理论的专业化和学科化进程。"05方案"最早着手进行一级学科建立的规划部署，指出"学科建设是加强和改进思想政治理论课的基础"，并且强调"设立马克思主义一级学科……为加强高校思想政治理论课建设，培养思想政治教育工作队伍提供有力的学科支撑"②。"马克思主义理论"以一级学科的身份被定位于"法学"门类下，下辖包括思想政治教育在

---

① 冯刚、郑永廷：《思想政治教育学科30年发展研究报告》，光明日报出版社，2014，第3页。
② 教育部思想政治工作司组编《加强和改进大学生思想政治教育重要文献选编（1978—2014）》，知识产权出版社，2015，第294页。

内的五个二级学科，之后陆续增设为六个、七个①，并作为国家重点学科推进建设。

2. 马克思主义理论学科的学理指导

高校思政课作为系统的马克思主义理论教育课程，从马克思主义理论一级学科中不断获取理论支撑、内容滋养、方法指导和方向保障。马克思主义理论学科凭借其学科建设的理论成果和培养的专业人才，为思政课建设提供源源不断的思想支持和队伍保障。在发展过程中，该学科密切关注思政课教育教学实效，聚焦思政课的说服力、感染力与亲和力等重要内容，进行了深入系统的研究与探索。

马克思主义理论及其中国化成果总体上指引着高校思政课内容建设发展的基本方向。不论是新中国初期确立的"老三门""老四门"的马克思列宁主义和毛泽东思想课程，还是"85方案"旨在"进行以中国革命史为中心的历史教育""进行马克思主义基本理论的教育""进行中国社会主义建设和改革的理论、政策和实际知识的教育"②，"98方案"推进的邓小平理论"进教材、进课堂、进头脑"教育③，"05方案"坚持"用马克思列宁主义、毛泽东思想、邓小平理论和'三个代表'重要思

---

① 2005年12月，国务院学位委员会、教育部颁布的《关于调整增设马克思主义理论一级学科及所属二级学科的通知》（学位〔2005〕64号）规定，"新增设的马克思主义理论一级学科，暂设置于'法学'门类内，下设五个二级学科，即：马克思主义基本原理、马克思主义发展史、马克思主义中国化研究、国外马克思主义研究、思想政治教育"，意味着此后一个阶段马克思主义理论一级学科包含五个二级学科；2008年4月，国务院学位委员会、教育部颁布的《关于增设"中国近现代史基本问题研究"二级学科的通知》指出"新增设的二级学科名称为'中国近现代史基本问题研究'，与原有5个二级学科平行"，意味着此后一个阶段马克思主义理论一级学科包含六个二级学科；2017年2月27日，中共中央、国务院印发了《关于加强和改进新形势下高校思想政治工作的意见》，提出"支持有条件的高校在马克思主义理论一级学科下设置党的建设二级学科"，自此一些高校自主设置了"党的建设"二级学科，意味着此时的马克思主义理论一级学科包含七个二级学科；2021年，以北京师范大学为代表，学界开展了对"中共党史党建学"一级学科设立的论证，2022年，在国务院学位委员会、教育部印发的《研究生教育学科专业目录（2022年）》中，将"中共党史党建学"与"马克思主义理论"一级学科一并列入法学门类。

② 教育部思想政治工作司组编《加强和改进大学生思想政治教育重要文献选编（1978—2014）》，知识产权出版社，2015，第38～39页。

③ 教育部思想政治工作司组编《加强和改进大学生思想政治教育重要文献选编（1978—2014）》，知识产权出版社，2015，第179页。

想武装当代大学生"①，新时代坚持"高举中国特色社会主义伟大旗帜，以马克思列宁主义、毛泽东思想、邓小平理论、'三个代表'重要思想、科学发展观为指导……深入贯彻落实习近平总书记系列重要讲话精神"② 的基本要求，以及"推动习近平新时代中国特色社会主义思想进教材进课堂进学生头脑"③ 的发展部署，都体现了马克思主义理论的指导作用。

除此之外，马克思主义理论一级学科下所划分的二级学科群，为思政课程群建设提供了有针对性的内容支撑和宏观的思维视野。例如，在高校思政课程群中，"马克思主义基本原理""毛泽东思想和中国特色社会主义理论体系概论""中国近现代史纲要"等课程的理论内容，与二级学科的名称或内容——对应，其他课程也可从二级学科群的知识综合中获取学理滋养。总之，高校思政课程群在国内外马克思主义理论的对比中，遵循思想政治教育的科学规律、一般原则和经验方法，不断推进课程自身的教学建设与现实发展。

（三）思想政治理论课程的设置与建设

课程的具体课目结构及内容安排，是思政课发展的直观呈现。自新中国成立后普遍开设以来，高校思政课程总体经历了六次大的方案调整与改革，分别历经"老三门"方案、"老四门"方案、"85 方案"、"98方案"、"05 方案"以及"新时代的新变化"（见表 3-1）。在新老方案不断调试的渐进过程中，课程设置越发严密规范，课程内容越发系统科学，逐步构建出"必修课+选择性选修课+思政类选修通识课"的思政课程群。

---

① 教育部思想政治工作司组编《加强和改进大学生思想政治教育重要文献选编（1978—2014）》，知识产权出版社，2015，第 293 页。
② 《中华人民共和国学校思想政治理论课重要文献选编》（下册），人民出版社，2022，第 1385 页。
③ 《中华人民共和国学校思想政治理论课重要文献选编》（下册），人民出版社，2022，第 1530 页。

表 3-1　高校思政课程设置的历史沿革

方案	课程设置情况
"老三门"方案	新中国成立初期："社会发展简史""新民主主义论""政治经济学"； 1952 年 10 月 7 日，教育部发出的《关于全国高等学校马克思列宁主义、毛泽东思想课程的指示》规定：综合大学及财经、艺术院校自 1952 年起，依照一、二、三年级次序分别开设"新民主主义论"100 学时、"政治经济学"136 学时、"辩证唯物论与历史唯物论"100 学时，共三门课，各为一学年；理、工、农、医等专门学校只开设前两门
"老四门"方案	1953 年 2 月 17 日，高教部发出通知，规定各类高校一律加开"马列主义基础课"136 学时； 1956 年 9 月 9 日，高教部《关于高等学校政治理论课程的规定（试行方案)》指出："马列主义基础"和"中国革命史"两门课程在各类学校各种专业一律开设；"政治经济学"和"辩证唯物主义与历史唯物主义"课程在有些专业可以不开或选修，其他专业仍一律开设
"85 方案"	专科生："中国革命史"（三年制）、"中国社会主义建设"（三年制）、"世界政治经济和国际关系"（依校情列为选修）； 本科生："中国革命史"、"中国社会主义建设"、"马克思主义原理"、"世界政治经济和国际关系"（文科开设），"法律基础"、"大学生思想修养""职业道德"（这三门为学校自主开设）； 硕士研究生（"87 方案"）："科学社会主义的理论与实践"、"马克思主义经典著作选读"（文科开设）、"自然辩证法概论"（理工农医科开设）； 博士研究生："马克思主义与当代社会思潮"（文科开设）、"现代科学技术革命与马克思主义"（理工农医科开设）
	开设"形势与任务"（1987 年调整为"形势与政策"）
"98 方案"	专科生："马克思主义哲学原理"、"毛泽东思想概论"（三年制）、"邓小平理论"（2003 年调整为"邓小平理论和'三个代表'重要思想概论"）、"思想道德修养"、"法律基础"； 本科生："马克思主义哲学原理"、"马克思主义政治经济学原理"、"毛泽东思想概论"、"邓小平理论"（2003 年调整为"邓小平理论和'三个代表'重要思想概论"）、"当代世界经济与政治"（文科开设）、"思想道德修养"、"法律基础"； 硕士研究生："科学社会主义的理论与实践"、"马克思主义经典著作选读"（文科开设）、"自然辩证法概论"（理工类开设）； 博士研究生："马克思主义与当代社会思潮"（文科开设）、"现代科学技术革命与马克思主义"（理工类开设）
	开设"形势与政策"

续表

方案	课程设置情况
"05方案"	专科生："毛泽东思想、邓小平理论和'三个代表'重要思想概论"（2008年调整为"毛泽东思想和中国特色社会主义理论体系概论"）、"思想道德修养与法律基础"； 本科生："毛泽东思想、邓小平理论和'三个代表'重要思想概论"（2008年调整为"毛泽东思想和中国特色社会主义理论体系概论"）、"思想道德修养与法律基础"、"马克思主义基本原理"、"中国近现代史纲要"、"当代世界经济与政治"（选修）； 硕士研究生（"10方案"）："中国特色社会主义理论与实践研究"、"自然辩证法概论"、"马克思主义与社会科学方法论"择一开设； 博士研究生："中国马克思主义与当代"、"马克思主义经典著作选读"（公共选修课）
	开设"形势与政策"
新时代的新变化	"马克思主义基本原理"调整为"马克思主义基本原理概论"； "马克思主义经典著作选读"调整为"马克思恩格斯列宁经典著作选读"； 2021年，各高校以必修或选修的方式开设"四史"课； 2022年，全面开设"习近平新时代中国特色社会主义思想概论"课
	开设"形势与政策"

1. 高校思政课程设置方案变革

1952年的"老三门"方案和1956年的"老四门"方案所开展的马克思主义理论教育在系统性方面还较弱，主要选取了马克思主义理论的主干内容及毛泽东思想中关于中国革命和社会主义建设的重大理论作为教育内容，初步构建了一整套以毛泽东思想为核心的课程体系。

从"85方案"下的"思想品德和政治理论课"到"98方案"下的"两课"，课目内容更趋规范，同时单列了"马克思主义政治经济学原理"课程。"05方案"重点将本科生"思想政治理论课"调整为"原理""概论""基础""纲要"4门常规课程，研究生课程也趋于稳定。这三大方案在坚持并进一步深化马克思主义理论认知的基础上，着重推进了对毛泽东思想、邓小平理论的深入总结，并将其引入教育，紧紧围绕党在当代中国推进创新的重大理论成果，构建了以马列主义、毛泽东思想、邓小平理论、"三个代表"重要思想以及科学发展观为核心的思政课程内容体系，不断推进马克思主义理论教育的系统化发展。

新时代，在原有"05 方案"课程结构基本不变的情况下，从宏观上作出了新的规划和部署。一方面体现为本科生四门课程的学分构成与学时比例总体朝着均衡化方向发展，并以统一的学分数量将实践教学同等地纳入课程教学体系；另一方面表现为对习近平新时代中国特色社会主义思想的高度重视，强调要加强以习近平新时代中国特色社会主义思想为核心内容的思政课程群建设。全国重点马院率先全面开设"习近平新时代中国特色社会主义思想概论"课程，并鼓励各校开设相关的系列选择性必修课程。2022 年，各高校实现全面开设"习近平新时代中国特色社会主义思想概论"课程，至此，"习近平新时代中国特色社会主义思想概论"课程成为思政课程体系中一门普遍开设的新课，并由此不断推进着以习近平新时代中国特色社会主义思想为牵引，含括马列主义、毛泽东思想、邓小平理论、"三个代表"重要思想、科学发展观的思政课程体系的系统化大发展。与此同时，2021 年教育部办公厅印发了《关于在思政课中加强以党史教育为重点的"四史"教育的通知》，提出"有条件的高校根据本校实际情况，开设'四史'类思政选修课"①，推动各高校以必修或选修的形式开设"四史"课程，不断扩充思政课程的总量。

2. 高校思政课教材的规范化建设

教材是课程教育内容的载体和表现形式。改革开放以来，随着改革方案的持续改革，教材编写和修订大体经历了 4 个阶段的发展。"经历了从自编教材到编写供不同类型院校使用的教材，再到教育部推荐示范教材并评选优秀教材，再到由中央马克思主义理论研究和建设工程统编教材这四个阶段。"② 目前普遍使用的是 2023 年统一出版发行的本科生 5 门、硕士与博士研究生 2 门必修课的"马工程"教材，以及 3 门选修课的"马工程"教学大纲。

---

① 《中华人民共和国学校思想政治理论课重要文献选编》（下册），人民出版社，2022，第 1631 页。

② 陈占安：《改革开放以来高校思想政治理论课教材建设的回顾与展望》，《思想理论教育导刊》2018 年第 10 期。

在中宣部、教育部的组织带领下，"马工程"统编教材多次修订更新。其中，《马克思主义基本原理概论》于 2007 年首次出版，由首席专家逄锦聚主持编写；《毛泽东思想和中国特色社会主义理论体系概论》于 2007 年首次出版，由首席专家吴树青主持编写；《中国近现代史纲要》于 2007 年首次出版，由首席专家沙健孙主持编写；《思想道德修养与法律基础》于 2006 年首次出版，由首席专家罗国杰主持编写。这四本教材至今已历经八九次修订，最近一次统一修订是在 2023 年。硕士和博士研究生思想政治理论课教学大纲《中国特色社会主义理论与实践研究》与《中国马克思主义与当代》自 2012 年出版以来，为充分体现习近平总书记系列重要讲话精神，充分反映党的十八大以来重要会议精神以及一线师生的意见建议，先后于 2013 年、2015 年作了两次修订。2018 年，为推动习近平新时代中国特色社会主义思想进教材、进课堂、进头脑，深入贯彻落实党的十九大和十九届二中、三中全会精神，中宣部、教育部统一组织对上述前 4 本教材进行了全面修订，并就后两本研究生教学大纲在全面修订的基础上，首次编写了统一的教材。

研究生的 3 门选修课和"形策"课，虽无统编教材，但都先后统一制定并发行了教学大纲和教学要点。其中，3 本选修课大纲均于 2012 年首次出版，次年进行了修订，2018 年再次统一进行了全面修订；"形策"课则由教育部在每年春、秋两季印发《高校"形势与政策"课教学要点》，其内容更新较快。2021 年，为贯彻落实《新时代学校思想政治理论课改革创新实施方案》精神，再次对高校思政课教材体系进行了统一修订。此次除修订本科生四本教材外，还出版了《新时代中国特色社会主义理论与实践（2021 年版）》《中国马克思主义与当代（2021 年版）》，并于秋季学期在高校统一使用。

2023 年，中宣部、教育部再次组织教材修订工作，形成了包括《马克思主义基本原理（2023 年版）》《毛泽东思想和中国特色社会主义理论体系概论（2023 年版）》《中国近现代史纲要（2023 年版）》《思想道德与法治（2023 年版）》等在内的最新版教材体系。为切实用好新教材，教育部决定开展新教材使用专项培训活动，培训对象包括全体思政课教师，以及各高校分管校领导、马克思主义学院或思政课教学部和教研室负责人等，为新教材的全面使用提供保障。

不仅如此，为进一步落实"推进习近平新时代中国特色社会主义思想进教材"的总体要求，高校思政课程体系作为一个整体，遵循"步步高""步步深"的原则，自觉将习近平新时代中国特色社会主义思想的"思维方法""价值理念""思想体系"贯穿于教材体系的具体内容之中。2021 年，国家教材委员会印发《习近平新时代中国特色社会主义思想进教材指南》，随即大中小学《习近平新时代中国特色社会主义思想学生读本》编写出版。2023 年，《习近平新时代中国特色社会主义思想概论》统编教材编写出版，成为新时代高校思政课程教材体系的鲜明标志。

三　教育教学过程要素

高校思政课是实施思想政治教育的具体过程。张耀灿认为，教育者、教育对象、教育介体和教育环境"是思想政治教育活动的有机组成部分"[①]；陈万柏在综合学界观点的基础上指出："思想政治教育过程的要素包括：教育主体（教育者）、教育客体（受教育者）、教育介体、教育环体（教育环境）。"[②] 可以说，"主、客、介、环"是高校思政课建设必不可少的要素，以下即从教育实施者（思政课教师）、教育接受者（大学生群体）、教育介体（目标、内容、手段）和教育环体四个方面对思政课教学过程要素进行梳理。

（一）教育实施者要素

无疑，在高校思政课总体建设布局中，教师队伍的配备和发展是一项非常重要的内容。习近平总书记强调："办好思想政治理论课关键在教师，关键在发挥教师的积极性、主动性、创造性。"[③] 通过考察发现，思政课教师队伍的发展大体经历了基础化、专业化和质量化建设三个

---

① 张耀灿：《思想政治教育学科建设研究》，中国人民大学出版社，2017，第 231 页。
② 陈万柏：《思想政治教育学原理》，中国人民大学出版社，2013，第 222 页。
③ 习近平：《思政课是落实立德树人根本任务的关键课程》，人民出版社，2020，第 10 页。

阶段。

1. 高校思政课教师队伍的基础化建设

新中国成立初期，马列主义理论课程对许多高等院校来说都是新事物，创建和开设面临很大挑战。在课程方案初步确定后，教师队伍人员的配备及其可胜任的理论水平和思想政治素质的提升等问题就显得尤为迫切和棘手。除了老解放区苏维埃高等教育性质院校中具备一定理论素养的马列教师外，还有大量具备革命政治工作经验的政工干部，由他们共同构成思政课教师队伍的主力。但对系统的理论教育而言，教师的理论素质和水平还有待进一步提升。

在课程设置基本稳定后，便开始进一步筹划思政课教师的培训和发展工作。其一，是对思政课教师数量的补充，采取就地取材的方式快速配齐思政课教师，选取本校的助教和高年级的优秀党员、团员担任思政课的助教或助理，这是最有效且快速的方法之一；其二，是对现有师资队伍质量的提升，针对"量少质低、青黄不接"的现状，大力动员党委、政府和群众团体中政治理论水平较高的干部到学校兼课或举办专题讲座，帮助备课；其三，是做好新教师的培养，依托中国人民大学以及各行政区具备条件的高等学校开设马克思列宁主义研究班，培养专任的师资队伍。

此一阶段属于课程起步发展的探索阶段，高校思政课教师队伍的数量和水平有限，针对教师队伍所进行的教育培训往往与当时的政治活动和社会运动相结合，同时还调用一批兼职干部和业务课教师参与教育活动，或组织带领学生参加各种社会运动，通过理论与实践相结合的方式锻炼和提升师生队伍的社会主义思想与意识，同时也进一步彰显思政课所具有的社会主义高等教育属性，完成了课程初创的历史任务，并形成了专兼结合的思政课教师队伍的基础样态。

2. 高校思政课教师的专业化建设

在改革开放新时期，随着课程建设逐步走上正轨，高校思政课教师队伍在专业化建设方面取得重大成效。此阶段，开启了思政课教师人才培养和队伍培训的专业化、制度化建设进程。主要依托思想政治教育及人文社会科学其他相近专业进行理论人才培养，并通过进修培训等方式不断提升高校思政课教师队伍的素质。

一是依托思想政治教育专业，有针对性地培养专任教师；二是依托马克思主义基础、中国革命史、中国社会主义建设、马克思主义原理等相关课目，进行本科生、研究生或第二学士学位生的人才培养；三是从高校已有的哲学、政治经济学、中共党史、科学社会主义四大理论专业中选拔优秀毕业生和研究生，充实教师队伍；四是切实扩充具有相应专业知识和文史学科背景的思想品德课和法律基础课教师队伍。另外，挑选部分思想政治品质好，且具有一定马克思主义理论水平、业务学习优秀的大学本科毕业生和毕业研究生从事教学工作。目标是"力争在三五年内使教师与学生的比例达到：文科 1∶80、理工农医 1∶100，规模小的院校每门课至少要配三名教师"[1]，并积极谋求更为长足的发展。

在高校思政课教师的培训提升方面，制定了相应的培训计划，力争让每个教师尤其是那些不能胜任教学工作的青年教师，在三年或稍长一点的时间内参加进修、轮训，建立马克思主义理论课教师培训基地，并开设进修班、研讨班、讲习班。总的目标是建设一支"坚持党的路线、有马克思主义觉悟和理论修养、有比较丰富的社会科学文史知识和必要的自然科学知识、热心于青少年思想理论教育工作的师资队伍"[2]。

在"05方案"的师资培训规划中，重点提出要着力提高教师的思想政治素质、专业水平，加强教学能力建设。按照专兼结合的原则，从质和量两个方面提升教师队伍素质，扩充教师队伍规模。其一，推行专任教师准入制度，合理核定专任教师编制，制定高校思政课教师任职资格标准，完善激励和保障机制。其二，灵活扩充兼任教师队伍，主要从

---

[1]　教育部思想政治工作司组编《加强和改进大学生思想政治教育重要文献选编（1978—2014）》，知识产权出版社，2015，第30页。

[2]　教育部思想政治工作司组编《加强和改进大学生思想政治教育重要文献选编（1978—2014）》，知识产权出版社，2015，第39页。

专任思想政治工作干部和辅导员、相关专业课教师、理论研究单位和实际工作部门的专家学者以及领导干部中选拔部分人员，或者聘用外校教授、离退休的哲学社会科学著名专家学者。其三，建立和完善培训体系，采取脱产进修、攻读学位、名师指导、社会考察、国内外学术交流等措施，力争在5年内培训数百名学术带头人和数千名骨干教师。

3. 高校思政课教师的质量化建设

新时代，高校思政课教师作为办好思政课的"关键因素"，要切实发挥其积极性、主动性和创造性。为此，在思政课建设总体规划中，围绕思政课教师队伍的发展建设，及时出台了一系列行之有效的政策，持续推进思政课教师队伍建设的标准化与制度化。

其一，大力推行资格与数量的标准化建设。在专任教师任职资格准入制方面（新任思政课专任教师原则上应是中共党员并具备相关专业硕士以上学位），数量要求为"专任教师按不低于师生1：400的比例配备"①。之后又细化规定，"把政治立场作为教师聘用的首要标准"，推行新进教师宣誓和专任教师定期网络注册制度，并要求"本科和专科院校分别严格按照1：350-400和1：550-600的师生比配足配强专职教师"，同时要求兼职教师具有硕士研究生以上学历（专科院校兼职教师具有本科以上学历）和相关专业背景。其目的在于"建设一支对马克思主义理论真学、真懂、真信、真用的教师队伍"②。随后，《关于深化新时代学校思想政治理论课改革创新的若干意见》在数量上进一步明确，高校要严格按照师生比不低于1：350的比例核定专职思政课教师岗位，同时提出实行不合格思政课教师退出机制。从人员数量到资质水平，严格而全面地把控高校思政课教师队伍建设的全过程。

其二，在专业技术职务（职称）的评聘制度建设方面，推进思政课教师专业职务（职称）评审和聘用实现同等比例与发展机会，且在

---

① 《中共中央宣传部 教育部关于印发〈全国大学生思想政治教育工作测评体系（试行）〉的通知》，教育部网站，http://www.moe.gov.cn/srcsite/A12/s7060/201202/t20120215_179002.html。
② 《中央宣传部 教育部关于印发〈普通高校思想政治理论课建设体系创新计划〉的通知》，教育部网站，http://www.moe.gov.cn/srcsite/A12/s7060/201202/t20120215_179002.html。

政策导向上适度向思政课教师倾斜。例如，采用单独设立马克思主义理论类别的方式，专项支持专业技术职称的水平建设，确保高级专业技术职称岗位比例不低于学校平均水平。即在总体比例和机会公平的框架下，以专业技术职称评聘制度为平台，全力推进思政课教师专业技术能力和水平建设，补齐历史上教师专业技术水平低、职称结构向下倾斜的短板，通过优化专业技术职称结构，进一步提升队伍的整体素质和建设水平。

其三，思政课教师素质要求的时代化与具体化。新时代对思政课教师能力和素质的要求越发精细，除了需具备胜任思政课教学的专业知识和理论水平外，还要成为"有理想信念""有道德情操""有扎实学识""有仁爱之心"① 的"大先生"；做到"坚持教书和育人相统一、言传和身教相统一、潜心问道和关注社会相统一、学术自由和学术规范相统一"②，成为先进思想文化的传播者、党执政的坚定支持者、学生健康成长的指导者和引路人；"坚持马克思主义立场观点方法，在政治立场、政治方向、政治原则、政治道路上同以习近平同志为核心的党中央保持高度一致"③；以"六要"作为思政课教师队伍建设的重要目标；重点培育"一大批优秀马克思主义理论教育家"④，引领和推动队伍建设总体水平的提升。

此外，还围绕新时期思政课教师队伍建设，陆续制定并推行了一系列培训计划、项目资助计划、宣传推广计划等。例如，设立全国高校思想政治理论课教师社会实践研修基地、建立高校思想政治理论课教师信息库、成立北京高校思想政治理论课高精尖协同创新中心、举办思政课教师拜师宣誓仪式等。

---

① 习近平：《做党和人民满意的好老师：同北京师范大学师生代表座谈时的讲话》，人民出版社，2014，第4~9页。
② 《中华人民共和国学校思想政治理论课重要文献选编》（下册），人民出版社，2022，第1445页。
③ 《中华人民共和国学校思想政治理论课重要文献选编》（下册），人民出版社，2022，第1485页。
④ 《中华人民共和国学校思想政治理论课重要文献选编》（下册），人民出版社，2022，第1532页。

目前，高校思政课已拥有一支"可信、可敬、可靠，乐为、敢为、有为"的队伍。整理已有的统计数据发现，2021年底，我国高校思政课专兼职教师已超12.7万人，较2012年增加7.4万人，比2018年增加5万多人，队伍配备总体达到师生比1∶350的要求。专职思政课教师队伍年轻化成为发展新态势，49岁以下教师占77.7%，具有高级职称的占35%①。在此基础上，《人民日报》的调查数据显示，"2012年至2024年，全国高校思政课专职教师从3.7万人增至11.7万人"②。思政课教师队伍量质齐增的发展势头为课程建设奠定了重要基础。

（二）教育接受者要素

对高校思政课而言，其直接的服务对象是大学生。高校思政课的教育目标在于提升大学生的思想道德素质，促进大学生全面发展，进而实现培养社会主义建设者和接班人的任务。

大学生在思政课建设中的角色和定位很特殊。"思想政治工作从根本上说是做人的工作，必须围绕学生、关照学生、服务学生，不断提高学生思想水平、政治觉悟、道德品质、文化素养，让学生成为德才兼备、全面发展的人才。"③ 要坚持以学生为中心，辩证地看待大学生在思政课教育教学中的地位和作用，摒弃对大学生作为教育对象的消极定位，从其现实情况出发，发挥他们在课程建设中的主体性和自觉性。一方面，他们是思政课的主体，是思政课建设成效的受益者和成果的体验者。在具体的教育过程中，他们是有思想、有主见的当事人，是教育过程的参与者、教育内容的习得者、思想政治素养提升的主体。另一方面，他们是思政课建设中被思想引导和塑造的对象。"大学生是我们的教学对象和教育对象，我们应该欢迎他们并适应他们的思想、心理特点和成才需求，为他们解疑释惑。"④ 应将大学生视为高校思政课程建设

---

① 《全国高校思政课专兼职教师超12.7万人》，《中国青年报》2022年3月18日。
② 《思想引领 铸魂育人——高校党的建设与思想政治工作开创新局面》，《人民日报》2024年12月19日。
③ 习近平：《论教育》，中央文献出版社，2024，第146页。
④ 王永和：《围绕"认知、认可、认同"构建思想政治理论课课堂教学方法体系》，《思想理论教育导刊》2013年第10期。

系统工程的内在要素，发挥这一要素特有的作用，推动其与其他要素有机配合。

高校思政课的改革创新必须以大学生的思想道德状况实际及其发展需要为直接依据。作为高校思政课教育过程的主体，当代大学生"可爱、可信、可贵、可为"，是社会主义事业建设值得托付的一代。习近平总书记2018年5月2日在北京大学师生座谈会上指出："我衷心希望每一个青年都成为社会主义建设者和接班人，不辱时代使命，不负人民期望。"① 从整体上看，"现在的在校大学生已经是清一色的'90后'。受时代背景、成长环境、生活经历、科技创新的影响，他们对现代元素接受和认同速度很快，生活方式呈多样化、时尚化、个性化、网络化等特点"②。作为思政课建设中被思想引导和塑造的对象，这一阶段大学生的思想道德培养和建设至关重要，他们"正处在人生成长的关键时期，知识体系搭建尚未完成，价值观塑造尚未成型，情感心理尚未成熟，需要加以正确引导"③。实现对大学生价值观的有效引导，正是高校思政课的本职与任务所在。

目前，大学生思想道德素质的整体状况及其典型问题，是思政课建设必须直面并帮助解决的，同时也是思政课以问题为导向，增强针对性、实效性的逻辑依据和前提。就思想道德现状而言，从主流上看，"当代大学生渴望振兴中华，富国强民，迫切要求改革社会发展中的弊端；关心政治，关注国家发展变化，维护国家主权和利益；思维敏捷，勇于探索创新，积极向上，渴望成才；价值取向积极务实，'人生的价值在于奉献而不是索取'仍是当代大学生的主要价值取向"④。但依然存在一些突出问题，主要表现为五个方面："（1）习惯于关注具体实务问题，对抽象理论问题兴趣较少；（2）崇尚自然主义自发倾向，不愿意进行理论和观点的提升；（3）较关注日常生活的感悟，不愿意对问

---

① 习近平：《在北京大学师生座谈会上的讲话》，人民出版社，2018，第11页。
② 王永和：《围绕"认知、认可、认同"构建思想政治理论课课堂教学方法体系》，《思想理论教育导刊》2013年第10期。
③ 习近平：《论教育》，中央文献出版社，2024，第138页。
④ 骆郁廷主编《高校思想政治理论课程论》，武汉大学出版社，2006，第150页。

题进行理性思考；（4）更习惯于从个体角度出发思考问题，较少考虑个人与社会的互动；（5）更关注个体性活动，而对群体性活动的兴趣较低"[①]。也有学者指出，"一些大学生不同程度地存在政治信仰迷茫、理想信念模糊、价值取向扭曲、诚信意识淡薄、社会责任感缺乏、艰苦奋斗精神淡化、团结协作观念较差、心理素质欠佳等问题"，"一些大学生变得冷漠，人际交往能力、组织协调能力和团结协作能力有所削弱，个人意识凸显而集体意识减弱，这在一定程度上阻碍了大学生的健康成长和有效社会化进程"[②]。

新时代，要紧密结合大学生实际，精准施教，统筹资源，有效激发教育教学全要素活力，大力推进"三全育人"高校思政课大格局建设，真心服务学生，切实提高教育教学的影响力和吸引力。通过对大学生在思政课建设中主体地位认知的不断提升、对大学生"真心喜爱、终身受益"建设目标的实践探索，以及2017年以学生"获得感""满意度"为目标导向的教学质量年建设的大力推动，大学生思政课建设取得了重大成就。但在大学生思政课的具体学习中，"有利"与"不利"并存的"两个事实"依然普遍存在。一方面是"近些年来大学生学习思政课的自觉性、主动性和积极性普遍提高"的事实；另一方面是"有的学生学习思政课的自觉性、主动性和积极性需要进一步提高"的事实。在实地接触中会对问题有更深的体会，"在日常接触中发现，确有自觉学习马克思主义，刻苦钻研马克思主义的学生典型，有的学生包括理科学生，不仅课堂认真学习，而且课后也认真学习，不仅读教材，而且还读经典著作原著，对马克思主义的研究达到一定的深度。但是在听课中也发现，仍有学生上课迟到、打瞌睡，听课很不认真。至于上课做笔记，更是凤毛麟角。"[③] 面对思政课教学需求侧的实际，一定要从供给源头上发力，不断提高思政课的亲和力与吸引力，增强学生的获得感。

---

① 余双好：《思想政治理论课程教学法探析》，中国人民大学出版社，2018，第285页。
② 黄蓉生等：《改革开放以来大学生思想政治教育论纲》，人民出版社，2014，第217页。
③ 逄锦聚：《提高质量是思想政治理论课教学的生命线——以"马克思主义基本原理概论"课为例》，《思想理论教育导刊》2017年第9期。

（三）教育介体要素

在学界，关于教育介体主要存在以下两种观点：其一，"教育内容和教育方法，是指教育者用来影响受教育者的一定社会所要求的思想品德规范以及把这些思想品德规范传授给受教育者的各种活动方式和手段"①；其二，教育者和受教育者需"借助于思想政治教育的目标、内容、方法等中介因素……思想政治教育过程才得以展开"②。可见，作为思想政治教育过程的一个基本要素，介体是联系教育者和受教育者的纽带与桥梁，在现实中可具体化为高校思政课的教学目标、内容与手段等方面。

思政课程总的目标是在大中小学循序渐进、螺旋上升地开设思政课。引导学生在理想信念方面，达成"立德成人、立志成才"，树立正确的"三观"，坚定"对马克思主义的信仰"，坚定"对社会主义和共产主义的信念"，增强"四个自信"；在道德情感与行动实践上，厚植爱国主义情怀，把爱国情、强国志、报国行自觉融入坚持和发展中国特色社会主义事业、建设社会主义现代化强国、实现中华民族伟大复兴的奋斗之中。相较于小学阶段重在"启蒙道德情感"，初中阶段重在"打牢思想基础"，高中阶段重在"提升政治素养"，大学阶段的教育目标则着重于"增强使命担当"，引导学生矢志不渝听党话、跟党走，历经"美好愿望""思想意识""政治认同"的阶段，最终在实践中"争做"社会主义合格建设者和可靠接班人。

高校思政课教学内容总体而言涵盖三部分：一是系统的马克思主义理论教育；二是系统的中国特色社会主义和中国梦教育、社会主义核心价值观教育、法治教育、劳动教育、心理健康教育；三是中华优秀传统文化教育。在总的方向上，坚持以习近平新时代中国特色社会主义思想铸魂育人。从横向上，可划分为政治认同、家国情怀、道德修养、法治意识、文化素养五大重点模块；从纵向上，贯穿党史、国史、改革开放

---

① 陈万柏、张耀灿主编《思想政治教育学原理》，高等教育出版社，2001，第89页。
② 《思想政治教育学原理》编写组编《思想政治教育学原理》，高等教育出版社，2016，第145页。

史、社会主义发展史的历史主线，饱含着爱党、爱国、爱社会主义、爱人民、爱集体的思想情感，在价值原则上坚持爱国、爱党、爱社会主义的有机统一。

新时代，要大力加强以习近平新时代中国特色社会主义思想为核心内容的思政课程群建设，构建包含"必修课+选修课"等多门子课程的高校思政课程体系。各门课程的具体教学目标、教学内容详见表3-2。从列表中能够清晰看出，各门课程的教学目标和教学内容既相对独立，又紧密关联，共同构成一个有机的整体。就教学方式方法和手段而言，依据教学层次、内容特点及教师的主动选择，呈现出既具共性又富个性的总体特点。总体来看，包含"课堂教学""实践教学""以慕课、翻转课堂为代表的网络教学"① 等基本方式方法。具体教学方式方法涵盖16大类26小类。2021年的调查统计进一步揭示了高校思政课教学方式方法和手段日益多元化的发展趋势。数据显示，"在参加调研的高校中，采用参与互动式教学法、传统讲授法、案例式教学法、问题专题式讲授法的占比分别为95.04%、89.82%、88.77%、87.99%"。同时，"90.34%的参加调研高校将教学方法与现代信息技术深度融合，参与调研高校使用较多的教学手段依次是慕课、多媒体形象化教学、手机互动软件、腾讯会议，占比分别为85.90%、80.16%、76.50%、70.23%"②。由此可见，现代信息技术引领高校思政课教学方法改革创新已成为必然趋势。

从教学目标来看，高校思政课对中国特色社会主义从思想、态度、立场、价值等维度提出了具体要求。在研究生教育阶段，进一步拓展出培养理论运用能力、创新能力、思维能力、解决问题的能力、分析社会问题和理论问题的能力以及社会主义觉悟等方面的具体目标。

从教学内容而言，"纲要""基础""原理""概论"四门课程各有

---

① 胡凤琴：《党的十八大以来思想政治教育方法的理论与实践创新》，《湖北社会科学》2018年第3期。
② 艾四林、吴潜涛主编《高校马克思主义理论学科发展报告（2021）》，人民出版社，2023，第18~19页。

其独特的切入维度。"纲要"聚焦中国近现代历史经验与规律，"基础"着重于中国特色社会主义思想道德与法律规范，"原理"立足马克思主义原理立场，"概论"围绕中国特色社会主义理论与实践。它们对三大板块的理论内容进行了有效的分解与思维整合。在实际教学中，这样设计的知识内容遵循"特殊——一般—具体"的理论分析和认知规律，体现为教学过程中"知识—情感—立场"的价值升华，在理论与实践的知识互动中展现出递进式的思维运动规律，通过"史—律—理—论"四个环节实现对知识内容的整体梳理与阐释。研究生层次的教育内容是对本科阶段相关内容在一定程度上的拓展与深化。而"形策"教育内容紧密贴合时代发展，主要是对理论进行实践运用。

表3-2 高校思政课教学目标与内容

课程	教学目标	教学内容
"原理"	为学生确立建设中国特色社会主义的理想信念，为自觉坚持党的基本理论、路线和纲领奠定扎实的理论基础	涵盖了马克思主义哲学、马克思主义政治经济学和科学社会主义有机统一的基本组成部分
"概论"	坚定学生在中国共产党领导下建设和发展中国特色社会主义的"四个自信"	以马克思主义中国化为主线，以马克思主义中国化的阶段性理论成果为基本内容
"纲要"	使学生充分认识中国近现代的国史国情以及历史发展规律，深刻领会历史和人民的"三大选择"	近代以来中国社会发展的历史，尤其是民族独立和人民解放的历史，以及社会主义革命、建设和改革的历史
"基础"	引导学生树立高尚的理想情操，养成良好的道德品质，树立正确的价值标准和行为规范	开展马克思主义的世界观、人生观、价值观、道德观、法治观教育
习近平新时代中国特色社会主义思想概论	帮助大学生系统掌握习近平新时代中国特色社会主义思想的主要内容、科学体系及其世界观、方法论，以及贯穿其中的立场观点方法	新时代坚持和发展中国特色社会主义的总目标、总任务、总体布局、战略布局和发展方向、发展方式、发展动力、战略步骤、外部条件、政治保证等基本问题
新时代中国特色社会主义理论与实践	提高学生自觉运用中国特色社会主义理论认识、分析和解决现实问题的能力，坚定"四个自信"	中国特色社会主义理论及其实践的发展、内容和效果，深化对习近平新时代中国特色社会主义思想的认识

71

课程	教学目标	教学内容
自然辩证法概论	开阔学生视野，建立辩证的创新性的思维模式，培养学生的创新精神和创新能力	包括辩证唯物主义、历史唯物主义及自然科学的基本原理、规律和方法
马克思主义与社会科学方法论	帮助学生树立正确的学术思想，提升理论思维能力，掌握学习和研究哲学社会科学的正确方法	主要进行马克思主义社会科学方法论教育，包括以实践为基础的研究方法、社会系统研究方法、社会矛盾研究方法等内容
中国马克思主义与当代	帮助博士生进一步提高运用马克思主义立场观点方法分析和解决问题的能力	对当代人类社会和国际经济政治热点、中国社会思潮和理论热点，以及人类社会发展道路和模式等问题进行分析
马克思恩格斯列宁经典著作选读	使学生树立科学的世界观，具备运用马克思主义基本原理分析社会问题和理论问题的能力	甄选马克思主义经典作家代表性原著，深刻揭示马克思主义的真理性价值及其当代意义
"形策"	帮助大学生正确认识世情、国情和党情，理解党的路线方针政策，提高社会主义觉悟	以马克思主义基本原理为指导，结合国内外形势，对国家发展的重大理论和实践主题进行政策宣讲和教育

（四）教育环体要素

人类的生产和生活皆建立在一定的环境基础之上。作为具体的思想政治教育实践活动，高校思政课及其建设发展同样离不开特定的教育环境因素。高校思政课作为思想政治教育实践活动，既离不开由时代背景特征所决定的宏观教育环境和氛围，也需面对具体高校所提供的微观教育教学环境。在宏观环境与微观环境的相互作用下，高校思政课的建设发展得以推动。

客观而言，当前高校思政课建设面临着国际国内环境复杂而深刻的变化。从国际层面来看，呈现出全球经济一体化、政治多极化、文明多样化、意识形态斗争加剧以及信息技术现代化发展趋势显著等特征；在国内，则表现为经济成分和利益关系多样化、社会组织形式与生活方式多样化、社会思想及价值观念多元化，以及人们的物质与精神文化需求日益多样化和复杂化。这些变化是国际国内形势发展的必然趋势，本身并无绝对的是非利弊之分，然而，其变化不可避免地会对社会思想文化和意识形态的整体态势产生影响。而这一点，正是思政课开展社会主义主流价值教育和宣传，推动大学生及其他公众对马克思主义理论的信仰、追求、认可与践行的重要思想道德及文化环境基础。这种影响与结果具有双面性，社会宏观背景既可为高校思政课发展提供机遇，也可能带来风险与挑战，是其建设发展的重要资源和环境条件。

从挑战性环境因素看，在国际国内发生的深刻变化中，社会思想文化和意识形态领域的状况日益复杂，充斥着各种矛盾对立以及压力风险，体现为马克思主义与多元社会思潮的并存与对抗、社会主义核心价值观与物质主义价值取向的相悖、传统教育现代化转型升级的压力、社会主义主流意识形态与西方价值立体渗透的激烈争夺等。尤其是"西方敌对势力不断加紧对我国的'西化'和'分化'，渗透和反渗透、颠覆和反颠覆的斗争长期存在"①。环境的变化具体从指导思想、重要内容、教育方式和培养目标等方面，对思政课的建设发展产生影响。其面临的风险包括：马克思主义指导思想面临多样化社会思潮的挑战、社会主义核心价值观面临市场逐利性价值观的挑战、传统教育方式面临网络新媒体的挑战、培养社会主义建设者和接班人面临敌对势力争夺青年的挑战。思政课建设必须从现实环境出发，实事求是、脚踏实地地解决好发展所面临的种种难题与挑战。

从机遇性环境因素看，国际国内社会的发展大势，为社会主义意识形态建设及其主流价值的教育传播提供了国际视野和本土自信。在当今世界各国合作交流、发展共赢的价值理念指引下，他国可为我国思政课建设提供可吸收利用的国际教育与文明发展的积极成果，以及在相似问题上用以警戒提防的负面教训。虽然各国的意识形态存在鲜明分歧，乃至对立和斗争，但人类意识形态教育实践普遍存在且有规律可循。"放眼古今中外，每个国家都是按照自己的政治要求来培养人的。"② 正如朱

① 张耀灿：《思想政治教育学科建设研究》，中国人民大学出版社，2017，第228页。
② 《以理想信念塑造挺拔灵魂——如何培养社会主义建设者和接班人》，《人民日报》2018年9月17日。

善璐所说，"世界上没有哪一所高校没有思政课"①，思想政治理论课即使没有刻意去做，它也会潜移默化地存在，不同的是，各民族和各地方都有自己的办法和高招，都有自己的形式。而在中国，我们旗帜鲜明地亮出："马克思主义理论、中国特色社会主义理论、中华民族优秀传统文化以及世界各民族的优秀文化成果，在大学都应该得到研究和传播。"② 并且以显性课程制度的方式去推行，这既是一大特色，也是一大优势。

从国内机遇来看，新时代思政课在党中央高度重视的建设历程中一路走来，越发朝气蓬勃，迎来了建设发展的"新春天"。这主要表现在以下三个方面：其一，在思想环境领域，马克思主义及其指导下的中国特色哲学社会科学理论进一步发展，提供了极其有效的理论供给；其二，在实践环境领域，中国特色社会主义事业奋力前行，不断巩固着"四个自信"的主流价值；其三，在文化环境领域，中国特色社会主义文化蓬勃发展，营造出积极向上的发展氛围。新的环境机遇为思政课建设提供了空前的保障。首先，始终坚持马克思主义指导地位，大力推进中国特色社会主义学科体系建设，为思政课建设提供了根本保证。其次，我们对共产党执政规律、社会主义建设规律、人类社会发展规律的认识和把握不断深入，开辟了中国特色社会主义理论和实践发展的新境界。中国特色社会主义取得举世瞩目的成就，中国特色社会主义道路自信、理论自信、制度自信、文化自信不断增强，为思政课建设提供了有力支撑。最后，中华民族几千年来形成的博大精深的优秀传统文化，以及我们党带领人民在革命、建设、改革过程中锻造的革命文化和社会主义先进文化，为思政课建设提供了深厚力量。此外，中国快速推进的信息化社会建设，也在网络虚拟空间为思政课建设拓展了重要的活动平台，信息化环境是未来思政课建设不可忽视的崭新要素。

---

① 朱善璐：《世界上没有哪一所高校没有思政课》，中国青年网，http://www.moe.gov.cn/jyb_xwfb/s6319/zb_2016n/2016_zb08/16zb08_gj/201612/t20161209_291439.html。
② 朱善璐：《世界上没有哪一所高校没有思政课》，中国青年网，http://www.moe.gov.cn/jyb_xwfb/s6319/zb_2016n/2016_zb08/16zb08_gj/201612/t20161209_291439.html。

　　从微观环境看，高校思政课每一门课程的开设与讲授，都是在具体高校的特定环境下进行的。每一所高校都会为课程建设提供相应的教学和研究场所、设备、资料等物质环境条件，这些条件在教室空间大小、设备先进程度、资料充实数量与速度等方面会显现出一定差距。但更为重要的是，会形成不同的文化环境与理念氛围。这一点既与整个国家和社会对思政课的重视程度有关，又与高校的类别、历史、传统和发展定位等校本因素相关。

　　将国家层面的重视和发展政策，落实到高校自身思政课建设中，在使命、责任和发展理念等精神文化层面，形成尊重、重视、支持思政课的精神文化氛围，不同院校在这方面差距明显。例如，在依据办学类别划分出的公办高校、民办高校、合作办学高校和独立学院中，公办高校在领会思政课文件精神、对标思政课建设使命、推进教学改革落实以及营造"大思政"发展格局氛围等方面，显现出明显优势。这种优势也会从传统和文化氛围上，辐射到其独立学院的思政课建设，但独立学院与母学院之间显然仍存在差距。而在民办高校与合作办学高校中，还需全面推进思政课的开课建设，积极营造接纳、推广和重视思政课的文化环境。在依据办学层次划分的"985 工程""211 工程"院校，以及中央部属本科院校、省属本科院校和高职高专院校中，显然办学层次越高的院校，受到国家政治影响和政策支持的力度越大、越直接，自然更易于推进思政课建设纲领文件的精神传播和内化认同，相对更容易形成重视思政课的文化环境。在按学科范围大体划分出的文科类、理工类、师范类、综合类及军事类院校中，文科类与军事类院校相较于理工类与综合类院校，在文化环境中明显表现出更多对思政课的包容、尊重、理解、支持与认同，更易于形成支持思政课改革相关政策落实的精神文化心理。

　　当然，鉴于全国高校数量庞大，即使在大类划分下，每所院校的思政课建设历史传统和基础条件也不尽相同。因此，从院校的大类区分中，仅能从全国整体上大体得出思政课建设文化环境的一般特点，并不排除个别院校及其所属分类中存在特殊的"校情"与"课情"。

四　课堂教学活动要素

课堂教学是思想政治教育过程的集中体现，是高校思政课建设发展的中心环节。《普通高校思想政治理论课建设体系创新计划》指出，要"统筹课堂教学、实践教学、网络教学建设，充分发挥课堂教学的主渠道作用和实践教学、网络教学的有效补充作用"①。对课堂教学体系建设而言，其内在包含课堂教学、实践教学、网络教学三大支点。

（一）统筹课堂教学体系建设的三大支点

在课堂教学体系中，课堂教学是根本，实践教学、网络教学是补充。具体而言，这三者分别从教学内容深化和教学时域拓展等方面，作为体系必不可少的环节和积极有益的补充，共同构成高校思政课教学体系的总体框架与格局的重要支点。

1. 课堂教学

高校思政课是在科学理论支撑下，于高校普遍开设，用以进行主流意识形态理论和实践教育的一套具有开放性的系统课程。高校思政课得以在全国高校公开化、统一化和制度化地开设，是以新中国成立后我国恢复和统一高等教育主权为基础和前提的。高校思政课此时的规划设计确立了以课堂教学的方式进行集中、系统化的马克思主义理论教育的建设理念，并逐步在全国各高校推行。1950 年夏季，教育部专门在北京组织召开全国高等学校政治课教学讨论会，"对当时政治理论课的教学方针、任务、内容、方法以及注意防止的偏向，作了较为系统的正确的规定，开始形成了一个高校政治理论课教学体系的雏形"②。其后，不论是 1952 年的"老三门"方案还是 1956 年的"老四门"方案，都对各课目的课堂教学周期及时数等作了明确规定，确立了以课堂讲授为主、讨论和理论自学相结合的教学形式，逐步推行通过考试的方法实现

---

① 《中华人民共和国学校思想政治理论课重要文献选编》（下册），人民出版社，2022，第 1389 页。

② 谈松华、陈芙泉主编《大学思想政治教育简史》，上海交通大学出版社，1989，第 47~48 页。

对理论教学的检验和激励。在后续的课程建设中，思政课堂曾阶段性中断。但是，一旦国家建设恢复到正常轨道，思政课堂便快速复课，课堂教学依然被当作"马列主义课教学的主要环节和基本形式"。改革开放新时期，在条件具备的基础上提出要合理设置教学规模，逐步确立中班课堂教学的具体要求，"班级规模原则上不超过100人"，"探索中班上课，小班研学讨论的教学模式"，并且就考核方式而言更加多样化。在坚持"闭卷统一考试为主、集体命题"的原则下，将闭卷统一考试与"开放式个性化考核相结合"，注重过程考核，"不断更新题库，提高命题质量"①。在考试、考核办法的升级、补充和发展创新中，"探索建立科学全面准确评价学生思想政治理论课学习效果的评价体系"②，力求对学习效果进行合理评价。

发展事实证明，思政课的课堂教学既可以保证教学内容与方向的统一，也能保证教学群体数量和规模的稳定与连续。在国家统一规划部署和高校党委的具体领导下，以显性德育课堂的方式引领课堂教学总的发展方向，是大学课堂教学发展建设的根本。基于对课堂教学重要性的基本共识，高校思政课堂建设受到了高度重视，高校积极推行实践，已倾力打造出一批示范性的思政课堂教学典型作为旗帜和标杆，以此引领全国高校思政课堂教学建设发展。

2. 实践教学

实践教学是高校思政课教学体系建设的重要内容。"思想政治理论课就是以理论为中介帮助大学生树立正确世界观、人生观、价值观的实践教育活动，是一种以大学生思想理论武装为特征的理论教学活动，是一种以大学生世界观、人生观、价值观体验为特点的特殊实践教学活动。"③ 以实践作为理论学习、认知的基本环节来开展专项的实践教学，

---

① 《中华人民共和国学校思想政治理论课重要文献选编》（下册），人民出版社，2022，第1486页。
② 《中华人民共和国学校思想政治理论课重要文献选编》（下册），人民出版社，2022，第1390页。
③ 余双好：《构建与课堂教学相互促进的思想政治理论课实践教学体系》，《思想理论教育导刊》2015年第11期。

更深刻地体现了思政课作为实践性教育活动的本质。考察高校思政课发展的历程，实践教学与课堂教学、网络教学相互配合，共同构成思政课教学的基本环节。

高校思政课从开创之初就遵循理论与实际联系的教学方法，强调将马克思主义理论活学活用，围绕社会实践运动的主题开展专项的理论教育。但此时高校思政课实践教学还处于摸索时期，既缺乏系统理论教育的前导支撑，也缺乏对实践教学专业化、制度化、稳定化的建设。改革开放新时期，随着高校思政课的整体恢复和重新建设，实践教学亦在不断恢复。不论是对实践教学作为课堂教学"重要组成部分"和"重要环节"的地位认可，还是就此开展的制度化、规范化建设，均取得了明显成效。

新时代，我们对高校思政课实践教学地位和重要性的认知进一步提升，将其视为与课堂理论教学同等重要，并纳入思政课教学体系，作为"思想政治理论课教学的有机组成部分"和"课堂教学的延伸拓展"。在具体建设中，统筹课内与课外活动，通过"有目的、有计划、有组织的设计和开发"来强化实践教学，"构建与课堂教学相促进的实践教学体系"①。在已有基础上，制定实践教学大纲、整合实践教学资源、拓展实践教学形式、注重实践教学效果。在不断摸索和建设中，实践教学取得了重大成就，发挥了积极作用。例如，"江西师范大学的'红色基因传承'教学方法改革，天津商务职业学院的任务驱动式实践教学模式受到学生好评；在新媒体教学方面，清华大学线上线下相结合的研究方法，复旦大学的混合式大规模开放式慕课教学平台等受到专家普遍认可……"② 由此可见，实践教学在高校思政课建设中的重要地位日益凸显。

---

① 余双好：《构建与课堂教学相互促进的思想政治理论课实践教学体系》，《思想理论教育导刊》2015 年第 11 期。
② 《谱写立德铸魂的奋进篇章——全国高校思想政治工作会议以来学校思想政治理论课建设综述》，《人民日报》2019 年 3 月 18 日。

3. 网络教学

自我国改革开放新时期起，网络信息技术不断融入思政课教育教学，推动着思政课建设的改革、发展，网络教学日益成为高校思政课教学体系建设中不可忽视的重要领域。尤其是步入 21 世纪以来，在信息技术大革命的冲击与影响下，高校思政课的发展经历了从被动到主动、从不自觉到自觉、从自省到自为的过程，从"受之所驱"转变为"为我所用"，二者深度融合，不仅拓展了教学空间格局，更在深层次上推动了思政课发展模式的基础性转型，引领新的趋势潮流。

网络教学最初源于对大学生网络空间环境的积极引导和主流价值导向的大力营造，旨在抢占网络意识形态阵地。为此，高校围绕思想政治教育"进网络"这一主题展开工作部署，包括成立专门领导小组、加大经费和设备投入、开设网上党校团校以及设立理论学习、时事政策、"两课"辅导与答疑网站等，积极推动思想政治教育向网络空间拓展。总之，"要根据教育环境和教育对象的变化情况，充分运用网络手段拓宽思想政治教育的视野，用正确、积极、健康的思想文化占领网络阵地"[①]，以应对信息化潮流对马克思主义主流意识形态的冲击。

新时代新形势，网络信息技术迅猛发展的情势迫使高校思政课应势而动、顺势而为，推进自身的改革与升级。习近平总书记在全国高校思想政治工作会议上的讲话指出："年轻人几乎是无人不网、无日不网、无处不网，意识形态领域许多新情况新问题也往往因网而生、因网而增，许多错误思潮也都以网络为温床生成发酵。从一定意义上说，谁赢得了互联网，谁就赢得青年。"[②] 为此，高校思政课要"跳出高校看高校"，积极做好思想文化阵地的主动防护和信息技术的合理利用，并逐步推进思政课网络教学的专项建设。具体着手进行如下一系列改革和部署。

一是完善思政课网络支撑与配合的服务平台建设，如高校思政课网

---

① 教育部思想政治工作司组编《加强和改进大学生思想政治教育重要文献选编（1978—2014)》，知识产权出版社，2015，第 214 页。
② 习近平：《论教育》，中央文献出版社，2024，第 155 页。

站、优质网络示范课等在线课程网站、主题学习网站、微信公众号学习平台，以及网络期刊、网络教学资源库、网络集体备课平台等；二是大力提升教师队伍的信息化能力素养；三是借助网络技术手段推进教学模式改革，如采用"MOOC+SPOC+翻转课堂"的混合式教学模式，尝试应用人工智能、建设虚拟仿真的体验式教学中心等，推进课程的融媒体综合性改革。

有学者预测，"未来的教学趋势是教师提前录制好教学视频，上传到在线平台让学生反复观看，然后在课堂上组织学生就其中一些重要的知识点进行讨论，教师给予指导与点拨，以期学生完全掌握课程的重点和难点，对知识点获得更深入的理解。而学生对一些问题的全新见解，反过来也是对教师教学的一种促进"①。在现实实践中，以武汉大学为例，该校倾力打造高校思政课本科课程的网络慕课，且这些课程全部入选国家精品在线开放课程，覆盖学员近 50 万人，在全国范围内掀起了武大思政课旋风，引领思政课网络教学的新风向。

辩证地看，一方面，从"有益补充"的定位出发，将网络教学作为高校思政课的辅助手段，不断创新网络教学形式，研究网络教学的内容设计和功能发挥，推动传统教学方式与现代信息技术有机融合，是必然趋势；另一方面，需以传统课堂教学为主渠道，切不可用"形式"替代"内容"，不得挤占、取代课堂教学应有的内容与时数。

（二）扩展第二课堂教学体系

第二课堂教学是高校思政课建设不可忽视的一项重要内容。它是指"在思想政治教育课堂教育之外，以思想政治教育为总体目标，以学校为教育主体，包含了学校全体教职员工和参与组织的学生，实现顶层设计，以学生为教育客体，实施的场地不局限在校园中的由教师和学生共同参与实施的思想政治教育实践活动"②。由此可见，作为学校教育的一部分，它既是第一课堂教学的有机补充，又不局限于校园，具有

---

① 李明珠：《大数据时代高校思想政治理论课教学：挑战、机遇与变革路径》，《教育与教学研究》2019 年第 2 期。

② 梅鲜：《高校思想政治教育第二课堂建设研究》，复旦大学博士学位论文，2013，第 24 页。

"随机性、隐蔽性、渗透性、自主性"等多样化特征。

1. 高校思政课第二课堂教学体系的发展历程

事实上，虽然第二课堂以各类实践教育的形式，偶然或间接地伴随着传统第一课堂建设发展的各个阶段，但作为一项重要内容自觉地进行体系化建设，却是在新时代思政课建设的内涵式发展期。"对于思想政治教育第二课堂来讲，它并非从新中国成立之初就直接存在，或者说当时即便有这样的意蕴，也没有这样的称谓"。若对高校思政课第二课堂进行历史追溯，可依据大学生思想政治教育第二课堂的发展历程，即"真正意义上的思想政治教育第二课堂，应该从'文革'结束、恢复高考后的首届大学生入学开始"，将其具体划分为"初步形成时期（1978~2004 年）"和"蓬勃发展时期（2004 年至今）"两个发展阶段[1]。

新时代，在高校思想政治工作和大学生思想政治教育整体推进的背景下，思政课第二课堂教学体系化建设进入了新时期。《普通高校思想政治理论课建设体系创新计划》从"培育学生理论骨干和理论社团""提高校园文化建设的理论品质""整合资源强化实践教学"等方面进行了专项部署和规划，提出"建设与课堂教学相互促进的思想政治理论课第二课堂教学体系"[2]，凸显了第二课堂的重要性。

2. 高校思政课第二课堂教学体系的建设重点

支持培育学生理论骨干和理论社团，提升大学生理论学习的主动性和自觉性，发挥第二课堂在理论教育方面的有益补充作用。马克思主义作为我国主流意识形态的指针，影响着国家、社会和个人思想、价值与观念的方方面面。传统课堂具有集中统一授课的优势，但对于系统而丰富的马克思主义理论及其意识形态根本指导作用的发挥而言，仅靠传统课堂是不够的。还需充分利用大学生课余时间，基于大学生的自觉追求，以社团形式，配备专业的思政课教师，积极组织开展生动活泼的理

---

① 梅鲜：《高校思想政治教育第二课堂建设研究》，复旦大学博士学位论文，2013，第 49~50 页。

② 《中华人民共和国学校思想政治理论课重要文献选编》（下册），人民出版社，2022，第 1390~1391 页。

论拓展与学习活动，例如举办理论学习夏令营、开展马克思主义经典研读、评选"高校优秀学生理论社团""理论之星"等，精心培养一批卓越的大学生马克思主义理论骨干人才，让马克思主义大旗始终在高校思想文化阵地和大学生心中高高飘扬，将高校知识分子和大学生对马克思主义理论的追求与热爱转化为切实可行的活动。

发挥校园文化建设的积极作用。第二课堂不同于第一课堂的稳定性和强制性，具有随机性、偶然性和自觉性的特点，对环境的选择性很强。基于大学生对先进理论的潜在渴求心理，要激发他们在"业余时间"的学习热情，唤醒内在学习动机，就需营造出马克思主义"有情有义""有滋有味""有理有利"的校园文化氛围。一方面，有针对性地结合思政课程教材内容开展校园文化活动，如结合思政课程学习，组织学生开展形式多样的文化艺术活动，举办马克思主义理论学习沙龙；围绕社会主义核心价值观课堂学习，开展高校学生多媒体创作展示活动；围绕思政课热点难点问题，组织开展全国高校学生系列主题理论学习讨论会。另一方面，推进国家主题教育实践活动进校园，具体通过开展"中国梦"主题教育、"社会主义核心价值观"主题教育、"群众路线"主题教育、"不忘初心、牢记使命"主题教育等，引领校园文化主旋律建设，让大学生浸润在马克思主义主流价值的文化场域中，防范和抵御非主流及错误思潮的影响和渗透。

依托实践教学推进第二课堂规范化、长效化建设。实践教学是第二课堂的重要表现形式，可依托多样化的思政课实践教学机制，推进第二课堂的规范化、长效化建设，发挥第二课堂在实践教学方面的延展与配合作用。

第二节 各要素在高校思政课系统结构中的定位

高校思政课是一套系统性的课程体系。系统的整体运行离不开各要素的支持与保障，各要素在系统结构中占据独特地位以及彼此间的交互作用，是保障系统整体功能发挥的重要前提。

一　党的领导要素是课程建设发展的支撑力量

高校思政课从规划发起、设置推行、组织配备、教材编修，到教学要求、评价和管理的各个环节，都离不开党的领导。"我国高校任何一门思想政治理论课程的设立，都是由国家教育主管部门，甚至由党中央直接确定；思想政治理论课程方案的任何一次变更，都需要教育行政主管部门和党中央直接决策。"① 正是党的集中领导和严格要求，并将其上升为国家统一的高标准建设，才促使思政课发展日益规范、科学，不断推进思政课历史转型，拓展新时代内涵。

（一）党是推动高校思政课建设内涵式发展的重要支撑力量

推动高校思政课建设内涵式发展是全党的一项重要任务。在学校思想政治理论课教师座谈会上，习近平总书记提出"推动思政课建设内涵式发展"的命题，这是对全党发出的政治号召。作为一个时代命题的提出，有待党中央和教育主管部门陆续跟进相关政策的部署、组织和实施，提供具体的思路指导、政策支持、组织号召和规范标准。党需在思想、理论、方针和政策等方面进行全面领导和部署，从整体上统筹安排全国高校思政课建设，形成从中央到地方各级党委与高校党委上下一心、积极贯通推进的整体态势。办好中国的事情，关键在党；办好高校思政课，最根本的是要全面贯彻党的教育方针，这样才能解决好"培养什么人、怎样培养人、为谁培养人"这个根本问题。推动高校思政课建设内涵式发展，必须始终不渝地坚持党的领导，牢固坚持党对思政课的方向领导和政策部署，解决好"发展出路"的基本问题。

推动思政课建设内涵式发展，是党在充分尊重思政课建设历史传统和发展规律基础上作出的重大决策和现实部署。高校思政课历经前期积累，正步入发展的成熟期及转折期，正值向内涵式发展的重大转变。凭借党领导的已有传统与经验、马克思主义学院的普遍建制、课程主体内容整编、师生人数和教育介体扩张、课堂教学时空延伸等，以及基本制

① 骆郁廷主编《高校思想政治理论课程论》，武汉大学出版社，2006，第 39 页。

度与规范的确立，现今高校思政课正转向关注内在品质提升和整体功能升级的内涵式发展轨道。内涵式发展着重强调上述各要素间的有机融合、协调配合，以及作为一个整体，对所依赖的外在环境系统产生的反作用力及影响力。该转型必然需要方向的积极引导和要素的合理优化与有效投入，方可实现向内涵式发展的成功"一跃"，党及时的政策部署为此提供了有力的支撑。

（二）党主要从工作格局、队伍建设、支持保障三个维度提供有力支撑

习近平总书记指出："各级党委要把思政课建设摆上重要议程，抓住制约思政课建设的突出问题，在工作格局、队伍建设、支持保障等方面采取有效措施。"① 这一论述指明了党领导和推进高校思政课建设的重要着力点。

首先，高校思政课的建设升级与发展转型，需从总体上做好基础工作，实现组织协调与有效配合，积极营造合理、有效、互助的工作格局和良好氛围。这必然依赖党中央及各级党委的集中领导与大力部署，从全社会和整个高校层面进行资源的统筹、协调与引导，有效推进各方力量的积极互动与配合。在"党委统一领导、党政齐抓共管、有关部门各负其责、全社会协同配合"的工作格局基础上，推动形成"全党全社会努力办好思政课、教师认真讲好思政课、学生积极学好思政课的良好氛围"。高校党委严格把关，具体负责确保各辖管的思政课程对标国家的统一部署及要求，并结合自身实际，推进思政课建设工作机制的良好运行，坚持严格管理和科学治理的有机统一。

其次，高校思政课建设必然依靠一支强有力的工作队伍。办好思政课，关键在教师，关键在于发挥教师的积极性、主动性、创造性。而发挥教师积极性的前提是建设一支强有力的工作队伍。围绕该队伍组建配备中的资格条件、数量比例、人员素质、理论水平、教学能力等方面内容，需在党的统一领导下严把质量关，以新时代党对思政课教师提出的

---

① 习近平：《思政课是落实立德树人根本任务的关键课程》，人民出版社，2020，第24页。

"六要"标准为导向，配齐并建好工作队伍。其中，要以政治素养为统领，思政课教师要"在马信马""在马言马"，坚定马克思主义信仰，增强"四个意识"、坚定"四个自信"、做到"两个维护"；以家国情怀为念，心系国家和人民；以创新思维为追寻，引导学生思维创新与发展；以广博视野为导向，引导学生正确认识世界和中国及二者的关系；以严格自律为准绳，遵守党的纪律，积极传递正能量；以端正人格立身，获得学生的信任和尊敬。以此推动建设一支"专职为主、专兼结合、数量充足、素质优良"的思政课教师队伍。高校党委书记和校长在推动思政课建设中要"三带头"，深入教学一线，切实走进课堂，主动联系教师，积极了解情况、发现问题，设身处地面对问题，有针对性地帮助解决发展中的问题。

最后，党中央历来高度重视高校思政课，正是在党的重视和领导下，思政课建设的基础保障日益深厚牢固，为其转型发展提供了充分的条件。高校思政课发展需建立在一定的条件基础之上。习近平总书记关于思政课建设的一系列重要论述以及中央文件精神中关于思政课的"根本保证""有力支撑""深厚力量""重要基础"的论述，反映出党为思政课建设提供的重要保障。其一，在党的带领下始终坚持马克思主义指导地位，大力推进中国特色社会主义学科体系建设，为中国特色的思政课建设提供了方向性和专业化的根本保证；其二，党对共产党执政规律、社会主义建设规律、人类社会发展规律的理论认识和把握不断深入，并在现实中开辟了中国特色社会主义理论和实践发展的新境界，中国特色社会主义取得举世瞩目的成就，"四个自信"不断坚定，为思政课建设提供了现实性的具体内容支撑；其三，党带领人民在革命、建设、改革过程中锻造的革命文化和社会主义先进文化，以及继承和吸收中华民族几千年来形成的博大精深的优秀传统文化，为思政课建设提供了深厚文化力量；其四，思政课建设在党的带领下经历了从孕育与初创期、发展期、改进形态期，直到今天的发展过渡期，长期以来形成的一系列规律性认识和成功经验，为思政课建设守正创新、转型发展奠定了重要经验基础。

总之，高校思政课发展必须以党的领导和有力支撑为前提性条件。"完成高校思想政治理论课教学改革的艰巨任务，领导重视是根本的保证。"① 党是高校思政课建设内涵式发展战略转型的政策发起者、方向引领者和实践推动者，从总的方向引导，到具体的课程制度规范、教育行为实践等各个方面发力，为课程建设发展保驾护航。"实践表明，凡是高校思想政治理论课教学搞得好的学校，都是所在单位的党政领导对高校思想政治理论课建设和改革切实给予关心的学校，反之亦然。"② 对于这样一套具有国家意识形态属性的课程及其发展的战略转型而言，离开了党的领导的有力支撑，就会失去发展保障、迷失前进方向。

二 "三主体"要素是课程建设发展的重要依托

马克思主义学院、马克思主义理论学科、思想政治理论课程作为主体要素，是高校思政课建设的重要依托。高校思政课建设依托高校专业性的人员机构，对照相关学科理论，并采取课程内容设置的基本形式，在机构、学科与课程三大主体的统一中，系统有序地做好发展统筹与科学规划。

高校思政课建设需依据马克思主义理论学科体系来开展。马克思主义理论学科不仅可为课程建设提供马克思主义基本原理教学内容的学理支撑，还能为后备人才队伍培养提供人力支撑。其中，一级学科从整体上开展马克思主义理论内容的系统研究，二级学科则从六个方面具体开展马克思主义理论与思想政治教育方面内容的研究，二者为加强高校思政课建设提供整体原理和具体内容两个层面的学理支撑。此外，鉴于当今中国特色哲学社会科学体系已建立并不断成熟完善，哲学社会科学中其他相关学科在马克思主义理论学科的引领下，也可为思政课发展提供可资借鉴吸收的学理资源和理论内容，在精准配合中，不断拓展、壮大

---

① 王展飞：《亲历与思考：高校思想政治理论课建设与改革研究》，中国人民大学出版社，2017，第 226 页。
② 王展飞：《亲历与思考：高校思想政治理论课建设与改革研究》，中国人民大学出版社，2017，第 227 页。

思政课的学理内容与理论格局，共同支撑思政课建设发展。

马克思主义学院是高校中直接从事并服务于思政课教学与科研的独立二级机构，其核心职能是组织思政课教师负责全校学生的思政课公共教学。高校思政课以马克思主义学院作为建设发展所依托的人员组织机构，课程建设发展的内容也涵盖对马克思主义学院机构主体的要求。一方面，以建设一批"集马克思主义理论学习教育、研究宣传、人才培养于一体的高水平马克思主义学院"为目标，推进全国马克思主义学院的"高水平"建设升级；另一方面，各地宣传、教育部门整合资源，推动社会力量共建高校马克思主义学院，汇聚各方资源与力量，推进马克思主义学院建设发展的"全覆盖"与"高质量"。

高校思政课发展以课程方案设置更新及配套教材修订为主线，已历经多次重大方案调整。高校思政课建设内涵式发展包含对课程主体建设的基本要求。从纵向上，"统筹推进大中小学思政课一体化建设"，推进大中小学循序渐进、螺旋上升地一体化建设，着力推进大学与中小学思政课教材建设的有序衔接和教学目标的持续落实。在小学阶段"启蒙道德情感"、初中阶段"打牢思想基础"、高中阶段"提升政治素养"的基础上，大学阶段重在"增强使命担当"，培养学生争做社会主义合格建设者和可靠接班人，推进学校思政课教育最后阶段人才培养目标的达成。从横向上，推进由"思政课程"向"课程思政"的格局拓展，以思政课为"灵魂课程"，推动专业课等其他课程与思政课建设同向同行，依据各自学科知识与专业背景，共同致力于主流价值的多渠道渗透和教育宣传。从思政课程整体内容的纵深体系来看，课程设置要体现课程理论知识的整体性、理论认知的层次性和理论教育教学的规律性。"高校思想政治理论课程新体系中，不仅各门课都体现了整体性，而且各门课之间也体现了从马克思主义原理到中国革命、建设和改革中的运用和发展，再到运用马克思主义原理和中国化马克思主义指导大学生成长成才这样一个不同层次的逐步递进的内在有机联系。"① 具体在课程

---

① 张耀灿：《思想政治教育学科建设研究》，中国人民大学出版社，2017，第290页。

教材体系的建设中，既要在平行关系中兼顾各本教材的逻辑关联，又要在整体上承载理论的逻辑性和彻底性，并在方案调整中不断契合大学生成长与发展的需求和特点，纵深推进课程内容体系的发展与完善。

三　教学过程要素是课程建设发展的基本内容

包含教育实施者（思政课教师）、教育接受者（大学生群体）、教育介体和教育环体在内的教学过程要素，是高校思政课建设的基本内容。高校思想政治教育能否有效满足国家和社会对青年大学生培养的期待与需求，是学生思想政治教育成败的关键。如此大力系统推进高校思政课建设的发展转型与重大部署，旨在完成学生思想政治教育的使命，培养担当民族复兴大任的时代新人。高校思政课教学作为培养人的具体过程，是其内涵式发展重点关注和着力建设的重要内容。学生思想政治教育的有效性与教学过程中各个要素及其相互配合的程度息息相关，其中人的要素尤为关键。

高校思政课建设是围绕思政课教学动态过程开展的系统工程，必须建立在科学规律基础之上，扎实有效地推进教育教学过程。在建设中，要充分把握和尊重思想政治教育过程中各要素相互配合与运行的基本规律，尤其是作为思想政治教育"当事人"的教师和学生，要关注他们的思想道德现状与理论水平、思想道德发展的基本规律、针对大学生群体开展思想政治教育活动的固有规律，以及与之相关的教育介体、教育环体要素的基本要求和现实状况等。"思想政治教育过程是否有效，与思想政治教育环境、教育对象接受教育的态度和能力、教育者的自身素质和教育水平等众多因素有关，是思想政治教育过程内外诸因素综合作用的结果。"但是，其中人的要素最为关键，"教育者选择的教育内容、运用的教育方法、采用的技术手段是否具有针对性，是否适合教育对象身心发展的特点，对思想政治教育有效性的生成与提高无疑具有关键性的作用。"① 显然，教师与学生是其中的关键要素，是高校思政课建设

① 《思想政治教育学原理》编写组编《思想政治教育学原理》，高等教育出版社，2016，第152页。

重点关注的对象。

　　思政课教师和大学生都是高校思政课教学过程的"当事人"，思想政治教育过程是教师"思想输出"与学生"思想输入"的有机统一。无论是教师的"思想输出"还是学生的"思想输入"，都具有客观规律性，且二者并非截然分开与对立。作为一个过程的两个方面，它们紧密相连。"思想政治教育过程和人的思想品德的形成与发展过程是统一的"[①]，具体表现为教学维度下"传递与接收""灌输与内化"的统一。在建设过程中，一方面要充分发挥教师的主导作用，有效调动教师的积极性与主动性，由教师主导并全面负责教学过程的开展与运行。这包括从学生思想道德的实际状况出发，灵活细化教学目标，寻找教学内容的恰当切入点，对理论进行创意加工，开发利用符合学生接受特点和能力的教学方法，有针对性地精心组织与设计教学，营造良好的教学氛围。另一方面，学生是主体，要密切关注学生思想道德和政治理论素养的现状与发展。在教育引导过程中，推动学生主体自我思想品德素质与政治理论素养"内化"与"外化"的有机统一，积极促进其在实践中的转化与体现。二者有效配合、互动推进，从而有效地实现培养符合社会发展要求的合格社会主义建设者和可靠接班人的教育目标。

　　当然，除了"人"的要素之外，教育介体和教育环体等"物"的要素也至关重要。它们或以有形的教学空间、教材、课件等形式与内容呈现，或以无形的理论原则、价值理念、信息资源及运行机制存在，是教育"当事人"之间交互沟通的基础与保障，能够反映出教育信息传递和载体利用的效率。

四　课堂教学活动是课程建设发展的关键核心

　　课堂教学活动是高校思政课建设发展的关键核心。在新时代，坚守课堂教学这一关键核心，首先需厘清围绕教学活动推进建设的课堂教学体系的丰富内涵，并在建设实践中牢牢坚守其"主阵地"和"主渠道"

[①]　陈万柏、张耀灿主编《思想政治教育学原理》，高等教育出版社，2001，第81页。

地位，以此带动其他诸要素的高效支持、配合与协调发展。

（一）对高校思政课课堂教学体系丰富内涵的理论认知

在新时代，大力推进"理念科学、形式多样、管理有效"的思政课堂教学体系建设，以及与之相互促进的"第二课堂教学体系"建设，已是发展的必然趋势。此外，网络教育、隐性教育、课程思政课堂等内容，共同构成了高校思政课课堂教学体系的丰富内涵。

高校思政课自开设以来，便通过课堂教学组织，采用班级制面对面的形式进行集中统一授课，呈现为显性的、直接的理论教育，强调"教师、教室、教材"这三个核心元素，这是思政课课堂教学的经典内涵，也可理解为第一课堂内涵。然而，随着课程建设的持续推进，传统第一课堂内涵不断涌现出适应时代发展的新特点与新内容。在其经典内涵之外，衍生出实践教学、隐性教学、间接教学、网络教学和第二课堂教学等新的意蕴，并且这些新旧内涵特征既存在矛盾对立，又相互补充联系。课堂教学的经典内涵是马克思主义理论教育的主渠道。传统思政课的第一课堂教学，即理论教学，是在相对固定的师生群体与教室场所内，以大、中、小班级的形式，由教师依据相应理论编写的教材，对教学内容进行理论阐释和解析，旨在使学生理解和掌握理论内容。其知识目标是让学生对课程内容进行记忆和吸收，能力目标则是在掌握知识的基础上，运用所学理论去分析和解释相应的社会现象与问题，指导自身发展并参与社会实践。理论教学作为一条主线，贯穿课堂教学的"前—中—后"全过程。

思政课作为人文社会科学中政治性极强的一门思想品德课程，不仅有知识目标，还包含对理论的情感亲疏、态度好恶以及价值判断等，并且需要通过价值目标来检验知识目标，指导能力与行为目标。由此可见，课堂教学单纯进行理论灌输和知识讲解是远远不够的，还需配合实践教学，以实现理论的内在升华，引发情感共鸣与价值认同，进而指导行为。理论教育若要说服人，就必须与实践相结合，将马克思主义理论与广阔的社会实践、真实的现实素材相结合，与学生实事求是的思维方式和思想实践相结合。这既体现在课堂理论讲解与主题实践内容的结合上，强调学生对相关事实素材要有"积极关注、主动思考、探索求是"的思想过程与思维实践，以提升学生分析和解决问题的综合能力；也体现在教育场域的结合方面，即将思政课从教室拓展至校园、社会和网络等广阔且可流动的场域，开展特定主题的理论与实践教育，引导学生通过"观、听、访、演、帮、思"等多种方式亲身参与。

但需要明确的是，表面上，实践教学着重于教学场域的"非课堂""非教室"，然而"非课堂""非教室"并非判断实践教学的根本标准。"把握和判断高校思想政治理论课的实践教学的内涵标准，主要不是看教学场所是否'在社会'，而是看教学内容是否'在社会'，即是否富含'社会实践性内涵'"，"实践教学不应被理解为'社会实践（活动）中的教学活动'，而应被理解为'教学内容中的社会实践问题'的教学。"① 因此，无论是社会实践教学还是校园文化实践教学，都需要在教师的主导下"精心组织、巧于安排"，紧密结合课程教学内容，引导学生自觉参与，并将所见所闻、所思所感，通过撰写实践报告、参观心得、实习总结、调研论文及制作 PPT 等方式，进行实践经验的理性认知和理论升华，从而增强思政课的教育教学实效。

实践教学与课堂理论教学关系紧密，共同构成思政课教学整体中不可或缺的两个环节。所谓实践教学包含四层要义："与高校思想政治理论课程内容相联系；在课堂理论教学之外；在教师主导之下；学生主动参与教学活动。"② 虽然从概念和理论上能够厘清实践教学与课堂理论教学的关系，但在具体教育与教学活动中，二者常常会被同时采用且相互配合，并且从普遍意义上来说，也体现出"教学内容的一致性、教师主导的一般性和学生主体的统一性"这些稳定的关联性特点。可见，对于高校思政课的内涵及其建设而言，也只能在二者关系耦合的规律中相对地划分清楚彼此的职能与边界。

除此之外，在思政课具备专业性课堂理论教学内涵的基础上，衍生出显性教学、隐性教学和网络教学等新的教学方式与功能。

---

① 戴钢书等：《高校思想政治理论课实践教学论》，中国人民大学出版社，2015，第 9 页。
② 戴钢书等：《高校思想政治理论课实践教学论》，中国人民大学出版社，2015，第 11 页。

　　高校思政课课堂教学是一种显性的教学方式。一方面，它明确以马克思主义理论的整体作为教育教学的根本内容，"系统开展马克思主义理论教育，系统进行中国特色社会主义和中国梦教育、社会主义核心价值观教育、法治教育、劳动教育、心理健康教育、中华优秀传统文化教育"①。并且，从其"主渠道""重要阵地""核心课程"的定位中，明确表达出服务于社会主义意识形态维护和巩固的根本宗旨。"马克思主义意识形态区别于资产阶级和一切剥削阶级意识形态的重要特征在于，其他一切阶级的意识形态都可以在旧的剥削阶级的土壤里自发地产生，而马克思主义意识形态则需要同一切旧的剥削阶级意识形态及其他观念，进行彻底决裂。"② 马克思主义理论的革命性、彻底性，决定了对其开展教育必须以公开、集中、系统且强有力的方式统一推行，绝不纵容和姑息任何意识形态模糊的死角和边缘地带。由此，作为显性课程的另一方面，它体现为教育部明文规定、高校明确开设，在大学生课表里清晰显示的具体课程群。高校理直气壮、旗帜鲜明地开设思政课，以马克思主义及其中国化的理论以及共产主义的理想价值作为教育教学的内容，明确地进行社会主义主流价值的宣传和教育。与他国不同，他国往往假借"公民课""通识课"等价值"中立"的课程名目，隐性地推行符合自身统治阶级需要的主流意识形态的宣传和教育。从这个意义上说，高校思政课是显性的德育课程。

　　高校思政课坚持显性教育与隐性教育相结合。经典的思政课堂主要以显性方式开展主流价值和意识形态教育。然而，随着课程的现代化发展，课堂教学逐渐呈现出隐性教学的特征。即在传统"主渠道"课程之外，大力向其他专业课、选修课以及校园内外的各类理论宣传和实践组织活动拓展，增强思政课的辐射力与影响力，构建"全面覆盖、类型丰富、层次递进、相互支撑"的课程体系，以"课程思政"推动"大思政"建设。结合各门课程及活动的特点与实际，重点解决各类课

---

① 《中华人民共和国学校思想政治理论课重要文献选编》（下册），人民出版社，2022，第1531页。

② 骆郁廷主编《高校思想政治理论课程论》，武汉大学出版社，2006，第43页。

程与思政课相互配合的问题，积极推进主流价值和先进理念的引领，发挥其他课程在培养大学生积极进取、开拓创新、责任担当精神方面的作用，发挥所有课程的育人功能。以更为"柔性"的方式，配合思政课政治宣传的"刚性"特征，实现对大学生思想建设和引导的全方位覆盖。

高校思政课坚持现实课堂教学与网络教学相结合。传统的思政课主要以师生直接"面对面""一对多"的方式开展课堂教学。但随着现代信息网络技术的发展与应用，课堂得以拓展至网络虚拟空间，实现"面—网—面""一对一"的随机性、活动性、不同步的网络化间接教学，虚拟实践教学便属于其中一种。"高校思想政治理论课虚拟实践教学是高校思想政治教育工作者运用计算机网络技术、虚拟现实技术等手段在计算机网络空间中有目的地创建仿真或虚拟的社会实践情景和条件，并引导大学生进行自主探索、自主体验、相互交流、自我教育的新型实践教育形式。"[①] 不可否认，现代教育信息技术为思政课建设提供了新的媒介与平台，是克服以往教师"一言堂"、教学氛围沉闷等弊端的有效手段。目前，针对该项技术和手段的运用，以网络为核心的思政课综合改革与创新正在如火如荼地开展，并在一定程度上取得了成效。但也需冷静对待，恰当处理好教学技术、包装、手段与教学内容和实质的关系，切不可让"技术、器物"喧宾夺主，所谓守正创新，必须坚守原则底线和内涵实质，方可创新实践。

高校思政课建设坚持立足第一课堂，并积极发挥第二课堂的作用。如果说上述思政课经典课堂及其内涵所延伸出的部分特征与新功能，都属于大学生思政课建设与规划之内的"应有"内容，归属于第一课堂；那么，针对大学生发展需求，以及高校及社会中大量与思政课教育教学相关资源"相对闲置、尚未开发"的现状，由高校组织发起，国家、社会、学校共同配合，在大学生"课余"时间开展的含有思政课主题的社会实践、党团组织建设、班级社团活动，以及校园文化环境、网络

[①] 戴钢书等：《高校思想政治理论课实践教学论》，中国人民大学出版社，2015，第148～149页。

环境等，均可称为思政课的第二课堂。第一课堂与第二课堂相对而言，前者体现为显隐结合、强制集中、理论与实践相结合的专业性、系统化的具体思想政治教育过程；后者则依托隐性熏陶、实践活动、文化宣传等形式，以大学生活动参与为必要要素，是主题相对宽泛的思想政治教育活动。对比而言，第二课堂包容了思政课课堂经典内涵延伸出的、在经典内涵之外的全部内容，且范围更为宽泛，是对第一课堂的有益补充。

第二课堂与第一课堂相较而言，其重点在于实践舞台和场域，依托多种多样的实践活动方式，促使大学生对高校思政课所蕴含的主流思想理论和价值观念进行认知、思考、推广与宣传，实现对课堂理论和实践教学的二次补充，以及实践再证明、再升华与再推广。这意味着它强调有别于课堂理论与实践教学的"固定"与"刻板"样式，突出理论与实践的丰富性、灵活性、多样性和"业余性"。但并非所有的大学生实践活动都属于思政课第二课堂。虽然思政课第二课堂超越了学校"教室"与"课堂"的边界，却依然具备学校教育属性和思政课属性，离不开高校思政工作队伍（包括思政课教师在内）的组织和引领，这使其有别于一般意义上的大学生实践活动或第二课堂活动。一般意义上的第二课堂活动，服务于学生德智体美劳素质的提升与全面发展，而思政课第二课堂专注于思想道德素质的培育和提升。当然，思政课第二课堂会与其他方面素质教育活动存在重叠，但绝不等同于一般意义上大学生第二课堂教育的全部内容。

从高校思政课建设发展规律来看，其经典的课堂教学内涵，是自课程开创以来始终坚持的基本内容，是首要的特质，是思政课建设发展的根基与核心。正是在这一根基与传统之上，才衍生并发展出专业化、体系化的实践教学、隐性教学、网络教学以及第二课堂教学等新内涵。"思政课既要有网上的交流互动，也要有网下的讨论辅导；既要有课内的生动活泼，也要有课外的亲身实践。"① 呈现出新、旧内涵各有侧重、

---

① 《思政课作用不可替代 思政课教师责任重大——与会教师热议习近平总书记在学校思政课教师座谈会上重要讲话》，《光明日报》2019 年 3 月 19 日。

交互影响、融合发展的基本趋势。然而，从思政课建设发展的根本立足点而言，经典内涵占据首位，是新生内涵的根基与源泉。只有传统经典内涵稳固且良好地发展，才能推动新生内涵的拓展与壮大。同时，从新生内涵的拓展和繁荣状况，也能够洞察传统内涵的稳固程度；反之，倘若传统经典内涵发展出现偏差，那么必然会使其他方面内涵的建设发展受到损害；若其他内涵出现偏差，同样会动摇思政课建设发展的根基。

概言之，实践教学、隐性教学和网络教学，究其实质是课堂教学的内涵延伸，它们或体现于教学环节与时空环境领域，或体现于资源、载体和平台等方面。高校思政课教学体系集理论教学、实践教学、网络教学、隐性教学等内涵于一体，旨在突破传统课堂教学对理论内容"抽象化""书面化"的一维线性解读范式，拓展为具体实践化、多维感官参与的多效立体化解读范式，以此增强教学的丰富性与供给力，为教学实效提供多维保障。

（二）课堂教学活动是课程建设的关键核心

高校思政课建设必须清晰把握新时代课堂教学体系的丰富内涵，有针对性地破解思政课堂教学中产生种种问题的根源，纠正错误认识，端正对"主渠道"核心地位的思想认知。与此同时，高校思政课应葆有课堂自信，牢牢坚守课堂教学的"主阵地"和"主渠道"地位，理直气壮地办好高校思政课，继承并有效发挥其在马克思主义主流意识宣传和教育中的作用与优势。

高校思政课堂建设中出现了种种问题和错误认知，在一定程度上动摇和影响了思政课堂的中心地位，亟待加以引导和纠正。据调查总结，"学生反映思想政治教育最普遍的问题是'理论与现实脱节'"，表现为"一些教师自说自话，缺乏对社会现实问题的关注；照本宣科，不面对学生的思想实际；教材过于理论化，注重结论，忽视了生动性和可读性；教学过程实践性不够。结果是，教师讲的学生认为不能解决问题而不想听，学生想听的教师不会讲或者讲不好，弄得'言者谆谆，听者藐藐'"①。思政课堂的教学效果因而大打折扣，教师的积极性受挫，并且在一定程度上出现了"重科研、轻教学"的现象。在建设过程中，部分人片面地认为，通过拓展实践教学、隐性教学、网络教学，或者借助第二课堂教学等"新元素"，在手段、途径或方式方法等方面进行教学改革，就能解决和弥补课堂教学中的种种问题与不足，化解思政课一直以来"不受欢迎"的困境。殊不知，课堂理论教学才是"主阵地"，向网络教学、第二课堂教学等其他方面尽可能地拓展与延伸，也需以主阵地的"稳固"与"坚实"为前提，即需紧紧抓住学生，切实有效地解决好"理论联系现实"的问题，在理论教育被学生基本认可和接受的情况下，才有足够的经验和"资本"去进一步拓展课堂的范围和空间。切不可在课堂教学效果呈弱化趋势时，就盲目地"招商引资""跑马圈地"，忽视乃至丧失了主阵地。

高校思政课堂教学活动是高校思想政治工作的"主渠道"以及意识形态建设的"主阵地"。"学生获取知识的途径固然很多，但课堂学习更具基础性和系统性。"② 其他诸如校园文化、理论社团、社会实践等蕴含思想政治教育内容的工作形式，都需参照"主渠道"这一方向标来开展。作为高校思政课建设系统工程的核心，课堂教学活动应成为其他要素的中心，其他要素也应以找准各自定位，紧密围绕课堂教学的实际活动进行规划、协调与运作，发挥相应的配合作用与功能，切实服务于课堂教学活动。例如，思政课教师、大学生群体、教育介体、课程方案与配套教材等要素，是直接开展课堂教学活动的基本要素；党的领导、马克思主义学院、马克思主义理论学科和教育环体等要素，则间接地从方向政策与制度规范、组织机构与制度落实、理论内容与人才来源、信息资源与环境条件等方面给予支持与配合。此外，"课程思政"改革不断拓展着思政课堂的时空范围与思想领地，将其他专业课知识与主流意识形态的思想政治教育相结合，解决各类课程与思政课程相互配合的问题，发挥所有课程的育人功能。构建"全面覆盖、类型丰富、

---

① 习近平：《论教育》，中央文献出版社，2024，第 152 页。
② 习近平：《论教育》，中央文献出版社，2024，第 150 页。

层次递进、相互支撑"的课程体系，整体性拓展思政课堂的展现范围，使各类课程与思政课程同向同行，形成协同效应。

从课堂建设的实践来看，高校思政课建设要不断激发课堂教学活力、增强发展动力、提升现实效力，以此为引擎带动其他诸要素的高效支持、配合与协调发展。从课堂教学活力来看，要积极营造"主动参与、思想流淌、生动活泼、严肃热烈"的课堂氛围；从发展动力来看，以党的理论创新发展以及学生对先进思想理论的渴求为依据，大胆引入创新元素，不断推进先进思想进教材、进课堂、进学生头脑；从现实效力来看，要紧抓学生"三观"的教育引领，深化学生对马克思主义理论的认同以及对中国特色社会主义的"四个自信"，增强学生的使命担当，引导学生矢志不渝听党话、跟党走，争做社会主义合格建设者和可靠接班人。

加强高校思政课堂自信建设。"思想政治理论课建设固然有师资、教材、课程体系方面的问题，但最重要的是要解决自信问题。"[1] 教师不坚信、学生不听信，对理论不信服、对现实感到迷茫，这些都是课堂教学不自信的表现。为此，要努力营造教师认真组织、高校高度负责、社会大力配合、国家积极支持的高校思政课建设氛围。高校思政课教师必须坚定对马克思主义科学理论的信仰，满怀信心地将其与中国特色社会主义实践的现实成就相结合，进行课堂教学的讲授与传播，推动大学生对主流意识形态的理解、认同与接纳，共同推进"四个自信"。"把马克思主义理论同中国特色社会主义实践有机结合起来，把思想品德教育同中国特色社会主义理论、中华优秀传统文化教育结合起来，通过理论联系实际的教学实践，把自信传递给学生，让学生领会科学理论的实践价值、中华优秀传统文化的智慧力量、中国发展的时代意义。"[2] 在课堂理论、知识和真理的传播过程中，让学生发自肺腑地对思政课堂"真心喜爱"且"终生受益"，彰显思政课在培养社会主义合格建设者和可靠接班人这一教育目标中独一无二的价值和作用。

---

① 习近平：《论教育》，中央文献出版社，2024，第150页。
② 习近平：《论教育》，中央文献出版社，2024，第151页。

第三节 高校思政课所隶属的社会环境系统

高校思政课作为诸要素紧密联系的有机整体，从系统内部结构与外部社会环境系统的互动来看，其立身的生态系统具有鲜明的层次性。随着高校思政课建设系统自身的不断完善与推进，每一要素都呈现向好向上的发展态势，从国家社会大系统中日益获得更丰富的政策资源和环境保障。在系统梳理的基础上，对支持和保障高校思政课的环境资源的层级划分和现实分析，有利于提升对高校思政课建设格局的思维认知水平，提升对高校思政课战略定位的思想认知。

一 学生思想政治教育周期中的"灌浆"一程

从表面上看，高校思政课划归于高等教育系统，似乎是我国高校这个相对封闭的空间系统中特有的一门"政治"课程。又因为它是党的思想政治工作在高校具体部署和落实的体现，故而在一些人的认知中，将其理解为国家"喉舌"、政治"教化"的课堂呈现。事实上，这种认知只是肤浅地领会到高校思政课政治意识形态属性的表现形式，却忽略了高校思政课已然超越高校的围墙，忽略了高校思政课是国民教育体系中唯一一门全线贯通、螺旋式提升学生思想道德品质和政治素养的"德育课程"。国家的教育部署坚持思政课从小学开设，并一直贯通到中学和大学，通过大中小学一体化的方式，合力培养社会主义建设者和接班人。

（一）高校思政课归属学生思想政治教育大系统

从深层次上看，高校思政课不仅在大的范围上隶属于国家层面的政治意识形态领域，还在遵循思想政治教育学科基本的教育教学规律的基础之上，自然地归属于学生思想政治教育系统之中。学生思想政治教育是"贯通国民教育诸学段的系统性存在"，需"用系统化理念来推进课程建设"，系统地"规划设计和完善"学生思想政治教育体系，"使培育担当民族复兴大任时代新人的战略目标在国民教育诸学段获得系统性展开"①。高校思政课是学生思想政治教育系统性存在于高校范围内的具体表现。尤其在新时代的起点上，"需要在贯通国民教育诸学段的基础上来推进学生思想政治教育系统化"②。这便可从学理上理解在"推动高校思政课建设内涵式发展"的总体规划中，为何会具体作出"统筹推进大中小学思政课一体化建设""在大中小学循序渐进、螺旋上升地开设思想政治理论课"的部署。

于情于理于事实而言，思政课理应且事实上贯穿于国民教育一体化纵深发展的全过程。高校思政课教育处于学生思想政治教育全过程中临近终点的这一段，也是在思政课育人全学段中临近终点的这一段，是针对教育总目标所重点进行主流意识形态相关理论、情感、态度和信仰培育的重要思想"灌浆期"。大学生正处在人生成长的关键时期，知识体系搭建尚未完成，价值观塑造尚未成型，情感心理尚未成熟，需要加以正确引导。这就如同小麦果实走向成熟中的"灌浆期"，如果给予充足的阳光、水分和营养，庄稼就会迎来硕果累累的大丰收；如若不然，就会导致这一季庄稼低收歉收。

（二）夯实大学生思想政治教育的"最后一公里"建设

高校要抓住大学生成长成才的关键期。与基础教育阶段主要为培养社会主义建设者和接班人提供情感、思想和态度层面的"愿望""意识""认同"不同，大学阶段则在此基础上，重在提供充足的主流价值、思想和理论教育，让大学生的思想发展浸润在丰厚的理性认知和理论滋养之中，在心灵深处专注"灌浆"，使头脑中的思想硕果累累，凭借铸就的"理想信念"、掌握的"丰富知识"和锤炼的"高尚品格"，为成长成才打下坚实的基础。即通过深刻的理论教育与现实反思，助力大学生实现信仰目标，最终怀揣强烈的精神使命，随时准备步入社会大舞台，"争做"社会主义合格建设者和可靠接班人。这既是"在大中小学循序渐进、螺旋上升地开设思想政治理论课"的必要性所在，又是

---

① 吴林龙：《论新时代学生思想政治教育系统化及其进路》，《思想教育研究》2019 年第 8 期。
② 吴林龙：《论新时代学生思想政治教育系统化及其进路》，《思想教育研究》2019 年第 8 期。

"培养一代又一代社会主义建设者和接班人"① 的重要保障。此外，高校毕业生走入社会，他们的思想和言行往往会影响同代年轻人的"思想观念、价值取向、精神风貌"，产生巨大的精神辐射力，进而影响社会整体的思想动态。

推动高校思政课建设，要以系统思维推进高校学生思想政治教育"最后一公里"建设。这既是贯通学生思想政治教育各学段、实现人才培养终极目标的需求，也是学生思想政治教育理论和学科体系发展的内在要求。高校思政课建设内涵式发展需置身于涵盖大中小学在内的学生思想政治教育一体化发展的系统思维与框架体系之中。近些年，学界在提出建设学生思想政治教育学的同时，也有提出并在实践中探索建设高校学生思想政治教育学的趋势。思想政治教育学科并非单一学科，而是一个学科群②。它"既是思想政治教育学的组成部分之一，又是高等教育学的重要分支"③，是一门综合性、实践性、应用型的分支学科。从学科的研究对象来看，主要是在高等学校中研究"学生的共产主义思想品德形成、发展和变化的规律，研究对学生进行社会主义、共产主义思想政治教育的规律"④，由此可为高校思政课提供专项的教育内容和教学方法的学理指导。

二　国家意识形态领域建设的"关键"一招

高校意识形态安全是社会大众意识形态安全的重要屏障，是国家意识形态安全整体工作中的关键环节。"高校是意识形态工作的前沿阵地"，我们要"做到守土有责、守土负责、守土尽责"⑤，同各种可能出现的错误思想和价值观念作斗争，致力于"从国家政治安全和意识形态安全的高度，认清维护高校和谐稳定的重大意义，把高校建设成为安

① 习近平：《思政课是落实立德树人根本任务的关键课程》，人民出版社，2020，第6页。
② 张耀灿：《思想政治教育学科建设研究》，中国人民大学出版社，2017，第122页。
③ 张耀灿：《思想政治教育学科建设研究》，中国人民大学出版社，2017，第151页。
④ 张耀灿：《思想政治教育学科建设研究》，中国人民大学出版社，2017，第148页。
⑤ 习近平：《论教育》，中央文献出版社，2024，第142页。

定团结的模范之地"①，守好这一阵地。可以说，推进思政课建设是高校意识形态工作的重心所在，是"关键"的一招。

（一）国家意识形态的发展与表现

意识形态是在人类发展历程中，从繁杂社会现象中逐步抽象出来的一个相对概念，并随着人类理论认知的成熟，日益作为一个具有丰富内涵的整体，体现在经济、政治、文化、社会、生态和个人发展等各个方面。西方学者卡尔·曼海姆曾指出："马克思主义者对该问题的最初陈述作出了重大贡献。"② 正如学者指出，从马克思主义观点来看，"意识形态作为一种思想体系，实际上是特定历史行动主体（阶级）的情感、表象和观念的总和"③。在人类发展的历史长河中，它以思想观念的形式，集中存在于国家法律、政治、宗教等领域。具体来讲，一国的意识形态既存在于国家层面的"纲领文献、法律法规、宗教、哲学、社会科学"等大的格局之中，又存在于社会层面的"文艺作品甚至商业广告等感性存在"的各个角落，还深入公众的"舆论、口碑、社会文化心理及潜在行为方式等"④。这也就是马克思所说的："在考察这些变革时，必须时刻把下面两者区别开来：一种是生产的经济条件方面所发生的物质的、可以用自然科学的精确性指明的变革，一种是人们借以意识到这个冲突并力求把它克服的那些法律的、政治的、宗教的、艺术的或哲学的，简言之，意识形态的形式。"⑤ 概言之，意识形态既具有存在的广泛性，又具有内涵的特定性。

国家的意识形态是"国家权力的组成要素"，是"思想的上层建筑"，呈现出"与其为之服务的经济基础之间的辩证关系"，且"随着国家形态的变化而转型"⑥。就其实质而言，"国家意识形态本质上是阶

① 习近平：《论教育》，中央文献出版社，2024，第143页。
② 〔德〕卡尔·曼海姆：《意识形态与乌托邦》，黎鸣等译，商务印书馆，2000，第56页。
③ 姜佑福：《构建人类精神世界的"普照之光"》，《解放日报》2018年9月18日。
④ 姜佑福：《构建人类精神世界的"普照之光"》，《解放日报》2018年9月18日。
⑤ 《马克思恩格斯选集》第2卷，人民出版社，2012，第3页。
⑥ 侯惠勤：《意识形态的历史转型及其当代挑战》，《马克思主义研究》2013年第12期。

级意识，是上升为统治思想的阶级意识"①。置身于世界大舞台，各国意识形态具有其历史必然性和发展独立性。每个国家都肩负着维护自身主流意识形态安全、独立与稳固的职责与使命，以实现其在国内获得普遍认同与奉行，在国际社会得以标识和认可。各国意识形态建设及其安全，需建立在国际社会相互理解和彼此包容的基础之上，从而真正拥有自身意识形态的话语权、解释权、传播权，不被他国随意"裁量""贴标签"，避免陷入"以讹传讹"的困境。

（二）社会主义意识形态安全与建设

我国社会主义意识形态的安全，必然建立在我国社会主义政治制度获得独立建设和平等发展机会，以及中国特色社会主义事业不断发展成熟、日益自信的基础之上，以独立安全、平等自信作为自身建设要求与基本内容。"对于社会主义主流意识形态而言，就是如何在这一新的历史环境中继续保持其革命理想主义。""在今天坚持马克思主义的话语权，思想'独立'必须高于思想'包容'。只有思想独立，才能拥有思想阵地，才能获得认同、凝聚共识，才有可能去'包容'。"② "保持文化自信和思想定力是吸收各国优秀文明成果的前提。"③ 开展意识形态建设、维护主流意识形态安全，就要坚持马克思主义作为党和国家立足与发展的根本指导思想，坚定中国特色社会主义"四个自信"，学懂弄通做实习近平新时代中国特色社会主义思想，确立马克思主义在我国哲学社会科学领域的指导地位，用中国特色话语体系讲好中国故事、解读好中国经验、传播好中国形象。同时，凭借马克思主义的真理思想、社会主义的制度优势和社会主义核心价值观的精神共识，坚决同错误思潮作斗争，"坚决回击妄图挑战马克思主义指导地位，攻击否定党的领导和我国政治制度、发展道路的错误言行，抵制道德失范、唯利是图、低俗庸俗媚俗等突破公序良俗底线的行为现象"④。由此，要牢固树立中

① 侯惠勤：《意识形态话语权初探》，《马克思主义研究》2014年第12期。
② 侯惠勤：《意识形态的历史转型及其当代挑战》，《马克思主义研究》2013年第12期。
③ 侯惠勤：《意识形态话语权初探》，《马克思主义研究》2014年第12期。
④ 颜晓峰：《统一思想 凝聚力量》，《天津日报》2018年9月3日。

国特色社会主义意识形态思想，使全体人民在理想信念、价值理念、道德观念上紧密团结在一起。

高校的意识形态建设要认清形势，以坚定的政治定力，切实维护高校领域的意识形态安全。从当前形势来看，一方面，我国意识形态领域坚持以马克思主义为指导思想，主流思想深入人心，总体上保持向上向好的发展态势。"中国特色社会主义和中国梦深入人心，社会主义核心价值观和中华优秀传统文化广泛弘扬，主流思想舆论不断巩固壮大，文化自信得到彰显，国家文化软实力和中华文化影响力大幅提升，全党全社会思想上的团结统一更加巩固。"[1] 另一方面则显现出"思想文化相互激荡、价值观念多元多样""敌对势力渗透争夺"[2] 等风险与挑战。高校必须引导大学生增强政治敏锐性和政治鉴别力，对泥沙俱下的思想观点，要辨析甄别、过滤净化，不能照单全收或充当传声筒、扩音器。高校思政课要对各种错误思潮保持警惕、有效防范，防止其以各种形式在高校"抢滩登陆"，同我们争夺阵地、争夺师生、争夺人心。高校的意识形态工作须从两个方面着力：一是树立正确的主流价值，在主流意识形态的教育传播中秉持尊重差异、包容多样的态度，在多元中立主导，在多样中谋共识，在多变中定方向，让一切有益思想文化的涓涓细流汇入主流意识形态的浩瀚大海；二是旗帜鲜明地对各种错误思想和思潮进行彻底批判，增强政治敏锐性和政治鉴别力。

（三）高校思政课是意识形态领域诸多建设中最为"关键"的一招

我国的高校思政课高扬马克思主义思想旗帜，是社会主义意识形态的高地，也是意识形态维护的前沿屏障，是意识形态领域诸多建设中最为"关键"的一招。

习近平总书记指出："宣传思想工作就是要巩固马克思主义在意识

---

① 《习近平在全国宣传思想工作会议上强调 举旗帜聚民心育新人兴文化展形象 更好完成新形势下宣传思想工作使命任务》，《人民日报》2018 年 8 月 23 日。
② 《习近平在全国宣传思想工作会议上强调 胸怀大局把握大势着眼大事 努力把宣传思想工作做得更好》，《人民日报》2013 年 8 月 21 日。

形态领域的指导地位，巩固全党全国人民团结奋斗的共同思想基础。"[1]
在党中央的领导下，不仅宣传思想部门要承担重要职责，做到"守土有责、守土负责、守土尽责"，全党也需积极行动。各级党委应担负起各自的政治责任和领导责任，树立"大宣传"工作理念，动员各条战线、各个部门协同合作，将宣传思想工作与各个领域的行政管理、行业管理、社会管理全方位紧密结合起来。由此，在全社会形成以高校、党校、干部学院、社会科学院、理论学习中心组等为马克思主义学习、研究、宣传重要阵地的良好局面。其中，高校始终高扬社会主义意识形态的大旗。从新中国成立至今的发展历程中，高校鲜明地标识出马克思主义时代化发展的思想前沿，并在社会主义政权下不断延续且升级，成为维护社会主义主流意识形态的安全屏障。在高校诸多工作中，思政课堂作为主渠道发挥着关键作用。当然，除思政课堂外，还有报告会、研讨会、讲座、论坛、读书会、学术沙龙以及校报校刊、校内广播电视、校园网络等各类校园思想文化阵地，共同为社会主义意识形态建设贡献力量。

高校是孕育思想、传播理论的重要场所，尤其通过思政课制度化的方式，系统推进马克思主义的科学研究与理论教育，坚守着国家意识形态的前沿阵地。长期以来，高校在学习、研究、宣传马克思主义以及培养马克思主义理论人才方面发挥了关键作用。思政课占据主流意识形态的高地，是主流思想价值观念集中汇聚、广泛传播、重点强化的重要阵地。高校开设的思政课，是专门针对青年大学生进行的理论武装。理论创新决定了意识形态的活力，理论武装决定意识形态工作的成效。高校思想氛围活跃，各种思想观点在此交汇，各种价值观念在此碰撞。因此，必须在党的领导和管理下，将意识形态工作领导权切实落实到以课程建设为核心的各项工作之中，真正"统筹校内校外、网上网下、课内课外各种资源，构建学校、社会、家庭联动，党政工团齐抓共管，教学、科研、管理、服务共同育人的高校意识形态工作大格局"[2]。尤其

---

① 《习近平关于社会主义精神文明建设论述摘编》，中央文献出版社，2022，第65页。
② 本报评论员：《牢牢掌握党对高校工作的领导权——六论学习贯彻习近平总书记高校思想政治工作会议讲话精神》，《中国教育报》2016年12月15日。

要强化对课堂、讲座、论坛、报告会、研讨会等的管理，防范境外势力、敌对势力以各种公开或隐蔽的形式进行思想渗透和理论传播，切实保障高校意识形态的安全与稳定。显然，思政课及其课堂教学在其中处于首要的"关键"地位，其成效可作为衡量高校意识形态安全和稳定的重要指标，以高校这一"模范之地"积极、正面地引导和推动整个国家和社会意识形态朝着健康方向发展。

三　高等教育大循环中的"优先"一环

我国高等教育人才培养的终极目标是把大学生培养成为德智体美劳全面发展的社会主义合格建设者和可靠接班人。高校人才培养之本在于立德树人，高校立德树人之道在于思政课建设。高等教育在贯彻党的立德树人根本任务时，要切实承担起"培德育人"的重要职责和使命，以"三重点"为导向，将思政课置于高等教育系统大循环中的"优先"位置。

（一）思政课建设是高校落实立德树人根本任务的重要途径

高校立身之本在于立德树人，高校立德树人之道在于思政课建设。古人曰："大学之道，在明明德，在亲民，在止于至善。"（《大学·第一章》）可见，德育在教育中具有优先地位。在我国社会主义高校的五大职能中，人才培养排在第一位，其次是科学研究、社会服务、文化传承与创新、国际交流合作，"只有培养出一流人才的高校，才能够成为世界一流大学"[1]。与此同时，高校的五种职能是相互支持与配合的关系，无疑人才培养是高校立足和发展的基本要素。因此，"办出世界一流大学，必须牢牢抓住全面提高人才培养能力这个核心点，并以此来带动高校其他工作"[2]，离开了"人才培养"与"培养的人才"，高校的其他职能将无所依附、无法开展。

---

[1]　《中华人民共和国学校思想政治理论课重要文献选编》（下册），人民出版社，2022，第1444页。

[2]　《中华人民共和国学校思想政治理论课重要文献选编》（下册），人民出版社，2022，第1444页。

在综合培养人才德智体美劳各方面素质的过程中，"德"居首位。所谓立德树人，就是要将"德"置于优先地位。在德智体美劳全面培养的教育体系里，需坚持把立德树人融入思想道德教育、文化知识教育以及社会实践教育的各个环节。人若无德，便难以立身，育人的根本就在于培养良好品德，这是人才培养的辩证法。高校办学必须尊重这一规律，否则难以办好学校。要将立德树人的成效作为检验学校一切工作的根本标准，切实做到以文化人、以德育人，持续提升学生的思想水平、政治觉悟、道德品质与文化素养，使其能够明大德、守公德、严私德。要把立德树人内化为大学建设和管理的各个领域、各个方面以及各个环节的具体行动，做到以立德为根本、以树人为核心。这也决定了德育课程（从高等教育总体的范畴划分来看，思政课属于德育类的主体课程）在高校中占据"优先""优势""优质"的地位。

（二）思政课建设在我国高等教育系统中具有"优先"重要地位

我国高等教育人才培养的终极目标是把大学生培养成为德智体美劳全面发展的社会主义建设者和接班人。社会主义高校在贯彻党的立德树人根本任务时，要切实承担起"培德育人"的重要职责和使命，尤其要以"三重点"为导向，优先支持和保障思政课建设。《普通高校思想政治理论课建设体系创新计划》从领导部署方面指出，高校要高度重视思政课建设，明确高校党委书记是"思想政治理论课建设的第一责任人"，其肩负相应的职责。高校的领导层，包括党委书记、校长和分管校领导在内，"要切实负起政治责任和领导责任，确保在学校发展规划、经费投入、公共资源使用中优先保障思想政治理论课建设"，还要从"人才培养、科研立项、评优表彰、职务评聘等方面"将思政课教师队伍优先支持和保障的政策落到实处，以此真正落实思政课在高校教育教学体系中的"重点建设"地位[1]。

《关于深化新时代学校思想政治理论课改革创新的若干意见》为加

---

[1] 《中华人民共和国学校思想政治理论课重要文献选编》（下册），人民出版社，2022，第1393页。

强和改进思政课建设作出了"三个重点"的部署，指出"将马克思主义学院作为重点学院、马克思主义理论学科作为重点学科、思想政治理论课作为重点课程加强建设"①。在马克思主义学院的组织机构建设中，提出"在发展规划、人才引进、公共资源使用等方面给予马克思主义学院优先保障"②，以建好、建强全国重点和示范性马克思主义学院为依托，鼓励有条件的高校建设一批习近平新时代中国特色社会主义思想研究院；在学科主体建设方面，切实把马克思主义理论学科建成优势学科。制定马克思主义理论学科发展规划，以马克思主义理论学科优先发展、优势发展、优质发展带动高校哲学社会科学繁荣发展，更充分发挥高校哲学社会科学育人功能。以不断发展和完善的马克思主义理论学科体系引领整个哲学社会科学建设，共同推进马克思主义的人才培养、理论创新和教育发展，统筹协调教材体系、人才体系、保障体系、第二课堂体系等各方面建设，共同推进新时代高校思政课创新性、体系化发展。

（三）思政课是新时代高等教育内涵式发展的灵魂课程

新时代，我国高等教育发展取得重大成就，高等教育的办学规模和年毕业人数已居世界首位，但质量和效益还有待进一步提高。可以说，在实现中华民族伟大复兴新征程上，我们"对高等教育的需要比以往任何时候都更加迫切，对科学知识和卓越人才的渴求比以往任何时候都更加强烈"③，走内涵式发展道路已是我国高等教育发展的必由之路和不争的事实。基于此，党的十八大报告作出了新时代"推动高等教育内涵式发展"④的战略部署，党的十九大报告重申了"高等教育内涵式发展"⑤的命题并作出了进一步的工作部署；2018 年，由教育部印发的

---

① 《中华人民共和国学校思想政治理论课重要文献选编》（下册），人民出版社，2022，第1535 页。
② 《中华人民共和国学校思想政治理论课重要文献选编》（下册），人民出版社，2022，第1535 页。
③ 《中华人民共和国学校思想政治理论课重要文献选编》（下册），人民出版社，2022，第1443 页。
④ 《十八大以来重要文献选编》（上），中央文献出版社，2014，第 27 页。
⑤ 习近平：《决胜全面建成小康社会 夺取新时代中国特色社会主义伟大胜利——在中国共产党第十九次全国代表大会上的报告》，人民出版社，2017，第 46 页。

《新时代高校思想政治理论课教学工作基本要求》则明确指出，思政课是"实现高等教育内涵式发展的灵魂课程"①，进一步厘清了新时代思政课建设的立身方位与道路所在。

实现内涵式发展，高校就要摆正方向、把握规律、亮明底色、肩负使命，切实承担起人才培养的历史任务，达成现实目标。古今中外，关于教育和办学，思想流派繁多，理论观点各异，但在教育必须培养社会发展所需要的人这一点上存在共识。培养社会发展所需要的人，具体来说，就是培养符合社会发展、知识积累、文化传承、国家存续、制度运行要求的人。每个国家都是按照自己的政治要求来培养人的，世界一流大学都是在服务自己国家发展中成长起来的。我国社会主义教育就是要培养社会主义建设者和接班人。高校要"坚持立德树人，遵循教育规律，弘扬优良传统，扎根中国大地办大学，努力建设世界一流大学和一流学科，为我国高等教育事业繁荣发展，为实现'两个一百年'奋斗目标、实现中华民族伟大复兴的中国梦作出新的更大贡献"②。新时代高等教育的目标指向培养担当民族复兴大任的时代新人，培养一代又一代拥护中国共产党领导和我国社会主义制度、立志为中国特色社会主义事业奋斗终身的有用人才。这是教育工作的根本任务，也是教育现代化的方向目标。

高校思政课教育旨在对高校学生进行理论武装和精神信仰塑造。在思政课教育中，学生一方面可以系统地接受马克思主义理论教育，深化对马克思主义历史必然性和科学真理性、理论意义和现实意义的认识，学会运用马克思主义立场观点方法观察世界、分析世界，真正搞懂面临的时代课题，深刻把握世界发展走向，认清中国和世界发展大势，深刻感悟马克思主义真理力量，为成长成才打下科学思想基础。另一方面，可以接受社会主义理论和实践创新方面的知识、情感、信仰教育，坚持不懈培育和弘扬社会主义核心价值观，做社会主义核心价值观的坚定信

① 《中华人民共和国学校思想政治理论课重要文献选编》（下册），人民出版社，2022，第1483页。
② 《习近平书信选集》第1卷，中央文献出版社，2022，第136~137页。

仰者、积极传播者、模范践行者，坚定"四个自信"。

此外，高校思政课作为我国高等教育发展中的"优先"一环，在全国整体发展上极不平衡。民办院校、中外合作办学高校以及一些社会文化发展相对落后地区的高校，是整体发展中的"短板"；中央部属院校和社会文化发展相对发达地区的高校，发展水平则"遥遥领先"。为此，要从全国高等教育体系的整体出发，找出薄弱院校，进行对口支援、精准扶持，补齐短板，推进思政课在全国高校范围内的均衡发展。目前，中宣部、教育部负责制定并不断推进思政课"结对"对口支援计划，在高校思想政治理论课教学指导委员会的统一协调和指导下，建立全国思政课研究和发展的各种平台，整合网络资源，推动思政课整体建设水平的大幅提升。

四　高校思想政治工作的"主干"渠道

高校思想政治工作的主旨在于办好中国特色社会主义大学、育好社会主义新人。高校思想政治工作的具体落实是以思政课为主渠道，通过稳定的形式，系统地推进主流价值的理论认知和精神信仰培育，推进党的路线方针政策的理论传播和思想引领。

（一）高校思想政治工作是高等教育立身的方向之本，是党对高校加强领导和管理的重要方式与工作机制

思想政治工作关系高校"培养什么样的人、怎样培养人以及为谁培养人"这个根本问题，除了在此大方向上"解疑释惑"外，它还在微观上为学生解答"人生应该在哪用力、对谁用情、如何用心、做什么样的人"的问题，并"及时回应学生在学习生活社会实践乃至影视剧作品、社会舆论热议中所遇到的真实困惑"[①]。实践证明，"高校抓住了、抓好了思想政治工作，就能沿着正确方向前进；放松了、丢弃了思想政治工作，就会迷失方向"[②]。

---

① 《习近平在全国高校思想政治工作会议上强调 把思想政治工作贯穿教育教学全过程 开创我国高等教育事业发展新局面》，《人民日报》2016年12月9日。
② 习近平：《论教育》，中央文献出版社，2024，第135~136页。

思想政治工作在高校的"生命线"地位符合国家发展和人民整体的利益要求，并以法律法规等国家意志的形式得以体现。我国《宪法》第一条规定，中华人民共和国是工人阶级领导的、以工农联盟为基础的人民民主专政的社会主义国家。社会主义制度是中华人民共和国的根本制度。中国共产党领导是中国特色社会主义最本质的特征。禁止任何组织或者个人破坏社会主义制度。第十九条规定，国家发展社会主义的教育事业，提高全国人民的科学文化水平。第二十三条规定，国家培养为社会主义服务的各种专业人才。《中华人民共和国高等教育法》第三条规定，国家坚持以马克思列宁主义、毛泽东思想、邓小平理论为指导，遵循宪法确定的基本原则，发展社会主义的高等教育事业；第四条规定，高等教育必须贯彻国家的教育方针，为社会主义现代化建设服务、为人民服务，与生产劳动和社会实践相结合，使受教育者成为德、智、体、美等方面全面发展的社会主义建设者和接班人；第三十九条规定，国家举办的高等学校实行中国共产党高等学校基层委员会领导下的校长负责制；第五十八条规定，高等学校的学生思想品德合格，在规定的修业年限内学完规定的课程，成绩合格或者修满相应的学分，准予毕业。《关于加强和改进新形势下高校思想政治工作的意见》指出，要从更好进行具有许多新的历史特点的伟大斗争、推进党的建设新的伟大工程、推进中国特色社会主义伟大事业的战略高度，进一步增强做好高校思想政治工作的责任感和使命感，并从"五个坚持"方面作了加强和改进此项工作的原则部署①。

基于党的思想政治工作"生命线"地位，以及高校成员中有大量新老党员这一事实，必须加强党对高校思想政治工作的领导和管理。这既是党的建设和发展的基本要求，也是高校思想政治工作的必要前提和基本依据。高校是党员及其后备力量的主要来源地。"在高校教师队伍中，党员占55%以上；每年全国新发展的党员中，高校学生占

---

① 《中华人民共和国学校思想政治理论课重要文献选编》（下册），人民出版社，2022，第1420~1421页。

37%以上。"① 除了公办性质的高校外，民办高校和中外合作办学院校的数量也相当可观。民办高校"在校生六百多万，占全国普通高校本专科学生的比例接近四分之一"②，是高等教育中不可小觑的力量，也是社会主义高等教育"不可忽视"的重要阵地。这些高校在具体的"办学方式、组织结构、运行模式"等方面灵活多样，可借鉴他国的做法和经验，与公办高校存在明显差异。但它们必须坚持共同的社会主义方向，在"正确政治方向、正确育人导向"上没有例外，应将其同等地"纳入高校思想政治工作整体布局"③。

党对高校工作的领导主要通过思想政治工作，确保高等教育的发展方向与规范建设，明确人才培养目标，落实发展任务。思想政治工作的主旨在于实现办好中国特色社会主义大学和培育社会主义新人的有机统一。高校建设发展既要契合我国社会主义国情的基本要求，又要遵循教育发展的一般规律。中国特色社会主义大学要坚持"四个服务"、做好"四个坚持不懈"，落实立德树人根本任务。广大教师要坚持"四个相统一"，引导学生树立"四个正确认识"，培养"合格建设者和可靠接班人"以及"担当民族复兴大任的时代新人"。"高校思想政治工作，是党领导高校工作的具体体现，也是开展高校党的建设的重要抓手。"④党在高校开展思想政治工作，主要依靠各级党委的领导，发挥高校党委书记、校长的领导带头作用，并以高校党支部组织为保障。尤其要强调各级党委的重要职责和使命担当，按照"社会主义政治家和教育家"的标准严格选拔相关人员。以教研室、实验室、教学科研团队、学生班级等各个党支部为组织依托，将思想政治工作覆盖到高校的各个角落，发挥高校党的基层组织的"战斗堡垒"作用，把工作落到实处、做到师生心坎上。

---

①　《十谈》编写组：《加强和改进新形势下高校思想政治工作十谈》，人民出版社，2017，第191页。

②　习近平：《论教育》，中央文献出版社，2024，第164页。

③　习近平：《论教育》，中央文献出版社，2024，第164页。

④　习近平：《论教育》，中央文献出版社，2024，第160页。

（二）高校思政课是党的思想政治工作在高校普遍落实的一般渠道，也是高校其他日常思想政治工作所依附的主渠道

思想政治工作是党和国家工作的重要组成部分，是"文化思想领域中形势严峻且任务艰巨的一项工作"[①]。它进一步延伸至高校的空间领域，作为高校各项工作的"生命线"。高校思想政治工作在党的统一领导部署下，全面贯穿于高校办学理念、发展定位，以及理论教育、人才培养、师资建设、科学研究等方方面面，并协调高校各个部门共同推进。例如，在党委统一领导下，协调宣传、组织和人事部门等行政机构，开展党和国家的路线方针政策及纲领的理论宣传与政策推行工作；协调教学机构和相关教务管理部门，推进社会主义高等教育的教学实践；协调学生处、招生就业处等部门，担负起对学生全面发展的培养和管理职责；协调图书馆、财务处及后勤管理等服务部门，为社会主义高等教育发展提供支持配合。总之，思想政治工作体系贯通于高校人才培养体系、学科体系、教学体系、教材体系、管理体系等各个方面。在新时代，高校思政课建设内涵式发展的转型与创新，同样贯通于各个体系的建设，涵盖建设"思想性、科学性和可读性统一的思想政治理论课立体化教材体系""专兼结合、结构合理的思想政治理论课教学人才体系""理念科学、形式多样、管理有效的思想政治理论课课堂教学体系""与课堂教学相互促进的思想政治理论课第二课堂教学体系""以马克思主义理论学科为引领、相关学科为补充的思想政治理论课学科支撑体系""导向明确、系统完善的思想政治理论课综合评价体系""有利于形成工作合力的思想政治理论课条件保障体系"，等等。

高校思想政治工作要落到实处，需在党委的统一领导下，全面联通各部门，凭借上下贯通的常态化协同机制，确保工作全面落实。正所谓"一分部署，九分落实"，高校思想政治工作的具体落实以思政课为主渠道，通过稳定的形式，系统推进主流价值的理论认知与精神信仰的培

[①] 王宇翔、邓楚楚：《新中国成立以来高校思想政治工作的发展历程与创新思考》，《学校党建与思想教育》2019 年第 18 期。

育。从理论逻辑来讲，只有充分认识我国社会主义的优越性和强大生命力，才能坚定"四个自信"，坚定共产主义理想信念与马克思主义信仰。然而，回顾世界社会主义500年充满曲折的发展历程，既有从"空想"到"科学"的现实成就，经历过从"一国"到"多国"的"鼎盛时期"，也遭遇了社会主义制度在一些地区的"整体消失"，目睹了东欧社会主义阵营大厦的"轰然倾覆"。因此，对社会主义优越性和强大生命力的阐释，无论在理论还是实践层面"都是空前的难题"①。现实越是如此，越要集中且系统地开展"面对面"的课堂理论教学，随时关注学生的思想动态、关注教学效果，并据此及时改进教学方式方法，在全程育人中一以贯之，在全方位育人中广泛渗透，从而打通主流意识形态传播的渠道，并不断拓展主渠道。为此，其他部门和思想政治工作的其他方面均要以此为轴心，从总体上统筹安排工作。

思政课作为高校思想政治工作具体落实的主渠道，是国家重大政治理论和思想集中传达的主干道，体现出制度化、常规化、效率化的特点与要求，并引领着"辅道"建设，要在立体网络中，共同推动思想政治工作有序开展。思政课作为主渠道，必然发挥"主要作用"，"是思想政治信息传送的主要通道，集中承担着最大量的工作，不仅体现着思想政治信息传递的高效率，而且在社会中的分布具有导向性作用"②。与之对应的微循环则对主渠道起着"配合、辅助的重要作用"，主要表现在"师生交往、专业课学习、学生社团、校园文化活动等"③方面。在新形势下，思想政治工作既要用好思政课主渠道，又要积极融入校园文化和生活的各个方面，积极开展多种形式的日常思想政治教育，以有效配合主渠道建设，从整体上推进思想政治工作格局中"教书育人、科研育人、实践育人、管理育人、服务育人、文化育人、组织育人"的协调发展。所谓的"大学生日常思想政治教育是基于课堂教学外的时间和空间，为引导大学生自育自为所实施的思想政治教育

---

① 王飞雪、文长春：《最新高校思想政治工作十二讲》，红旗出版社，2017，第35~36页。

② 刘建军：《寻找思想政治教育的独特视角》，中国人民大学出版社，2017，第148页。

③ 刘建军：《寻找思想政治教育的独特视角》，中国人民大学出版社，2017，第149页。

活动"①，如党团活动、社团活动、班集体活动、主题教育、网络教育、心理健康教育、实践教育、就业教育、创新教育、校园文化建设、学生资助、评奖评优等形式的活动。

显然，日常思想政治教育是围绕主渠道的系统理论教育，是在校园日常生活中定期组织开展的与思想政治教育主题相关的各类活动，是对主渠道理论教育的空间延伸、实践验证和日常体验。例如，新近涌现出一些新的实践方式，"吉林全省共有大学生马克思主义理论自学组织5000多个，参加人数达20多万人；北京大学把建设马克思主义文献研究中心列入学校年度规划；兰州大学学生制作了'社会主义核心价值观24字手绘画册'"②；等等。通过这些活动，高校思想政治工作在全局上呈现出既饱满又厚重的状态，同时富有时代感和生活气息，更有利于整体内容深入学生的脑海、进入学生的内心。

第四节　高校思政课系统的基本功能

功能是事物相对于其立身环境及相关事物而言，本身所固有的内在特性以及对外所具有的价值。它以系统结构的整体为出发点，并直接指向系统所作用的外在环境。张耀灿等运用系统论的思维，将思想政治教育的功能界定为"思想政治教育内部各要素之间以及思想政治教育在与外部环境之间发生联系和关系时表现出来的特性以及产生的效果"③。按照不同的标准，可对思想政治教育功能进行分类。例如，从思想政治教育服务的领域看，可划分为政治、经济和文化功能；从发挥作用的类型看，分为保证、导向、激励、调节、育人、凝聚、转化、协调、开发功能；从存在形态看，分为潜在功能和现实功能；从实现效果看，分为积极功能和消极功能；从工作对象看，分为个体功能和社会功能；从结

---

① 刘志侃、程利娜：《大学生日常思想政治教育研究的回顾与反思》，《学校党建与思想教育》2017年第18期。
② 光明日报评论员：《坚持把立德树人作为中心环节》，《光明日报》2016年12月9日。
③ 张耀灿等：《思想政治教育学前沿》，人民出版社，2006，第161页。

构层次看，分为内部功能和外部功能；等等。功能的划分不可穷尽，且并非"绝对的"，可能会相互"交叉"。而若从思想政治教育过程中各个要素发挥的作用来看，可分为单项功能、复合功能和整体功能。

笔者秉持系统思维，将高校思政课功能的阐释限定为系统工程的"整体功能"。同时，以系统要素的整体联系及其相互作用为功能确立和发挥的依据与前提，而不专门以某个或某些单独要素为研究对象。例如，有学者指出："所谓功能，是指事物作用于他物的能力，即系统作用于环境的能力。"并指出，与其他任何事物一样，思政课"教学过程也是结构与功能的统一"。如果说"结构体现了教学过程内部的联系和作用"，那么"功能则体现了教学过程与外部的联系和作用"①。高校思政课自成一个系统。高校思政课建设发展，作为一项从国家顶层规划和方案设计到高校具体政策实践的活动，有着清晰的发展定位与方向目标。高校思政课建设需以此目标为指引，通过对要素的投入、开发与培育，对结构的调整与改善，不断推进其功能的系统实现与发挥。随着中国特色社会主义现代化事业的持续推进，在内涵式发展的转型进程中，思政课自身建设的功能被赋予新内涵，可从以下四个维度予以梳理。

一　新时代大学生"三观"培育功能

大学生既是高校思政课建设系统中的要素之一，也是高校思政课的直接服务对象。高校思政课的服务职能体现为通过思想政治教育实现对大学生"三观"的培育。在"三观"中，世界观是人们对整个世界以及人与世界关系的总的看法和根本观点，是人生观和价值观的基础。人生观是人们对人生问题的根本看法，主要涉及对人生目的、意义的认识和对人生的态度，具体包括公私观、义利观、苦乐观、荣辱观、幸福观和生死观等。人生观是在世界观基础上的思维聚焦，焦点在人类自身，其前提是对人与世界关系已有的"默认"和"熟知"的理念。价值观则是进一步的视域聚焦，表现为人们对价值的实质、构成、标准等相关

---

① 石云霞：《高校思想政治理论课程建设史研究》，武汉大学出版社，2006，第295~296页。

价值问题的根本看法，是对客观世界及行为结果的评价和看法，从总体上反映人们的世界观和人生观。可见，在"三观"中，世界观起总领作用，它奠基并蕴含着人生观与价值观的内容。

（一）发挥思政课的"三观"培育功能，推进学校思政课整体教育目标的实现

"三观"培育是对世界观、人生观、价值观交叉融合的一体化培育，旨在通过思政课专项教育过程，促成学生"三观"的发展与成熟。将"三观"教育融为一体，主要基于三者之间天然的包容与交叉关系，尤其是世界观教育的总体性，足以使"三观"教育的实践融合为各有内涵侧重又相互支撑的有机整体。"'世界观教育'这个概念在中国，就是指马克思主义世界观教育。与这个概念相同或相近的提法有'科学世界观教育''正确世界观教育''共产主义世界观教育''辩证唯物主义与历史唯物主义教育'等。这些概念的内涵和外延虽稍有差异或各有侧重，但几乎都意指当前我国广泛实施的思想政治教育或者品德教育中的根本内容。"①

以世界观教育为统领的"三观"教育，是学校思政课整体教育目标的始基和原点。在当前高校思政课建设内涵式发展的总体部署下，正统筹推进大中小学思政课一体化建设。尤其要重点贯通各学段循序渐进、螺旋上升的一体化课程设置，从总体上优化设计教学目标，引导学生立德成人、立志成才，树立正确的"三观"，进而坚定对马克思主义的信仰，坚定对社会主义和共产主义的信念，坚定"四个自信"，厚植爱国主义情怀，最终落脚于引导学生把爱国情、强国志、报国行自觉融入坚持和发展中国特色社会主义事业、建设社会主义现代化强国、实现中华民族伟大复兴的奋斗之中。很显然，其中"树立正确的'三观'"是人生信仰、信念、信心，以及精神情怀、志向与行为实践等其他目标内容的基础。只有"三观"教育取得成功，学生具备正确的"三观"，

---

① 王延东：《科学发展观指导下的大学生世界观教育问题研究》，东北林业大学硕士学位论文，2010，第9页。

才能更好地树立人生理想和信仰，践行人生抱负与责任担当。

（二）发挥高校思政课的"三观"培育功能，推进大学生思想道德品质和政治素养的提升

大学是"三观"培育"灌浆"升华的定型期，也是"把关""验收"的关键期。高校思政课具有对大学生进行"三观"培育的功能，"三观"的培育有机联系、辩证统一，共同致力于提升学生思想道德品质和政治素养。其中，世界观培育对思想发展起着强基固本的作用，人生观培育发挥着凝练熔铸人生理想信念的作用，价值观培育发挥着引领个体行为实践的作用。在学生思想政治教育一体化的整体实施过程中，要共同推进以政治认同、家国情怀、道德修养、法治意识、文化素养为重点，以爱党、爱国、爱社会主义、爱人民、爱集体为主线，坚持爱国、爱党、爱社会主义相统一的系统教育，包括马克思主义理论教育、中国特色社会主义和中国梦教育、社会主义核心价值观教育、法治教育、劳动教育、心理健康教育、中华优秀传统文化教育。并且遵循学生学习认知规律，在各学段各有侧重地进行递进式的一体化设计，从小学阶段的启蒙性学习、初中阶段的体验性学习和高中阶段的常识性学习，延伸到本专科和研究生阶段的理论性学习和探究性学习，连贯地推进道德情感、思想基础、政治素养的提升，直至最后阶段使命担当内容的全方位升级，共同促进学生思想政治理论素养在知、情、意、行各个方面的协调与统一。

在上述关于思政课教育内容与重点的总体部署中，若将初等教育视为"三观"的奠基期，那么进入高校后的高等教育则是"三观"定型的关键期。"学生在高校生活，少则三到四年，多则九到十年，正处在人生成长的关键时期，知识体系搭建尚未完成，价值观塑造尚未成型，情感心理尚未成熟，需要加以正确引导。这好比小麦的灌浆期。"[1] 因此，大学思政课旨在引导学生矢志不渝地听党话、跟党走，争做社会主义合格建设者和可靠接班人。而"听党话、跟党走"的坚定思想意识

---

① 习近平：《论教育》，中央文献出版社，2024，第138页。

和行动实践，必然建立在稳固的"三观"基础之上。事实上，在初等教育中，文史哲与数理化等各科目分门别类的广泛知识，已为大学生"三观"教育做足了铺垫。大学阶段，则需从"四个正确认识"相统一的高度，以及科学的历史观、民族观、国家观、文化观的思维站位出发，大力提升"三观"教育的科学性与实效性。只有秉持正确的"三观"，才能不断提升大学生对主流意识形态的认同程度与追求热情。倘若小学阶段，引导学生形成爱党、爱国、爱社会主义、爱人民、爱集体的情感，怀有做社会主义建设者和接班人的"美好愿望"；初中阶段，打牢思想基础，引导学生将党、祖国、人民装在心中，强化做社会主义建设者和接班人的"思想意识"；高中阶段，提升政治素养，引导学生衷心拥护党的领导和我国社会主义制度，形成做社会主义建设者和接班人的"政治认同"。那么，大学阶段则要促成学生"矢志不渝"的决心和"积极踊跃"的实践行动。此时，大学生作为思想道德素质的"合格品"，随时准备奔赴中国特色社会主义伟大事业的各个行业和领域。

（三）积极推进高校思政课对新时代大学生"三观"培育功能的现实发挥

新时代高校思政课建设面临重大风险与难得机遇。推进高校思政课建设内涵式发展是一项重大战略，这一战略是在党的领导下，主要围绕提升学生群体的思想道德品质和政治素养这一中心任务，从学科建设、机构配建、课程设置，以及专业教师配备、教育内容优化、课堂建设推进和教育环境营造等方面，进行总体统筹与协调发展。大学生的思想道德品质和政治素养，实际上以相应的"三观"为基础，并且是"三观"的集中反映与表现。新时代对大学生思想道德品质和政治素养的总体要求，是培养德智体美劳全面发展的社会主义建设者和接班人，且要"合格""可靠"，这是对目标统领之"德"的基本要求。在新时代，具体表现为能够"担当民族复兴大任"。担当民族复兴大任的时代新人，必然视野广阔、思维新颖、素质高强、道德良好，即能够"正确认识世界和中国发展大势""正确认识中国特色和国际比较""正确认识时代责任和历史使命""正确认识远大抱负和脚踏实地"，这是"三观"

的有机统一和高度拓展。

时代新人的培育必然落实到高校思政课的系统工程中。高校思政课承载着高校马克思主义学习、研究、宣传和教育的职责，直指培养中国特色社会主义事业合格建设者和可靠接班人的目标。要通过马克思主义理论的宣传、学习与教育，帮助大学生树立为中国特色社会主义事业奋斗的人生价值观，并投身于伟大事业、伟大梦想的建设实践之中。

"合格""可靠""担大任"都针对社会主义事业而言，要求事业建设者的思想道德品质和政治素质必须过关、过硬，这需要通过思政课专业化的理论和实践教育加以培育和引导。思政课教育重点要在三个方面下功夫：一是"在坚定理想信念上下功夫"，教育引导学生坚定马克思主义信仰，树立共产主义远大理想和中国特色社会主义共同理想，增强"四个自信"，立志担当起民族复兴的时代重任；二是"在厚植爱国主义情怀上下功夫"，让爱国主义精神在学生心中牢牢扎根，教育引导学生热爱和拥护中国共产党，立志听党话、跟党走，立志扎根人民、奉献国家；三是"在加强品德修养上下功夫"，教育引导学生培育和践行社会主义核心价值观，踏踏实实修好品德，成为有大爱大德大情怀的人。以此引领"知识见识""奋斗精神""综合素质""强壮体质""审美素养""劳动精神"① 等方面的发展，推进大学生全面发展。

二　社会主义主流意识形态标识功能

"思想政治理论课作为落实立德树人根本任务的核心课程，其实践价值早已超越培养个体思想素质的具体任务，是我们应对国内外复杂局面、破解新时代社会主要矛盾、坚定人民群众马克思主义信仰的意识形态活动。"② 高校思政课是意识形态领域诸多建设中最为"关键"的一招。其关键性体现为：高校思政课以稳定的科研与教学形式，集主流意

① 《习近平在全国教育大会上强调 坚持中国特色社会主义教育发展道路 培养德智体美劳全面发展的社会主义建设者和接班人》，《人民日报》2018 年 9 月 11 日。

② 钟飞燕、高德胜：《高校思想政治理论课的时代定位》，《思想教育研究》2019 年第 8 期。

识形态思想理论的发展创新和教育传播于一身，且专门面向大学生这一青年群体开展工作，以一代代、一层层波浪式的方式拓展推进，以期实现对主流意识形态理论传播和话语渗透的密集部署、有力推进与协同奏效，承载着主流意识形态基本思想理论内容及其教育传播的基本职能。

（一）高校思政课的社会主义意识形态旗帜标识

"办什么样的大学，怎样办好大学""培养什么人、怎样培养人、为谁培养人"是关乎高校立足和发展的根本性问题。我国高校思政课高举社会主义意识形态旗帜，鲜明地标识出中国特色社会主义高校的性质定位、人才培养目标与内容。一方面，高校思政课作为落实立德树人根本任务的关键课程，以及高等教育内涵式发展的灵魂课程，在党的全面领导下，从我国独特的历史、文化和国情出发，坚持社会主义办学方向，既扎根中国又融通中外，既立足时代又面向未来，坚持"四为服务"，切实展现了中国特色社会主义高校应有的属性、模样与发展导向；另一方面，高校思政课作为核心课程和主渠道课程，紧紧围绕青年大学生社会主义建设者和接班人的培养目标，不断提高学生的思想政治素质，将"坚持不懈传播马克思主义科学理论""坚持不懈培育和弘扬社会主义核心价值观""坚持不懈促进高校和谐稳定""坚持不懈培育优良校风和学风"① 有机结合，不断推进自身的改革创新，为党和国家事业发展源源不断地提供思想保证和人才支撑。

（二）高校思政课的社会主义意识形态内容标识

一国意识形态总会逐级地体现在国家整体、社会领域和个体行为实践的各个层面，但又可通过理论总结的方式，总体概括出主流意识形态的基本理论内容。高校思政课的系统工程建设承载着社会主义主流意识形态的基本理论内容，担负着从理论体系到教材体系，继而到教学体系，再到大学生认知和信仰体系三次转化的理论传递功能。在教育教学过程中，它被赋予鲜明的马克思主义价值标识，并以具体课程的形式展

---

① 《中华人民共和国学校思想政治理论课重要文献选编》（下册），人民出版社，2022，第1444 页。

现为包括马克思主义基本原理、马克思主义中国化理论、中国近现代革命与建设历史、中国特色社会主义思想道德原则、中国特色社会主义理论知识、自然辩证法理论、马克思主义科学方法论、中国的马克思主义实践、马克思主义经典著作、形势与政策常识等在内的显性知识内容；还进一步涵盖对正确"三观"，以及马克思主义信仰、中国特色社会主义理想与共产主义信念和"四个自信"等的思想传导和文化传递；及至向行为实践转化，演变为致力于中国特色社会主义现代化建设事业的责任担当意识与切实行动，真正担负起时代重任。

（三）高校思政课的社会主义意识形态群体标识

思想观念必然依附特定人群而存在，又依托一定人员进行专门性的宣传、教育和传播，以切实维护国家主流意识形态的安全与稳固。思想政治教育是社会或社会群体用一定的思想观念、政治观点、道德规范，对其成员施加有目的、有计划、有组织的影响，最终使社会成员形成符合一定社会所要求的思想品德的社会实践活动。高校思政课主要在中国共产党领导下，在思政课教师和大学生群体中开展，鲜明地标识出无产阶级政党和社会主义国家主流意识形态教育实践的政治属性与活动开展的人员范围。我国大学生人数庞大，比世界上许多国家的总人口都多。以大学生为重点人群，在课程建设的系统理论和实践教育中，运用马克思主义的立场观点方法，对重大理论和现实问题进行有力阐释，在社会多元思想中求得共识，在多元文化与价值观中确立主导，以此推进大学生对国家主流社会主义意识形态的理论认知和思想认同。

在广泛的社会成员中，除党政机关人员外，唯有大学生是以制度化方式稳定地跟进国家主流意识形态的系统理论学习，实现集体理性成长。与党政机关人员切实参与国家大政方针政策的制定、发布、落实以及国家政治权力运行不同，大学生群体对主流意识形态的观念认知，主要借助"课堂""书本""知识""教育"等间接途径与载体，以"纯粹"的理论学习为主。高校思政课在师生群体间稳步开展和实施，是系统的马克思主义理论知识教育传播与大学生主动理论学习过程的有机统一。广大师生的思政课理论学习，无论是从系统内容、教育实施，还是组织方式和考核结果等方面，都开展得"实实在在"且"井井有条"。其目的在于促成大学生思想成熟、理性发展和集体精神成长，坚定其矢志不渝听党话、跟党走的决心，为日后在各个工作领域和岗位立身，能够胜任社会主义现代化国家建设需求打下坚实思想基础。同时，通过高校大学生的系统理论学习，将国家主流思想和社会主义核心价值观等思想理论内容，一代代、一层层地推广至更为广泛的群体和社会成员中，发挥对全社会思想发展的榜样引领作用，有效巩固国家主流意识形态的安全与稳定。

三 引领中国特色高等教育发展的功能

在学界，对高等教育概念的认知存在一定分歧，然而，高等教育作为学校教育高级阶段的地位却毋庸置疑。由于对高级"起点"的理解不同，产生了多种表述，如学者归纳的"中等教育后教育说""中学后教育说""第三级教育说""普通教育后教育说""中等教育基础上教育说"① 等。这些表述总体上揭示了高等教育的学段特征，即通常是在高中或与之相当的学历阶段之后的学段拓展，涵盖了专科、本科以及研究生这三个教育区间，构成了完整的教育学段体系。不过，仅从学段起终点来界定高等教育的内涵稍显宽泛，它还应具备区别于之前所有学段教育的特殊内涵，体现为"专门教育说""专业教育说""学术性、专业性教育说"。概括来讲，高等教育是在普通教育基础上开展的关于高深专门知识的教与学的专业活动，是围绕高深专门知识展开的专业教育活动②。作为高级教育，高等教育可划分为专科教育、本科教育和研究生教育三个等级。高等教育的组织与实施机构包括专科学校、学院和大学，统称为高校。高校最初集培养专门人才和开展科学研究两项功能于一身，后来发展为国际学界公认的"人才培养、科学研究与社会服务"三大职能。2011 年，胡锦涛在清华大学建校 100 周年庆祝大会上发表重要讲话，将文化传承与创新列为高等教育的新职能，推动了高等教育

---

① 侯怀银、郭建斌：《"高等教育"解析》，《大学教育科学》2016 年第 4 期。
② 侯怀银、郭建斌：《"高等教育"解析》，《大学教育科学》2016 年第 4 期。

第四大职能的逐步确立。2016 年，以习近平同志为核心的党中央进一步将国际交流与合作纳入大学的"第五项职能"。至此，高等教育的内涵不断丰富，建设内容越发厚重。

（一）高校思政课以前所未有的改革创新引领高等教育的"大思政"课程综合改革新风向

在高等教育大系统中，课程教学是其最稳固且鲜明的内容结构。诸如党政职能管理部门、学生工作管理部门、图书馆等学术资源管理与服务部门、院系机构部门、后勤服务与保障部门等，在整个高等教育大循环系统中，于各自相应位置运行，发挥特定的支撑与配套作用，共同推动教育循环大链条有序运行。"高校开展高等教育的方式多种多样，包括课程教学、课外活动、社会实践等，但处于主渠道的是课程教学……课程教学的内涵往往代表高等教育的核心内涵。"① 在我国高校的课程系统中，从大的范畴划分，主要包括公共课（含必修与选修）、专业课，以及其他包含通识教育与个性选修在内的课程。有学者总结，我国一流大学本科教育的课程体系经历了"两层楼"（专业基础课+专业课）和"三层楼"（公共基础课+专业基础课+专业课）模式，至今发展为"新三层楼+个性选修"模式，具体包含"通识教育课程+学科大类课程+专业教育课程"以及"个性选修课程"②。思政课在整个系统中被定位为公共必修课，既具有通识教育的基础性、广博性，又具有必修课程的强制性和特殊性，还具备社会主义教育的政治特色和意识形态属性。当前，高校先后开启并持续普遍推进"课程思政"的重大转向，旨在深度挖掘高校课程系统中其他各类课程所蕴含的思想政治教育资源，同时在其他各类课程中有意识地渗透和融入思想政治教育价值、话语、内容、主题等元素，以思政课为引领，推动其他各类课程与思政课同向同行发展。"课程思政实质上是一种课程观念，不是增开一门课，也不是增设一项活动，而是将高校思想政治教育融入课程教学和改革的各环

① 别敦荣：《论高等教育内涵式发展》，《中国高教研究》2018 年第 6 期。
② 谢鑫、张红霞：《一流大学本科教育的课程体系建设：优先属性与基本架构》，《江苏高教》2019 年第 7 期。

节、各方面，实现立德树人润物无声。"① 由此，推动我国高等教育课程体系内部联系更为紧密、配合更为高效的整体构建与发展。

上海市是推进课程思政教学改革的模范地区。该地区从战略高度积极推进"以思想政治理论课为核心、综合素养课程为支撑、专业教育课程为辐射的三位一体的思想政治教育课程体系"构建的现实路径。以复旦大学为例，该校整体推出"思想政治理论课程、中国系列课程、综合素养课程、专业教育课程有机相融的课程思政教育体系"。在实践中，始终坚持以思政课程教学建设和改革为核心，陆续推进以中国系列课程、综合素养课程、哲学社会科学课程为主干的一系列课程的综合性、"思政化"改革与建设，并以专业课程的思政建设为支撑，不断推进从"思政课程"到"课程思政"的改革。

（二）引领高等教育"三全育人"的崭新工作大格局

思想政治工作在高校中的"生命线"地位与思政课在高校思想政治工作中的"主渠道"定位，递进式地凸显出思政课在高校教育系统工作全局中的核心地位。1995 年颁布的《中国普通高等学校德育大纲》针对马克思主义理论课和思想品德课的建设，特别强调其他课程的"配合"与"辅助"作用，指出："要发挥各科教学中的德育功能，结合教学相关内容和各个环节，有机地对学生实施德育。"② 并由此逐步积累了在"全程""全员""全方位"育人建设方面的丰富实践经验。2004 年，《关于进一步加强和改进大学生思想政治教育的意见》提出，推进组织部门、宣传部门与教育部门齐抓共管的高质量重点课程建设规划，进一步拓展了思想政治教育的"育人格局"，开创了崭新局面；提出要发挥包括其他任课教师，尤其是哲学社会科学教师在内的广大教师在思想、道德、品质和人格等方面潜移默化的影响，把思想政治教育融入大学生专业学习各个环节，渗透到教学、科研和社会服务各个方面，具体可延伸到与专

---

① 高德毅、宗爱东：《课程思政：有效发挥课堂育人主渠道作用的必然选择》，《思想理论教育导刊》2017 年第 1 期。

② 《中华人民共和国学校思想政治理论课重要文献选编》（上册），人民出版社，2022，第867 页。

业实习、社会服务、勤工助学、择业就业、创新创业等实践内容相结合的大学生社会实践和校园文化活动的各个环节。不得不说，经过十几年的探索实践，高校"三全育人"的理念不断彰显、格局不断拓展。但是，格局内部各个环节的融通与配合还有待加强，整体的合力还有待提升。

在新时代对高校思政课建设的战略部署中，习近平总书记提出："坚持把立德树人作为中心环节，腰杆硬、底气足地把思想政治工作贯穿教育教学全过程，实现全程育人、全方位育人。"[1] 在建设的现实实践中，"三全育人"的格局及其作用和优势越发鲜明地体现出来。一则，全方位的格局体系日益庞大，充分发挥包括"课程、科研、实践、文化、网络、心理、管理、服务、资助、组织等方面工作的育人功能"，深度"挖掘育人要素""完善育人机制""强化实施保障"，切实构建"十大"育人体系[2]。显然，课程排在第一位。"课程教学，是学校教育中一种最基本最重要的形式，与此相应，学校的育人职能，在任何时候，都无法在脱离课程教学的状态下获得完美实现。"[3] 以思政课为引领，统筹推进的"课程思政"综合改革，在发挥"十大"育人体系合力作用中不断拓展"全方位"的空间格局。如复旦大学着力推进的思政工作体系凸显了"五维育德工程"特点，将德育工作拓展到高校其他各个方面教育的空间领域，旨在把一切育人元素调动和利用起来。二则，全员育人格局日益饱满而紧密。"与此同时，要建立起全员育人的管理机制，即在党委统一领导下，各职能部门要各司其职，协调配合，最终建立起党委统一领导，党政工团齐抓共管，各职能部门协调配合，基层院系积极作为和全员共同参与的工作格局。"[4] 在人员配备与关系协调方面获得了长足的保障，尤其以其中的专职教师为主体，统

① 习近平：《论教育》，中央文献出版社，2024，第 139 页。
② 《中共教育部党组关于印发〈高校思想政治工作质量提升工程实施纲要〉的通知》，教育部网站，http://www. moe. gov. cn/srcsite/A12/s7060/201712/t20171206_320698. html。
③ 顾海良、佘双好主编《高校思想政治理论课程教学改革研究》，武汉大学出版社，2006，第 123 页。
④ 黄建军：《高校思想政治理论课内涵式发展的模式探索》，《中国高等教育》2019 年第 11 期。

筹高校思想政治工作八支队伍力量。在高校师资力量之外，广泛动员地方党政领导干部、企事业单位负责人、社科理论界专家、各行业先进模范等社会人员力量深入校园，为高等教育事业发展不断注入新鲜活力。三则，从全程的角度而言，在专本硕博各个学段形成了日益完备的理论体系、课程体系、教材体系与教学体系，同时也在不断推进大中小学循序渐进、螺旋上升的课程一体化建设，从目标设计、内容规划、契合学生认知规律等各个方面整体优化，系统推进培养社会主义合格建设者和可靠接班人。

（三）引领高等教育"内涵式发展"的思想灵魂

高校思政课是高等教育内涵式发展的"灵魂课程"，引领着高等教育"内涵式发展"的思想方向。一方面，它引领高等教育内涵式发展的政治方向。高等教育必须坚持社会主义发展方向，这是自新中国成立之初就确定的生存之本，且以思政课的设置为鲜明标志。思政课的开展与建设，从方向上决定着高校"培养什么人""怎样培养人""为谁培养人"的前途命运。它既要尊重高等教育发展的一般规律，又必须坚持正确的政治方向，以"四为服务"为方向引领。在大学生综合素质培养过程中，要特别注重思想道德品质的培养，将思政课作为"红线"贯穿渗透于高等教育教学的全过程，以"品德"培养为龙头，推进人才素质的综合教育。作为在高校贯彻党的教育方针、落实立德树人根本任务的关键课程，思政课要"以德立人""以德树人"，培养出一代又一代拥护中国共产党和我国社会主义制度、立志为中国特色社会主义事业奋斗终身的有用人才，推进高等教育的健康长久发展，真正让党放心、让国家放心、让人民满意。

另一方面，高校思政课引领高等教育内涵式发展的改革步伐。在推进教育内涵式发展的部署中，除了对教育公平、教育质量、教育特色等内容进行部署之外，在高等教育课程系统建设的基础环节，重点提出针对思政课的"三个重点"部署，并陆续出台各种政策文件和指导意见，形成了关于思政课建设发展的一系列理论内容。例如，发展定位的"关键课程""灵魂课程"论、发展时态的"改进创新"论、发展保障的"根本保证""有力支撑""深厚理论""重要基础"论、改革创新的"八个相统一"论、教师发展的"六要"论、建设发展"协同"论、教学建设"管理"论等。这些思想融入思政课建设体系中，是推进高校思政课建设内涵式发展的重要理论支点，也是高校内涵式发展部署的重中之重，必将深层次地推动和促进高等教育的整体发展。

四　思想文化国际展示与交流的功能

毫无疑问，高校思政课是一门具有思想性、理论性和意识形态性的人文课程。它既以马克思主义为根本指导，又以马克思主义理论为基本内容，承载着马克思主义世界观、方法论以及中国化马克思主义理论的基本精神，彰显着我国意识形态的鲜明特色，同时还承载着中华文化广博的思想内容。"马克思主义科学理论为中华民族文化注入了先进的思想内涵，中国化的马克思主义和中国特色社会主义理论，以其理论的科学性和真理性彰显着社会主义先进文化、革命文化和优秀传统文化所构成的中国文化之价值取向及其自信。"[①] 这些都是高校思政课所承载的深厚文化内涵的现实表现。

（一）新时代的思政课展现着中华文化的蓬勃生机与发展活力

在经济全球化的发展大潮下，秉持"越是民族的，就越是世界的"这一理念，处于"我们前所未有地接近实现中华民族伟大复兴的目标"[②] 的发展方位中，不论以积极主动的态度去拥抱世界，还是以相对含蓄的目光去观望他国，人类多元思想文化的交流、交融和交锋已是客观趋势。而如何在多元中立主导、多样中聚共识，成为每一个独立主权国家发展必然面临的重大现实问题。高校作为人类文明的摇篮，也是各种思想理论交汇、价值观念碰撞的场所。在尊重和包容思想文化多元与多样的同时，需旗帜鲜明地追求既符合人类发展潮流，又满足本民族发展利益的先进文化及理念。我国高校思政课高举马克思主义大旗，汇聚

---

① 管锦绣：《关于突出高校思想政治理论课教学理论性的思考》，《思想理论教育导刊》2017年第 5 期。

② 《习近平谈治国理政》第 3 卷，外文出版社，2020，第 401 页。

中华文化中的先进思想，普遍在大学生群体中进行先进理论的集中教育、传播，以中国风格和中国语言总结中国经验、讲述中国故事、传播中国智慧，自然而然地展现着中华文化的蓬勃生机与发展活力。尤其近年来，随着思政课改革创新成效不断显现，我国舆论媒体不断加大对思政课建设内容与相关信息的报道力度。在中央和地方的主流媒体的政论、时政节目中，推出一系列生动活泼、大胆创新的思政课及思政课教师的优秀成果与案例。在扩大思政课影响力的同时，也向世人展示出课程所蕴藏的丰富思想文化资源。

（二）高校思政课的国际特色与文化交流

高校思政课作为中国高等教育的特色课程，还需在与国外"类似"课程及相关科研、教育人员的交流中，博采众长、总结经验，不断提升自身发展革新的能力与水平。随着我国高校思政课建设格局的扩大和发展视野的拓展，该领域内的国际学术交流、人员访问、合作办学和著作译介活动愈加频繁，有效地促进了国家间思想文化交流。在人员交流方面，组织思政课骨干教师赴国外调研，以拓宽国际视野，在比较分析中坚定"四个自信"。例如，浙江省为帮助思政课教师拓宽视野，及时了解掌握国内外形势和重大社会问题，于 2018 年组织 20 名思政课骨干教师赴马克思的故乡德国研修[①]。《普通高等学校思想政治理论课教师队伍培养规划（2019—2023 年）》在已有实践基础上，进一步明确并规范了思政课教师赴国外研修专项计划，提出每年遴选若干名高校思政课拔尖教师，以公派访问学者身份赴国外进行 6 至 12 个月的访学，从制度上保障了思政课教师外出交流学习的机会。《普通高等学校马克思主义学院建设标准（2019 年本）》针对马院的学科建设指出，要支持教师经常参与国内外高水平学术研讨交流活动，并鼓励有条件的学院积极举办与马克思主义理论学科相关的国际性、全国性、区域性学术会议，以提高马克思主义理论学科的学术影响力和国际影响力。

在高校思政课建设内涵式发展的总体要求中，涵盖对中外合作办学

---

① 陈根芳：《加强高校思政课教师队伍建设》，《中国教育报》2019 年 4 月 9 日。

高校及学院的课程覆盖。主要是针对来华留学生开展的思想政治教育，是进行中华文化展示与交流极为有利的平台。兰州大学针对留学生的思想政治教育，提出要从更加宏大的视野出发，"认真考虑如何更好地传播中华优秀文化，引导学生了解当代中国的发展与成就，以'春风化雨，润物无声'的方式传播中国文化和中国智慧，面向国际学生讲好'中国故事'"①。

但也不得不承认，作为具有鲜明意识形态和中国特色属性的思政课，因其缺乏他者视域的"概念认证"和"实体认同"，在"跨出国门"的国际思想和学术交流中处于"被动局面"，既缺乏足够"畅通"的交流通道和展示平台，又很难获得"平等"的学术地位，这在很大程度上制约着课程建设的国际交流与合作。今后如何在"双一流"建设契机下，在思政课建设70多年于国内取得公认成绩的基础上，继续破解其在"国际自信""国际交流""国际合作"方面的重大课题，成为发展中的重大现实难题。

① 《国际文化交流学院举办"课程思政"教学观摩研讨会》，兰州大学新闻网，http://news. lzu. edu. cn/c/201908/58833. html。

第四章

发展矛盾论：高校思政课发展与建设
面临的问题

高校思政课是一个复杂的系统，系统内部要素面临发展不平衡不充分的问题，以及要素间相互作用与关系的矛盾。与此同时，在当前中华民族复兴大业持续推进的现实背景下，高校思政课被赋予较高的期望值。如何在外部环境变化及这种高期望值下，有效地完成时代赋予的新使命，也成为当前高校思政课发展面临的重大现实问题，亦是棘手的矛盾问题。从学理的角度去分析当前高校思政课发展中的矛盾，进一步切准课程改革与建设的关键，才能更加有力地推进课程的持续有效和科学健康发展。

第一节　高校思政课发展中的矛盾问题与现象

高校思政课的发展过程极为复杂，既包含课程体系内部各个子系统及其要素的发展，又与外在的经济、政治、文化等环境存在千丝万缕的联系，与党情、国情、民情、世情的发展变化息息相关。在这个复杂的系统发展中，各种矛盾相互叠加杂糅，在一定程度上影响和决定着高校思政课的总体样态与发展走势，关系着课程本质的彰显与功能的实现。矛盾的化解以及具体关系的梳理，是当前课程发展与建设不可回避的重要问题。

一　高校思政课是一个复杂的矛盾系统

高校思政课是一项系统工程。从系统内部要素看，其面临的矛盾纷繁复杂、多种多样，具体表现为：课程体系七大子系统的对立与不平衡矛盾、课程设置不同科目内容间的矛盾、理论体系—教材体系—教学体系—知识体系—信仰体系转化的矛盾、专科/本科学段和硕士/博士研究生学段区间各自教育内容与特点的矛盾。从宏观层面则表现为全国性课程资源分布不均衡，如优质教学资源（包括配套的教案、讲义、视频、数据库、经典文献和教学名师等）的分布、重点马克思主义学院分布、先进教育理念探索的不平衡，以及马克思主义理论学科发展水平参差不齐等。这些矛盾既是课程建设不容忽视的客观现象，也是今后课程发展必须加以重视和大力协调的重点内容。

在思政课建设的复杂矛盾系统中，必然存在起主导作用的、支柱性的矛盾要素，这是把握课程矛盾的关键。高校思政课从根本上说是要开展和实施思想政治教育，课程建设须充分尊重思想政治教育过程中的相关要素及其发展的基本规律，以具体要素的发展及其相互间的积极作用作为系统工程建设和发展的内在动力，明晰要素间的逻辑关系，抓住关键性的矛盾要素，积极消除阻滞因素和短板，避免混乱和无序，从整体上推动思政课教育过程畅通、有序且有效地进行。具体而言，要抓住三个关键性要素建设。

抓住教师这个"关键"，积极发挥教师的主导作用。办好思政课，关键在教师。除了保证在一定师生比下有足够数量的思政课教师外，从教育过程来看，关键在于发挥教师的积极性、主动性、创造性。思政课教师是办好高校思政课的关键性要素，使命光荣也意味着责任重大。新时代条件下的高校思政课对教师的要求极高，鉴于社会思想文化环境和教育对象思想道德实际的复杂变化，仍固执地采用理论教育"满堂灌"的方式，显然不合时宜。各类"不理想"的教学效果倒逼思政课教师实现身份的"大转换""大提升"，不能再做因循守旧的"教书匠"，而要成为品位提升的"大先生"。思政课教师"做的是传播知识、传播思想、传播真理的工作，是塑造灵魂、塑造生命、塑造人的工作。不能只做传授书本知识的教书匠，而要成为塑造学生品格、品行、品味的'大先生'"①。"六要"标准从信仰是非、思想情怀、理论思维、视野格局、自律自觉和人格示范方面提出了发展导向和价值要求。教育过程并非只是简单的思想"输入—输出"循环，教师自身也是教育的参与者，需在"输入—输出"之间保留自我提升和精神成长的发展空间，这也是教师队伍建设中面临的重要问题。

抓住大学生群体这个"主体"。高校思政课教学以学生为主体，面向学生、服务学生，以学生的学习收获作为教学效果的主要评判依据。"作为思想政治理论课的主要参与者和实施对象，学生自身成长发展需求和期待的满足关乎思想政治理论课的顺利开展与思想政治教育实效的取得。"② 在以学生获得感为评价导向的指引下，对思政课提出"有虚有实、有棱有角、有情有义、有滋有味、有己有人"的根本标准，尤其强调以"学生为中心"。"有己有人"不仅要求学生"出勤在场"，更要"思想在场"。高校思政课教学在本质上是"满足大学生内在的精神需求"③。从当前大学生对思政课的学习和需求状况来看，作为"95后"和"00后"，他们思想活跃、自主性强，对一些重大问题有自己"独到"的见解。尤其在网络时代，大学生获取知识的渠道更为多样，教材和教师不再是大学生获取理论知识的唯一来源，很多问题都可通过网络寻找答案，因此不再对传统课堂教学"倍加珍惜"。大学生对思政课存在一定程度的消极学习现象，在学习内容方面，"更多地关注与自身密切相关的事物，缺乏对国家政治生活的积极关注"④；在学习态度方面，"对待思政课态度消极，缺乏兴趣和自主创新动力"，认为"教

---

① 习近平：《论教育》，中央文献出版社，2024，第 157~158 页。
② 冯刚、张欣：《深刻把握思想政治理论课理论性与实践性相统一的价值意蕴》，《新疆师范大学学报》（哲学社会科学版）2019 年第 5 期。
③ 孙英：《高校思想政治理论课教学供给侧改革论析》，《思想理论教育导刊》2017 年第 5 期。
④ 蒋兆雷、黄洪雷：《基于提升学生兴趣与认同的"马克思主义基本原理概论"课程教学与实践探索》，《思想理论教育导刊》2017 年第 5 期。

材内容枯燥，缺乏可读性"，对课堂表现出"倦怠感和不满情绪"①。因此，如何激发大学生的思政课学习动力，成为教学过程顺利推进、教学目标如期实现、教学实效保质达成的关键。

　　紧抓思政课教学改革及其实效问题，切准"思想性、理论性和亲和力、针对性"提升这一总问题。思政课教学改革及其实效是推进系统运行与建设的引擎和动力。但显然，目前的教学改革与建设仍存在许多困难，如"四率"低、理论与实践脱节、包装过度等。对于这样一门以理论教育为主、实践教育为延伸、一二课堂融合且运用网络技术手段的"立体化"思政课程而言，它既呈现出复杂性问题，又包含多方面具体要求。但其最终目的在于引领和塑造学生思想，本质上是"由社会的核心价值导向的精神交往"②。故而，必须坚持思想性、理论性和亲和力、针对性相统一的原则，切实提高教育实效。"习近平总书记提出坚持'八个相统一'，直击思政课的重点和难点，为思政课改革创新标定航道"③，这也切中了思政课教学发展的命脉。针对思政课教学中"思想性、理论性和亲和力、针对性"较差这一总难题，旨在从总体上提升思政课的教育质量与实效，以此应对并逐步解决教学中具体呈现的理论说服力不足、价值观教育乏力、错误思潮干扰、理论与实践脱节、课程体系统一性有余但灵活性不足、学生主体性发挥不充分、教学启发性欠缺，以及教育资源格局受限等诸多问题，切实体现"提高质量是内涵式发展的第一要义"④。

　　与此同时，高校思政课与国家的经济社会发展之间存在千丝万缕的联系。课程发展牵涉国家与社会的环境条件等诸多要素，课程建设是内外合力共同作用的结果，由此也呈现出内外要素间的矛盾关系与问题。例如，党和国家事业发展定位要求与课程对应功能和作用实现之间的矛

---

① 冯刚、张欣：《深刻把握思想政治理论课理论性与实践性相统一的价值意蕴》，《新疆师范大学学报》（哲学社会科学版）2019 年第 5 期。

② 骆郁廷：《思想政治教育引论》，中国人民大学出版社，2018，第 101 页。

③ 《思政课改革创新应深刻把握"八个相统一"》，《光明日报》2019 年 3 月 21 日。

④ 龚克：《立德树人、素质教育与内涵式发展》，《中国高等教育》2013 年第 2 期。

盾；满足人民心理期待与发展客观事实不匹配的矛盾；中国特色哲学社会科学繁荣发展与马克思主义理论学科对其引导整合力不强的矛盾；中国特色社会主义理论实践信心良好发展与课程对相关资源整合力不强的矛盾；意识形态风险挑战与课程自信心和发展能力之间的矛盾。概言之，高校思政课具体矛盾构成一个庞大复杂的体系。在不同阶段，依据不同的标准，可划分出高校思政课发展中不同类别的矛盾。

二　高校思政课发展是一个矛盾的过程

作为一个整体，高校思政课在发展过程中历史地表现出课程发展任务使命与课程建设实践之间协调同步的矛盾。

高校思政课历史地表现出课程任务使命与课程建设实践的基本矛盾，并在建设过程中体现着从使命自觉到使命担当，再到使命完成的历史进程。高校思政课在发展的各个阶段承担着反映时代要求的职责与使命。高校思政课不是自发的产物，而是作为马克思主义主流意识形态宣传与教育的可行途径与手段，是国家意识形态建设全局必然依赖的"主渠道"，是党的思想政治工作不可或缺的重要方式，是高校意识形态建设的"主阵地"，被历史地赋予新的要求与使命，会以不同时期的指导政策与改进意见作为改革的直接依据。由于各个时期所担负国家需求的侧重点不同，高校思政课被赋予的使命会在不同时期表现出不同的内涵。

新时代，在中华民族伟大复兴的建设目标下，高校思政课要引导学生坚定中国特色社会主义"四个自信"，厚植爱国主义情怀，把爱国情、强国志、报国行自觉融入坚持和发展中国特色社会主义事业、建设社会主义现代化强国、实现中华民族伟大复兴的奋斗之中。党的十八大首次将立德树人作为教育的根本任务，指出其目标是培养德智体美劳全面发展的社会主义建设者和接班人，并提出"把立德树人的成效作为检验学校一切工作的根本标准"①，尤其将思政课作为落实立德树人根

---

① 习近平：《论教育》，中央文献出版社，2024，第3页。

本任务的"关键课程"。任务的重要性与课程定位的关键性，更加凸显新时代人们对课程的心理预期。而与此同时，与我国当前社会发展表现出的不平衡不充分局面相一致的是，高校思政课在发展程度与水平方面也存在同样的情况。在课程总体发展程度有所提升并不断推进的趋势中，显现出不利于任务实现的不平衡不充分的现实问题。为此，课程须以国家要求为导向，不断推进发展程度与水平的提升，这也是课程着力建设的内容。

综合而言，从当前高校思政课发展不平衡不充分的实际情况来看，高校思政课距离落实立德树人这一教育根本任务的发展要求还有一定的差距，表现出课程落实立德树人教育根本任务的发展要求与课程不平衡不充分发展之间的矛盾，这构成了推动新时代课程发展建设的重要因素。

第二节　立德树人根本任务要求与不平衡不充分发展现实的矛盾

全面落实立德树人根本任务要求与不平衡不充分发展现实之间的矛盾对立统一，构成推动高校思政课发展的重要动力。

一　课程立德树人的根本任务要求

高校思政课并非自发形成的事物，其发展始终离不开党和国家的领导与保障。相应地，党和国家对课程赋予的要求与期盼，成为课程发展任务与使命生成的重要源泉。"回顾新中国成立70年来高校思想政治教育的发展历程，可以发现，社会整体发展所蕴含的时代特征是推动高校思想政治教育发展的动力所在。"[1]办好中国的事情，关键在党。党是中国特色社会主义事业整体向前发展的领导核心，是推动高校思政课发

---

[1]　冯刚、金国峰：《新中国成立70年来高校思想政治教育的发展动力、经验和展望》，《思想理论教育》2019年第10期。

展建设的重要力量。"加强党的领导是做好教育工作的根本保证"①，也是办好思政课的根本保证。办好思政课，关乎中国特色社会主义事业后继有人，而高校思政课对于青年人才的培养至关重要。鉴于高校思政课在意识形态建设与人才培养方面的特殊地位和作用，党和国家在各个发展时期都高度重视并大力支持思政课建设，强调要从社会主义事业的整体布局出发，推进课程的发展建设。新时代，"关键课程"的发展定位与部署要求，意味着要将立德树人的根本任务切实落实到思政课的教育实践中。

立德树人根本任务的提出是时代发展的产物。每个时代有其特定使命，新时代必然有新使命。使命既需时代催生，更需发展的自觉。"任何事情的发生都不是没有自觉的意图，没有预期的目的的。"② 立德树人是我国教育事业发展的根本任务，是新时代教育发展的鲜明特色。高校思政课在落实这一根本任务方面被赋予了"关键课程"和"发挥不可替代作用"的定位。对高校思政课发展使命的认知，要从"世界百年未有之大变局"和"党和国家事业发展全局"的现实背景出发去看待，其使命重大，必须从坚持和发展中国特色社会主义、建设社会主义现代化强国、实现中华民族伟大复兴的高度来对待，充分展现其作为"关键课程"在落实立德树人根本任务方面应有的理性自觉和使命担当。正如学者所指出，高校思政课建设的新使命就是"深刻把握新时代中国特色社会主义的本质特征和发展规律，坚持立德树人根本任务不动摇、不走样，为培养担当民族复兴大任的时代新人提供精神滋养和思想浸润"③。

将立德树人的任务要求转化为高校思政课建设实践的自觉行动。党和国家对新时代高校思政课寄予了很高期望，党和国家有关思政课的政策文件紧密围绕推进落实立德树人根本任务进行了一系列部署，并提出

---

① 习近平：《论教育》，中央文献出版社，2024，第 3 页。
② 《马克思恩格斯选集》第 4 卷，人民出版社，2012，第 253 页。
③ 胡华、卢诚：《新中国 70 年来高校思想政治理论课建设的历史演进与现代审视》，《理论导刊》2019 年第 12 期。

具体要求，例如：办好思政课的"三个事关"的格局要求、落实立德树人根本任务"关键课程"的定位要求、高校马克思主义学院"建强建好"的要求、思政课建设的"保障论"要求、思政课教师"六要"的素质要求、课程教学与改革的"八个相统一"要求、党的领导"关键性作用"要求等。这些要求正在逐步转化为高校思政课发展的自觉行动，体现为高校思政课发展从战略思维到建设实践的具体转变。

二　课程发展的不平衡不充分问题

高校思政课的发展程度，直接决定着立德树人根本任务的实现程度，因此是发展中的关键方面。高校思政课不平衡不充分的发展现状，是产生于课程70多年整体发展取得重大成就的大局中的。可以说，这是课程在一定规模积累和实效提升后所表现出的全局性、深层次的发展质量问题。一方面，高校思政课70多年取得了重大的可喜成就。"思政课是落实立德树人根本任务的关键课程，发挥着不可替代的作用。党的十八大以来，以习近平同志为核心的党中央高度重视思政课建设，作出一系列重大决策部署，各地区各部门和各级各类学校采取有力措施认真贯彻落实，思政课建设取得显著成效。"① 调查显示，"思政课课程优良率达83.2%，86.6%的受访学生表示非常喜欢或比较喜欢上思政课，91.8%的受访学生表示非常喜欢或比较喜欢自己的思政课老师，91.3%的受访学生表示在思政课上很有收获或比较有收获"②。在2018年底进行的一次调查中，近八成大学生对思政课教学的总体状况给予"好评"，大学生对思政课的正面评价不断提高，展现出思政课建设成果不断夯实、教学质量不断提升的良好态势③。

另一方面，新时代高校思政课发展不充分不平衡的问题日益凸显，其中包含的瓶颈性发展问题与难题，尤其值得深入思考。具体而言，高

---

① 《中华人民共和国学校思想政治理论课重要文献选编》（下册），人民出版社，2022，第1529页。
② 焦以璇：《思政课堂 点亮青年信仰——高校思政课教学质量年专项工作述评》，《中国教育报》2018年2月27日。
③ 沈壮海：《讲出思想政治理论课应有的精彩》，《求是》2019年第17期。

校思政课发展不充分主要表现为："教师积极性、主动性、创造性"发挥不充分，"思想性、理论性和亲和力、针对性"体现不充分，"育人合力"形成不充分，"自信发展"实现不充分等；发展不平衡主要表现为：教师队伍发展不平衡、教学资源分布不平衡、教学机构发展不平衡、课程群发展不平衡、学科体系发展不平衡等，以及体系转化环节不平衡、课程体系子系统发展不平衡等。例如，马克思主义学院发展不平衡，"民办学校、中外合作办学思政课建设相对薄弱"①，"个别民办院校只有一位专任教师，其他均为外聘的退休教师"②，专任教师"年龄小、经验少，在人力、财力、物力等方面也都存在短板"③。除此之外，还表现出纵向发展不充分的问题，有学者指出，马克思主义学院的发展应从"外延发展量的增加"转变到"内涵发展质的提高"上来，"很多工作在后头"④。尤其要坚持"马院姓马、在马言马"的鲜明导向，这方面关乎新时代马克思主义学院能否"建强建好"，能否为高校思政课发展建设提供有效支撑，以及能否为落实立德树人根本任务发挥组织表率作用。

三 综合内外因素，科学推进高校思政课建设与发展

从矛盾的一般原理来看，事物的发展是内、外部矛盾共同作用的结果，既不存在纯粹由外因推动的发展，也不存在完全依靠内因的发展，内外因共同作用是事物发展的普遍原则。对全面落实立德树人根本任务与不平衡不充分发展的矛盾而言，不平衡不充分发展是矛盾的主要方面，属于内因范畴。为克服这一问题，高校思政课须通过改革和建设，走向充分、平衡且更高水平的发展之路。马克思主义唯物辩证法认为，促进事物发展的动力是矛盾，它包括内部矛盾与外部矛盾，即内因与外

---

① 《中华人民共和国学校思想政治理论课重要文献选编》（下册），人民出版社，2022，第1529页。
② 韩光道：《新形势下高职院校思政课教学与建设之判析》，《思想理论教育导刊》2017年第9期。
③ 陈占安：《论高校马克思主义学院重在建设》，《学校党建与思想教育》2019年第9期。
④ 陈占安：《论高校马克思主义学院重在建设》，《学校党建与思想教育》2019年第9期。

因。事物的发展源于内因与外因逻辑互动产生的合力。"所谓思想政治教育发展动力，是指作用于思想政治教育本身，引起、激发和推动思想政治教育发展的各种力量的合力。"① 高校思政课发展的主要矛盾，是高校思政课发展基本矛盾在新时代的主要表现形式，也是新时代推进高校思政课发展的主要内因动力。紧扣并有效化解高校思政课发展的主要矛盾，由此激活高校思政课发展的主要内因动力，必然有助于推进高校思政课的发展，提升其发展质量。

高校思政课建设需锚定内因动力、借助外因动力，通过二者合力推进建设。显然，内因是矛盾的主要方面，涵盖发展不平衡不充分的短板性问题；外因则在于有效发挥党的领导的引领作用和支持保障作用。从内因角度而言，高校思政课发展的根本动力在于解决"不平衡不充分发展"这一矛盾主要方面，特别是其中的关键性制约因素，例如"教师积极性、主动性、创造性"发挥不充分，以及"思想性、理论性和亲和力、针对性"体现不充分的问题。即在对"落实立德树人根本任务要求"与"不平衡不充分发展"这一矛盾的认知中，坚持从"不平衡不充分发展"这一矛盾主要方面入手，着力提升发展的整体质量与水平，持续接近并完成处于不断深化状态的"落实立德树人根本任务要求"，推动实现新的更高水平的发展。可以说，化解这一矛盾，既是提高大学生思想政治教育实效的内在要求，也是巩固马克思主义主流意识形态地位的必然要求，更是应对当前国际国内各种风险与挑战的时代要求。矛盾的化解意味着高校思政课发展动力的进一步增强，有利于展现高校思政课更高质量的发展样态。

坚持理论自觉与发展实践相统一，推进新时代课程建设。实践决定认识，认识对实践具有能动的反作用。毛泽东强调："实践、认识、再实践、再认识，循环往复以至无穷，而实践和认识之每一循环的内容，都比较地进到了高一级的程度。"② 对高校思政课发展矛盾的理论认知，有助于准确把握高校思政课发展的本质和根本动力，更好地指导课程发

---

① 廖志诚：《论思想政治教育发展动力系统的构成》，《马克思主义与现实》2009 年第 6 期。
② 《毛泽东选集》第 1 卷，人民出版社，1991，第 296~297 页。

展的现实实践。为此，我们有必要从实践逻辑的维度把握高校思政课发展矛盾的生成过程。总体而言，高校思政课发展矛盾的生成过程，就是高校思政课所肩负的历史使命与高校思政课阶段性发展程度之间矛盾辩证运动的过程。矛盾产生、发展于新中国 70 多年来我国社会主义制度建设与初期探索实践、改革开放与现代化建设新实践，以及新时代中国特色社会主义伟大实践过程中。在历史进程中，课程建设呈现出满足国家和人民需求与高校思政课有限发展之间的矛盾。换言之，高校思政课发展是满足国家和人民需求与发展程度相对滞后之间矛盾运动的结果，由此不断推动各个阶段的发展，以完成各个时代所赋予的历史使命。

新时代，基于中国特色社会主义建设实践取得的重大成就和发生的深刻变化，党和国家对高校思政课提出了以"关键性"课程为统领的更高要求。人民日益增长的美好生活需要对高校思政课也寄予了更高的发展期待，期望其"有虚有实、有棱有角、有情有义、有滋有味、有己有人"，让学生"真心喜爱、终身受益、毕生难忘"。基于此，高校不断推进思政课建设内涵式发展，努力完成高校思政课的使命，以更好地满足国家和人民的需求。质言之，高校思政课发展矛盾的生成过程，正是在新时代中国特色社会主义伟大实践取得重大成就的建设进程中，国家和人民对高校思政课赋予更高期待，而高校思政课在新使命与当前不平衡不充分的发展现状之间存在差距的情况下，不断推进自身建设的过程。

总之，对高校思政课发展矛盾的认识与把握，有助于探寻高校思政课发展的根本动力，进一步推动高校思政课建设实践，促进其科学化发展。

第三节 国家思想理论供给与大学生发展
需求的对立统一

高校思政课是作用于思想、心灵的课程，表现为从"理论供给"到"需求满足"的精神交互活动。"高等学校思想政治理论课承担着对大学生进行系统的马克思主义理论教育的任务，是对大学生进行思想政治教育的主渠道。"① 客观地分析，高校思政课其实是对大学生进行系统的马克思主义思想理论供给的主渠道，是在教育者与受教育者特定教育供需结构下，从"理论供给"到"需求满足"的精神交互活动。

一　高校思政课的"供需"矛盾及其表现

高校思政课是在国家的设置规定与组织计划之下，由思政课教师向大学生进行具体思想理论内容的教育供给，以满足大学生发展的需要，最终履行国家赋予的重要职责与使命。具体来说，与物质生活世界中有形产品的直观供给不同，高校思政课是在人的精神文化空间内进行思想观念、政治观点和道德规范等精神产品的供给；它并非以货币为中介的商品交换活动，而是以课堂为媒介的马克思主义理论教育实践活动；并非企业生产主体直接面向市场的供需关系，而是以教师作为直接供给者，教师联结着国家这一生产主体与大学生这一需求客体。"高校思想政治理论课教学，在本质上是有计划、有组织地让大学生接受马克思主义理论以及主流价值观的教育实践活动，满足大学生内在的精神需求。"② 高校思政课虽作用于人的思想领域，但其本身是一项客观实践活动。

高校思政课现实地表现出国家思想理论供给与大学生发展需求之间的矛盾。在以课程外延式发展为主的建设阶段，大学生需求相对简单、易于满足，供给压力不大。课程发展主要体现在方案的提出与调整、教材内容的确定、师资队伍的组织构建、学科点的发展布局、教学科研机构的成立等发展规模与建制方面，解决的是"有课上"以实现思想理论供给的问题，此时供需矛盾并不突出。

进入以内涵式发展为主的阶段，供需两方面的矛盾日益凸显。在人民日益增长的美好生活需要中，精神文化需要大幅增长且日益精细。对

① 《中华人民共和国学校思想政治理论课重要文献选编》（下册），人民出版社，2022，第1154页。
② 孙英：《高校思想政治理论课教学供给侧改革论析》，《思想理论教育导刊》2017年第5期。

课程的需求，已不再仅仅是"有课上"，更要求"上好课"。"上好课"的需求推动着课程的改革创新。从供需关系维度来看，"好课"必须提供真正有效的供给，以精准回应大学生的精神文化诉求，解答大学生的生活困惑、人生困惑和理论困惑，满足大学生的信仰期待和理论期待等思想需求，促进大学生在思想水平、政治觉悟、道德品质和文化素养等方面的提升与全面发展，使其成长为有理想、有本领、有担当的时代新人，即追求实现"供给侧与需求侧的协调平衡和良性互动"①。由此，课程建设转变为对质量、效率、公平以及可持续性的整体要求。课程方案进一步优化，内容体系更加完备，教师素质不断提升，学科点丰富更新，倾力打造品牌课程，教学方法灵活多样，这些都致力于有效提升课程供给质量，以满足多样化的发展需求。

高校思政课的"供需"矛盾，总体表现为党的创新理论及其"武装"供给与大学生发展需求之间呈现出从"不同步"到"同步"，再到"不同步"的矛盾运动状态。客观而言，马克思主义是与时俱进的发展性理论，与此同时，大学生的发展需求也日益呈现出个性化、差异化和多样化的趋势。"供给和需求是市场经济具有内在联系的两个基本方面，是既对立又统一的辩证关系，新的供给可以创造新的需求，新的需求能够激发供给的改善和发展。"② 在高校思政课建设内涵式发展进程中，一方面，随着马克思主义及其中国化理论与时俱进地发展，国家的思想理论供给持续更新，进而激发大学生对社会热点与创新理论的兴趣和关注热情；另一方面，在大学生成长成才的进程中，他们对先进理论怀有的心理期待和信仰需求，也推动着课程理论供给的优化与完善，以达成对党的创新理论的思想武装。在二者从"不同步"走向"同步"的矛盾运动过程中，大学生会对国家主流意识形态的思想、理念和价值产生认同，推动个人的精神成长与思想成熟，充分发挥课程在培养全面

---

① 王芳芳：《论供给侧改革视域下职业院校思想政治教育创新》，《学校党建与思想教育》2017 年第 11 期。
② 顾钰民、汪浩：《坚持"四个服务"宗旨讲好治国理政"三新"》，《思想政治教育研究》2017 年第 2 期。

发展的社会主义建设者和接班人中应有的作用。并且，在时代不断发展的进程中，新的理论供给会创造出新的思想需求，而新的需求又会激发供给的持续改革与完善。总之，正是在供需平衡与不平衡的矛盾运动中，高校思政课得以发展建设。

高校思政课的"供需"矛盾，在具体教育实践中体现为师生双方教育供给与学习需求的矛盾运动。教师"教"与学生"学"，构成了课程教学的一对具体矛盾。从学生学习需求来看，大学生思想中存在形形色色的困惑，包括"在学习生活、社会实践乃至影视剧作品、社会舆论热议中所遇到的真实困惑"、"应该在哪用力、对谁用情、如何用心、做什么样人"的人生困惑，以及如何正确认识"世界和中国发展大势""中国特色和国际比较""时代责任和历史使命""远大抱负和脚踏实地"的深层次理论困惑等[①]。从教育供给方面而言，单纯依靠书本知识、理论文字，或是"千书一面""千人一面"的传统简单教法[②]，难以解答大学生的所有思想困惑。在需求多样且不断发展，而供给却单一、单调的矛盾下，迫切需要生动鲜活且富有针对性、亲和力的教育方式，以及更具解释力、说服力和吸引力的思想理论内容，来满足大学生的思想需求。要实现以透彻的学理回应大学生，以彻底的思想理论说服大学生，以真理的强大力量引导大学生，不断增强课程的思想性、理论性和亲和力、针对性，在教学相长的过程中，持续推进课程内涵式发展。

供需不平衡是高校思政课矛盾发展的常态化表现。在这对矛盾中，"高校思想政治理论课的教学供给与学生需求的均衡是暂时的和偶然的状态，而两者的相互失衡或矛盾的状态才是常态"[③]。当前，供需两方面的矛盾突出表现为以下两个方面。其一，在学生需求端，存在"被动需求""功利取向""畏难心理"导致满足程度不高的状况。例如，出现"抬头率、到课率、互动率"低的被动需求问题；有学生秉持

---

① 习近平：《论教育》，中央文献出版社，2024，第146~152页。
② 习近平：《论教育》，中央文献出版社，2024，第152页。
③ 孙英：《高校思想政治理论课教学供给侧改革论析》，《思想理论教育导刊》2017年第5期。

"不在乎老师讲什么，只表现出一种漠不关心的态度，只要能通过课程考核就可以"① 的功利主义心态；在课程喜好上，更倾向于"纲要""德法"这类容易引发情感共鸣的课程，而对"原理""概论"等理论含量高的课程存在畏难心理，表现出排斥态度，这与课程系统理论供给所要求的政治性、价值性原则以及严谨性、统一性规范相悖。其二，在理论供给端，存在"情绪懈怠""回应不足""盲目附和"致使供给力不强的问题。具体体现为，部分教师上课自说自话，"离社会和大学生思想实际较远，讲授单调、古板"②，呈现出懈怠心理；"教学针对性不强，对学生解疑释惑不够"③，存在理论回应不足的情况；存在"没有发挥纠偏纠错的功能"而"沦为学生的服务者"④ 的附和行为。这些都背离了大学生发展的实际需求，导致供给低效甚至无效。供需两方面矛盾交织的结果是，教师讲授的内容，部分学生不感兴趣，认为无法解决自身问题，因而不爱听、不想听；而学生想听的内容，教师又不会讲或者讲不好，出现"言者谆谆，听者藐藐"的现象。总之，高校思政课存在思想理论供给与大学生发展需求错位、偏离甚至背道而驰的问题，这成为限制其内涵式发展的矛盾总根源，也是影响课程发展质量、全局及未来的根本性问题。

二 供给侧结构性失衡是制约课程建设实效的重要因素

供给侧结构性失衡是制约高校思政课发展的重要因素。供需矛盾运动关系直接影响着高校思政课的发展水平。其中，大学生需求方面存在一定问题，但供给侧的结构性问题更为突出，在矛盾关系的平衡中处于决定性地位，供给侧的结构性问题成为制约内涵式发展的主要因素。解

---

① 宋友文、王易：《高校思想政治理论课教材体系向教学体系转化研究》，《中国高等教育》2019 年第 6 期。
② 梁冰：《提升新时代高校思政课亲和力和针对性的对策选择——学习中国共产党的十九大报告体会》，《思想政治教育研究》2018 年第 4 期。
③ 白显良：《以课堂为主战场 打好提高思政课质量和水平的攻坚战》，《思想理论教育导刊》2017 年第 9 期。
④ 张小秋：《学生思想政治教育主体研究》，东北师范大学博士学位论文，2016，第 30 页。

决供给侧结构性问题的关键在于"使供给结构更好地符合需求结构的要求"①。也就是说，衡量课程供给侧结构合理性的依据在于需求侧，这既包括大学生发展的需求，也涵盖国家的基本要求，且二者呈辩证统一关系。作为国家思想理论供给的主渠道，高校思政课发展建设的出发点和落脚点都是大学生，目标是培养德智体美劳全面发展的社会主义建设者和接班人。这既包含大学生个体发展的需求，也包含国家人才培养的目标要求，并以大学生的获得感作为课程质量评价导向。

从根本上讲，课程理论供给建设需要参考大学生发展需求的纵向、横向以及具体实际这三个维度的情况。在纵向上，要依据大学生人生成长各个阶段的思想特点与规律，尤其要抓住大学时期思想"灌浆期"的特殊规律，进行有效的引导；在横向上，要从大学生全面发展的多重需求出发，将对思想道德和精神信仰的需求与对其他专业知识的渴求、心理健康发展需求、职业发展期待、物质生活需求等有机统一起来，进行多方面的引导；具体而言，要从学生的思想实际出发，激发学生的学习兴趣，回应学生的思想困惑，重点开展马克思主义理论的教育引导。基于这些需求来反思当前的课程供给建设，可发现供给侧存在三个结构性问题。

供给侧结构性问题呈现出多方面表现。其一，整体学段下课程各区间教育存在纵向供给结构问题。具体表现为与小学、中学课程内容的衔接和递进不够顺畅，专科、本科、研究生课程设置与教材体系的一体化建设存在欠缺，研究生课程教育相对薄弱且经验匮乏。例如，"大学生思想政治理论课教材对高中思想政治相关内容进行翻版，造成低水平的重复"②；研究生教学中存在"讲不准、讲不透、讲不活以及讲不对等问题"③。这些状况均不利于促进学生思想的螺旋式上升发展。其二，

---

① 顾钰民、汪浩：《坚持"四个服务"宗旨讲好治国理政"三新"》，《思想政治教育研究》2017 年第 2 期。
② 张国顺：《大学生思想政治理论课供给侧结构性改革创新研究》，《黑龙江高教研究》2018 年第 7 期。
③ 靳诺：《深入贯彻落实全国高校思想政治工作会议精神 进一步提升研究生思想政治理论课教学质量》，《思想理论教育导刊》2017 年第 9 期。

课程结构设置存在不合理之处。比如，"毛泽东思想和中国特色社会主义理论体系概论"与"中国近现代史纲要"两门课程，"所述时间跨度相近，理论内容相同，重复问题更大"①。此外，课程在高校育人体系中的引领力不足。在培育全面发展的社会主义建设者和接班人这一目标上，仅依靠一门课程难以达成。在当前推进的"课程思政"综合改革以及"十大"育人体系大格局建设中，各体系间协同力度不够，"全员、全方位育人格局尚未形成"②，这使得课程难以充分满足学生全面发展的精神需求。其三，教学内容与形式未能完全匹配，真正具备思想性、理论性和亲和力、针对性的教学供给仍显不足。例如，一味地采用"炫技式""表演式"教学，虽能吸引学生注意力，却削弱了课程应有的思想性与理论性；片面的理论"灌输式""注入式"教学，又忽视了课程教育的"亲和力"与"针对性"；"网络化""信息化"技术手段若运用不当，会对教育内容与形式造成双重冲击，难以有效满足学生对先进思想理论的精神需求。鉴于此，必须依据这些矛盾中凸显的问题，有针对性地开展课程纵向一体化设计以及横向"大思政"综合改革，持续探索课程教学内容的加工方式，优化供给方式、方法与途径，不断增强课程的思想性、理论性和亲和力、针对性。

另外，还表现出与课程总体规划不相符的结构性发展不平衡。例如，在课程群方案实施中出现重视理论教学而轻视实践教学的问题，课程体系"三大转化"有效递进式微、链接不畅的问题，课程建设体系中的发展短板问题，以及全国性的课程供给建设发展不均衡的问题。《关于深化新时代学校思想政治理论课改革创新的若干意见》在对课程普遍性问题的总结中，就包含这些方面的具体问题，提出在课程建设体系结构中"评价和支持体系有待健全"的短板问题、全国课程建设供给结构中"民办学校、中外合作办学思政课建设相对薄弱"

---

① 陈锡喜：《深化高校思想政治理论课改革和建设的新空间》，《湖北社会科学》2015 年第 12 期。

② 张宝君：《"精准供给"视域下高校思想政治理论课教学现实反思与策略》，《思想理论教育导刊》2017 年第 8 期。

的问题。① 需指出，这些结构性问题和发展状况决定着课程理论供给的程度、范围和水平，影响着全体大学生发展需求的满足状况，自然成为制约课程内涵式发展的重要因素。

第四节　高校思政课内涵式发展与外延式发展的矛盾统一

高校思政课是内涵与外延融合的综合性发展，但又在不同阶段表现出各有侧重的整体性发展特点。内涵式发展与外延式发展构成课程发展建设的一对重要矛盾。对这一矛盾进行纵向分析与横向比较，有利于全面系统地把握高校思政课发展的矛盾内容与特点。

一　高校思政课内涵式发展的演进历程

从纵向上说，高校思政课内涵式发展的主要矛盾遵循历史发展的逻辑，并显现出与历史上各个阶段主要矛盾不同的特点。以基本矛盾为依据，历史地梳理出高校思政课在不同阶段的发展矛盾及其表现，重点导出内涵式发展主要矛盾的生成线索。

"52 体系"最大的特点是以苏联为榜样，它是在肃清"封建的、买办的、法西斯的"旧有政权，并建立新民主主义继而建立社会主义政权的时代背景下进行的课程体系建设。自然，高校思政课主要肩负的历史使命便是"改造旧教育、旧思想，其首要任务是破旧立新，即肃清封建主义、殖民主义和法西斯主义在高校的影响，用新民主主义、马克思主义和社会主义思想武装高校师生，实现高等教育的新民主主义化和社会主义化"。因此，其"革命性"的使命与职责在具体的"课程设置、教学内容、课程实施与评价等方面均有所体现"②，总体上是对苏

---

① 《中华人民共和国学校思想政治理论课重要文献选编》（下册），人民出版社，2022，第1529 页。
② 孙秀芳：《新中国高校思想政治理论课程体系演进研究》，合肥工业大学出版社，2015，第 13 页。

联课程经验的"模仿和照搬"。在"61 体系"时期，以政治思想战线上"不断革命"的国内形势和中苏两国两党关系恶化的国际形势为基本背景，出于"去苏联化"和独立自主的主要考量，高校思政课在课程设置等方面又作出了重大调整，开展"苏联元素被清除至最小限度"的发展建设，探索进行课程体系的"中国化改造"①。在"85 方案"时期，经过思想的"拨乱反正"，逐步从"文革"时期对课程在意识形态领域发挥作用的怀疑中摆脱出来，重新认定其重要的职责和使命为"社会主义大学的重要标志"②。其主要任务是帮助学生通过系统学习马列主义、毛泽东思想，确立正确的政治方向，树立无产阶级世界观。在课程建设发展中突出强调以邓小平理论为指导，开设了"中国社会主义建设"这门课程，"同时对其他课程实施了与时俱进的更新改造"③，并且对 20 世纪 80 年代的资产阶级自由化思潮进行了坚决斗争，发挥了在主流意识形态建设方面应有的主渠道和主阵地作用。在"98 方案"时期，"两课"主要的使命体现在培养"社会主义事业的建设者和接班人"④ 上。在"05 方案"时期，高校思政课承担着对大学生进行系统的马克思主义理论教育的任务，是对大学生进行思想政治教育的主渠道，"是社会主义大学的本质特征"⑤。

新时代，习近平总书记在学校思想政治理论课教师座谈会上讲话（以下简称"3·18"重要讲话）指出，"思政课是落实立德树人根本任务的关键课程"⑥，"办好思想政治理论课，最根本的是要全面贯彻党的教育方针，解决好培养什么人、怎样培养人、为谁培养人这个根本问

---

① 孙秀芳：《新中国高校思想政治理论课程体系演进研究》，合肥工业大学出版社，2015，第 13 页。

② 教育部思想政治工作司组编《加强和改进大学生思想政治教育重要文献选编（1978–2014）》，知识产权出版社，2015，第 28 页。

③ 孙秀芳：《新中国高校思想政治理论课程体系演进研究》，合肥工业大学出版社，2015，第 14 页。

④ 教育部思想政治工作司组编《加强和改进大学生思想政治教育重要文献选编（1978–2014）》，知识产权出版社，2015，第 179 页。

⑤ 教育部思想政治工作司组编《加强和改进大学生思想政治教育重要文献选编（1978–2014）》，知识产权出版社，2015，第 293 页。

⑥ 习近平：《思政课是落实立德树人根本任务的关键课程》，人民出版社，2020，第 2 页。

题。要坚持马克思主义指导地位，贯彻习近平新时代中国特色社会主义思想，坚持社会主义办学方向，落实立德树人的根本任务，坚持教育为人民服务、为中国共产党治国理政服务、为巩固和发展中国特色社会主义制度服务、为改革开放和社会主义现代化建设服务"①。在立德树人这一教育任务的重要性日益凸显，且将落实成效作为检验学校一切工作的根本标准的背景下，高校思政课的发展逐步聚焦于落实立德树人根本任务。在推进高校思政课内涵式发展的进程中，需牢牢把握立德树人的根本任务要求与不平衡不充分发展现实之间的矛盾。要坚定不移地贯彻立德树人根本任务，全面贯彻党的教育方针，着重解决好"培养什么人、怎样培养人、为谁培养人"这个根本问题。尤其要持之以恒地用马克思主义理论武装青年学生，以习近平新时代中国特色社会主义思想铸魂育人，深入推进高校思政课的改革与创新。

落实立德树人根本任务要求与不平衡不充分发展现实之间矛盾包含不同方面。例如，从不平衡不充分发展这一方面看，存在教学与科研发展不平衡、马克思主义学科群发展不平衡、全学段课程方案成熟度不平衡、课程群发展不平衡等问题；从立德树人根本任务这一方面看，存在作为关键课程与其他课程的矛盾关系、"关键课程"定位与"主渠道""主阵地"定位的关系、立德树人根本任务的历史趋势与现实要求之间的矛盾、立德树人的根本任务与课程性质之间的关系等问题。从两方面综合斗争的具体内容看，表现为办好思想政治理论课与发挥思政课教师关键性作用的矛盾、"关键在党"与全社会共同支持的理念和氛围之间的矛盾、党的高度重视与各方面全面推进之间的矛盾、守正创新的改革办法与"既大又强"发展目标之间的矛盾等。

二　内涵式发展与外延式发展的横向比较

高校思政课的内涵式发展与外延式发展二者既相对区分，又辩证统一。从一定程度上说，内涵式发展是对外延式发展理念的内容综合与价

---

① 习近平：《思政课是落实立德树人根本任务的关键课程》，人民出版社，2020，第9~10页。

值超越。在此基础上，还需进一步指出二者作为高校思政课整体发展的两个维度各自所具有的基本特点，通过横向比较，加深对高校思政课发展与建设的全面认识与深入了解。

（一）外延式发展方面

外延式发展是在高校思政课内涵发展尚不充裕，或者说"程度不高"的状态下发展的主要表现形式。例如，党的十八大之前，总体上是内涵彰显"逊色"于外延扩建的发展，即外延式发展更为突出。此时，外延式发展的基本矛盾在于，其作为公共必修政治课程的形式与规格要求，同自身薄弱的发展根基、有限的发展规模之间存在矛盾。作为矛盾的主要方面，必须加大投入建设力度，以完成课程的"规模建制"。例如，作为公共必修课，相较于一般专业课，更需要全国统一的教学规划、数量庞大的教师队伍、内容达成共识的统一教材体系等。然而，显然这些方面都很匮乏，经历了不断累积性建设的长期过程后，才摆脱了这些数量上的"制约性"缺陷。所以，发展的重点是推进课程的基础规模建设，以足够的外延"体量"确立其在高等教育中的发展地位，进而更好地发挥其作为"政治课"应有的作用。统计显示，截至2021年，全国高校马克思主义学院达1440余家，中宣部、教育部重点建设37家全国重点马院①；截至2021年，马克思主义理论作为一级学科，下设6个二级学科。截至2021年底，参与调研高校的马克思主义理论学科点共计383个，其中，一级学科博士点102个、二级学科博士点3个、一级学科硕士点258个、二级学科硕士点20个②；截至2022年，高校马克思主义理论学科专业本硕博在校生达6.2万人③；截至2024年12月，高校思政课专职教师已达11.7万人④。在课程设置方面，形成了贯通专

① 《全国高校思政课专兼职教师超过12.7万人》，《中国青年报》2022年3月18日。
② 艾四林、吴潜涛主编《高校马克思主义理论学科发展报告（2021）》，人民出版社，2023，第2页。
③ 《教育部：全国高校马克思主义学院九年增长十余倍由100余家发展到1440余家》，中国青年网，https://news.youth.cn/jy/202203/t20220317_13535816.htm。
④ 《思想引领 铸魂育人——高校党的建设与思想政治工作开创新局面》，《人民日报》2024年12月19日。

本硕博各学段的"必修+选修"课程体系，包括"习近平新时代中国特色社会主义思想概论""德法""概论""纲要""原理""形策""中国特色社会主义理论与实践研究""自然辩证法概论""马克思主义与社会科学方法论""中国马克思主义与当代""马克思恩格斯列宁经典著作选读""四史"课等。这一体系具体表现为课程设置门类越来越齐全、课程内容体系日益完善、配套教材逐渐固定成形且文献资料丰富多样、师资队伍规模可观、教学方式及时更新丰富、现代信息技术与工具广泛应用等，这些充分彰显了高校思政课建设的庞大体量。归根结底，是高校思政课形式与规格要求和其自身薄弱的发展根基、有限的发展规模之间的矛盾运动规律，推动着高校思政课外延的建设与发展，才取得了如今发展规模上的巨大成就。

（二）内涵式发展方面

在上述外延式发展过程中，同时也推进着内涵式的发展。进入新时代，摆脱了外延匮乏的制约后，国家和人民对高校思政课内涵的需求越发迫切。随之，高校思政课满足人民需要的使命也进一步增强。为此，需进一步推动高校思政课朝着更加均衡和充分的方向发展，通过彰显本质内涵、实现基础功能，不断满足人民群众的需求，有效化解发展中的"事"与"化"、"时"与"进"、"势"与"新"的矛盾。这折射出高校思政课内涵式发展的矛盾诉求：满足党和国家日益增长需求的使命与不平衡不充分的发展之间的矛盾。归根结底，正是满足党和国家日益增长需求的使命与高校思政课不平衡不充分的发展之间的矛盾运动，推动着思政课建设朝着更加平衡与充分的方向发展。只有在整体发展质量提升的过程中，才能更充分地彰显课程应有的本质内涵，发挥其必要的功能与作用。

从普遍联系的观点来看，一切事物都与外在的其他事物存在或多或少的联系。因此，在意识到内部矛盾重要性的同时，也不能忽视外部矛盾。即便外因处于次要地位，它仍是事物发展不可忽视的因素。事物的发展是内外矛盾共同作用的结果，既不存在纯粹由外因推动的发展，也没有完全依赖外力的发展，内外因共同作用是事物发展的普遍原则。冯刚等指出，"本质"与"动力"是"任何事物的发展"都需"予以分析和把握"的两个方面。其中，"事物的本质"是事物发展必然要遵循的"逻辑规律"，但"本质并非事物发展的动力本身"。他们还指出，"高校思想政治教育发展不是一个自发的过程，而是高校思想政治教育对社会发展新要求的积极回应"，"社会的整体发展推动着高校思想政治教育不断向前发展"①。从新时代相关政策文件的部署中，可以探知党和国家对高校思政课日益增长的需求，这从国家对课程本质与功能界定的拓展中便可梳理得出。例如，《普通高校思想政治理论课建设体系创新计划》指出办好思政课"三个事关"的重要性；《新时代高校思想政治理论课教学工作基本要求》将思政课定位为"重要阵地""核心课程""灵魂课程"。习近平总书记在"3·18"重要讲话中将之定位为"关键课程"②。从这些定位中，可以看出在内涵式发展的转型过程中，高校思政课建设的功能被不断赋予新内涵，包括肩负培育"时代新人"的功能、秉持社会主义主流意识形态时代标识的重要功能、对中国特色高等教育内涵式发展的引领功能，以及承载国际思想文化展示与交流功能。总体而言，高校思政课内涵式发展摆脱了课程体系要素数量与规模的"匮乏状态"，解决了发展的基础制约性问题，历史性地化解了以往发展中存在的诸多数量性问题，在数量和规模建设方面取得了巨大成就。在完成"规模建制"的基本任务后，"内涵提质"的发展要求越发凸显，突出表现为在中华民族伟大复兴的历史重托下应承担的职责与使命，具体呈现出课程发展中深层次的"质量性"问题，诸如课程教学吸引力不足、教学实效性不高、课程意识形态教育和巩固职能未能充分发挥、立德树人根本任务未能有效贯彻等，这些依然是当前和未来发展中必须继续深化改革和发展以应对的重大问题。这涉及高校思政课的内涵实现与功能发挥问题，是内涵式发展必然要关注的根本性问题。

---

① 冯刚、金国峰：《新中国成立70年来高校思想政治教育的发展动力、经验和展望》，《思想理论教育》2019年第10期。

② 习近平：《思政课是落实立德树人根本任务的关键课程》，人民出版社，2020，第2页。

第五节　系统功能不断升级和建设实践努力
追赶的发展矛盾

在高校思政课建设的历程中，系统功能的不断升级已是发展的新常态，这不仅表现为整体功能随着系统生态的层级化拓展而横向延伸，也包括每一功能发展中的时代化纵向提升。

一　系统功能整体拓展和逐级扩大的发展要求

随着高校思政课在国家、社会乃至世界思想文化领域更为广阔舞台中的定位不断升级，其对外在生态系统的作用和功能日益明晰，并呈现出拓展的趋势，具体体现为：从对大学生的"三观"培育，到社会主义主流意识形态旗帜引领，再到引领中国特色高等教育发展，乃至进行国际思想文化展示与交流。其功能拓展既包含从校内到校外的场域拓展、从大学生到全社会的作用对象拓展，也包含从主流意识形态到中国特色的发展升华、从中国到世界的空间拓展，彼此之间既隶属于不同的层次定位，又相互交叉、影响。与此同时，所关涉每一领域的具体功能又在历史发展进程中被赋予时代新内涵，呈现出新的特征。

面对整体扩张的总趋势，如何在稳固发挥已有功能的基础上，不断发挥时代发展所赋予的崭新功能，挖掘其崭新内涵，是高校思政课系统建设工程所面临的重大问题，亦是难题。这一方面表现为在国内时空范围内平衡协调其在校内、校外的功能作用，依托对校内大学生"三观"的培育，辐射并影响高等教育的立德树人以及社会主流意识形态引领；另一方面，要在国内与国际功能的协调中，在功能发挥的同时，大力做好在缺乏他者视域"概念认证"和"实体认同"前提下的国际自信、国际交流、国际合作等重大课题，更好地发挥国际思想文化展示与交流功能。

二　课程发展部署与建设实践不断追赶的趋势

以生态层级相对划分出的系统各项功能，自身也在经历时代化的发展与升级。需在系统工程的生态层级定位中，进行整体性的规划与跟进部署，以有效地实现与所处外部环境在资源信息、政策条件、环境氛围、配合机制等方面的良性互动，不断协调与外在生态系统的关系，推进高校思政课系统功能的有效发挥。

从学生思想政治教育的生态层级来看，经历了从"改造学生的思想"① 的系统理论教育，到"有社会主义觉悟的有文化的劳动者"的培养目标，再到"对大学生进行系统的马克思主义理论教育"② 的功能认定；从国家意识形态的生态层级来看，经历了从"发展为人民服务的思想"和提高"社会主义觉悟"③，到"树立辩证唯物主义和历史唯物主义的世界观"，再到不断"坚定对马克思主义的信仰、对社会主义的信念、增强对改革开放和现代化建设的信心、对党和政府的信任"④ 的定位变化；从高等教育发展的生态层级看，经历了从"承担着改造旧教育的任务，更肩负着创建新教育的重任"⑤，到"是社会主义大学的特点之一"，再到"是社会主义大学的本质特征"⑥ 的认知深化；从世界思想文化大舞台的生态层级看，经历了从"反对买办的、封建的、法西斯主义思想"⑦ 而建立"民族、科学、大众"的新民主主义教育，到面对"西方资产阶级腐朽思想也不可避免地会渗透进来"的现实，进而

---

① 全国普通高校"两课"教育教学调研工作领导小组组编《普通高校思想政治教育课程文献选编（1949-2003）》，中国人民大学出版社，2003，第 9 页。

② 教育部思想政治工作司组编《加强和改进大学生思想政治教育重要文献选编（1978-2014）》，知识产权出版社，2015，第 293 页。

③ 全国普通高校"两课"教育教学调研工作领导小组组编《普通高校思想政治教育课程文献选编（1949-2003）》，中国人民大学出版社，2003，第 19 页。

④ 教育部思想政治工作司组编《加强和改进大学生思想政治教育重要文献选编（1978-2014）》，知识产权出版社，2015，第 293 页。

⑤ 谈松华、陈芙泉主编《大学思想政治教育简史》，上海交通大学出版社，1989，第 40 页。

⑥ 教育部思想政治工作司组编《加强和改进大学生思想政治教育重要文献选编（1978-2014）》，知识产权出版社，2015，第 293 页。

⑦ 全国普通高校"两课"教育教学调研工作领导小组组编《普通高校思想政治教育课程文献选编（1949-2003）》，中国人民大学出版社，2003，第 4 页。

"抵制形形色色的资产阶级和其他剥削阶级思想的侵蚀""贯彻坚持四项基本原则，反对资产阶级自由化的内容"，再到应对新形势下"各种思想文化相互激荡，西方敌对势力加紧对我国实施西化、分化的政治图谋"，"引导大学生正确认识当今世界错综复杂的形势""把握国际局势的发展变化和人类社会的发展趋势""引导大学生正确认识国情和社会主义建设的客观规律""引导大学生正确认识肩负的历史使命"① 的认知更新。

以上关于课程定位认知的变化与更新，意味着高校思政课系统功能的细化与升华，也意味着高校思政课建设的规划部署和一系列实践活动必须跟进开展。尤其是在新时代新征程中，高校思政课内涵式发展的系统工程及其战略部署，使系统功能得以进一步拓展升级。思政课建设的功能被不断赋予新时代的新内涵。从肩负的新时代大学生"三观"培育功能来看，旨在通过"三观"培育，不断增强大学生的使命担当意识，引导大学生矢志不渝听党话、跟党走，争做社会主义合格建设者和可靠接班人，争做担当民族复兴大任的时代新人；从秉持的社会主义主流意识形态标识功能来看，体现为对社会主义意识形态的旗帜标识、内容标识和团体标识；从中国特色高等教育发展的引领功能来看，引领高等教育"大思政"课程综合改革新风向、"三全育人"崭新工作大格局以及"内涵式发展"战略部署；从承载的国际思想文化展示与交流功能来看，需将思政课置于"两个大局"中，从坚持和发展中国特色社会主义、建设社会主义现代化强国、实现中华民族伟大复兴以及推动中华文化繁荣发展的高度来对待，不断展现中华文化的蓬勃生机与发展活力。并且在国际交流中，增进彼此的文化互鉴、吸收、包容，实现共同发展。

---

① 教育部思想政治工作司组编《加强和改进大学生思想政治教育重要文献选编（1978—2014）》，知识产权出版社，2015，第293页。

第五章

课程本质论：高校思政课讲道理本质的
内涵与要求

　　思政课建设是一项动态且复杂的系统工程，对思政课本质的认识与把握，是推进课程科学发展与优化建设的关键。2022 年 4 月 25 日，习近平总书记在中国人民大学观摩思政课教学时提出"思政课的本质是讲道理"① 这一重要论断，为新时代思政课教育教学开展与课程建设实践提供了理论依循。从一般意义上说，本质的揭示需经历去粗取精、去伪存真及由此及彼、由表及里的逻辑思辨与推理过程，"思政课的本质是讲道理"的论断亦是如此，其高度凝练的理论观点背后蕴藏深刻的理论逻辑与丰富的思想内涵，而这正是当下理论研究亟须推进的焦点问题。在对"思政课讲道理"本质的研究与认识过程中，我们既要探究其观点凝练背后深广的理论根基与基本的原理脉络，又要从教育教学的具体层面把握其实践要求的核心要义，还要结合课程实际，明确高校思政课讲道理本质所面临的复杂现实状况与相应的操作难度。在现实观照中，掌握论断包含的丰富思想内涵，从而更具针对性地推进课程的优化建设与发展。

---

① 《习近平在中国人民大学考察时强调　坚持党的领导传承红色基因扎根中国大地 走出一条建设中国特色世界一流大学新路》，《人民日报》2022 年 4 月 26 日。

第一节　"思政课的本质是讲道理"重要
论断的理论旨趣

"思政课的本质是讲道理"这一重要论断，是新时代关于思政课本质的新概括。其理论旨趣主要表现为：在依循思政课与马克思主义之间内在的"源—流"关系的逻辑基础上，秉持马克思主义"说服群众"进而"掌握群众"的价值使命，把思政课视为运用马克思主义去"做人的工作"，以培养一代代社会主义建设者与接班人的生动实践，指向并集中回答了"思政课是什么"这一核心命题。

一　遵循马克思主义和思政课间"源—流"的深层逻辑

"思政课的本质是讲道理"这一重要论断，立足马克思主义是认识世界与改造世界的强大思想武器这一重要结论，将思政课视为运用马克思主义去"做人的工作"，以培养一代代社会主义建设者与接班人的生动实践。习近平总书记指出，马克思主义"是我们认识世界、把握规律、追求真理、改造世界的强大思想武器"①。不同学段的学生都要学习马克思主义理论，以掌握科学的世界观和方法论；思想政治教育要在大中小学循序渐进、螺旋上升地开展，以培养拥护党的领导和社会主义制度、立志为共产主义事业奋斗终身的有用人才。这些观点揭示了思政课与马克思主义之间内在的"源"与"流"的逻辑关联：马克思主义是源，思政课是流。没有马克思主义科学理论的诞生，就不会有马克思主义思想武装的实践活动，自然也就不会有像我国思政课这样专门性、系统化的马克思主义理论教育活动。思政课与马克思主义是"一体两面"的关系。我们既要从学科知识的维度看待马克思主义的丰富思想内容，又要从坚持和发展马克思主义、实现思想武装的动态实践中把握思政课的内在特质。思政课的意义与价值在于对全体学生进行一体化的

---

① 《习近平著作选读》第 2 卷，人民出版社，2023，第 161 页。

马克思主义理论思维训练，以此为他们的成长奠定重要的思想基础。而思政课"讲道理"的本质，现实地展现为通过思维训练的无限推进，不断趋近于马克思主义"思想真谛"的复杂过程。这需要讲解者先理解和掌握马克思主义的深刻原理，并将其讲明、讲深、讲活，推动受众对其后续的领会、接受与体悟。可以说，"所讲所悟"之理越接近马克思主义的本质道理，受众就越能被其"解放无产阶级继而解放全人类"的理论旨趣所折服，越能有效地实现马克思主义的真理价值。

二 秉持马克思主义"说服群众""掌握群众"的价值使命

马克思指出，"共产党一分钟也不忽略教育工人尽可能明确地意识到资产阶级和无产阶级的敌对的对立"①，"使负有使命完成这一事业的今天受压迫的阶级认识到自己的行动的条件和性质，这就是无产阶级运动的理论表现即科学社会主义的任务"②。可以说，向工人阶级灌输和阐明"两个必然"的革命道理，是马克思主义理论的历史使命，也是共产党人必须认真对待和重点推进的实践内容。"马克思主义经典作家创作其文本的本意，绝不是为了自我欣赏和自我消遣，也不是为了公开发表和驳倒对手，更多的是为了说服群众和掌握群众。"③ 然而，马克思主义不能自然而然地掌握群众，必须依靠专门的人员和专项的活动来开展相关工作，使其理论体系随着时代的发展及其实践主题的要求充分展开，不断彰显其真理的价值。

思政课讲道理的本质，正是对马克思主义掌握群众这一实践特性要求与历史传统的现实回应和逻辑发展。在新中国，中国共产党继承革命时期的传统，继续通过思想政治工作进行有效的马克思主义理论说理教育、思想武装与价值引导，并以课程制度的方式在全国范围内广泛开展。这不仅是对早期革命年代局部性、零散化的马克思主义理论宣传教育形式的发展，而且在内涵方面也不断丰富与超越。例如，从儿童少年

---

① 《马克思恩格斯选集》第 1 卷，人民出版社，2012，第 434 页。
② 《马克思恩格斯选集》第 3 卷，人民出版社，2012，第 817 页。
③ 孙正聿等：《马克思主义基础理论研究》（上卷），北京师范大学出版社，2017，第 23 页。

阶段开始，便结合他们的思想实际与发展需求，在学校教育的全学段接续推进马克思主义的理论与实践教育，全面解答学生"人生应该在哪用力、对谁用情、如何用心、做什么样的人"等理论问题与思想困惑。这一方面彰显了马克思主义回应现实的科学魅力与真理价值，另一方面则逐步形成了运用马克思主义进行系统、彻底、清晰讲道理的思想共识。可以说，在新时代，将思政课定位为针对时代新人进行的集中化的说理教育，展现了党对马克思主义理论武装的有益探索和制度化实践，是党对思想政治教育规律探索的产物，体现了思政课教育实践迈向系统化、制度化和科学化的更高水平与更新境界的内在发展要求。

三　聚焦并指向回答"思政课是什么"的核心命题

"思政课的本质是讲道理"这一重要论断聚焦"思政课是什么"这一核心命题，并从课程讲道理的实践性出发，展开对其本质的理论解答，超越了以往对该问题的一般性回答。

思政课本质意在回答"思政课是什么"的问题。关于这一问题，主要形成了三种解答范式。其一，立足国家与社会发展的要求，以政策文件的形式给出课程功能性定位。例如，中共中央办公厅、国务院办公厅印发的《关于深化新时代学校思想政治理论课改革创新的若干意见》指出："思政课是落实立德树人根本任务的关键课程，发挥着不可替代的作用。"[①] 这一结论从属于新时代对教育根本任务的总体判定，阐明了思政课的重要职能。此外，《普通高校思想政治理论课建设体系创新计划》《新时代高校思想政治理论课教学工作基本要求》等文件，虽专门针对高校思政课给出理论定位与相应阐释，如提出"重要阵地""主干渠道""核心课程"等，但其中某些内容在一定程度上也适用于包括大中小学在内的学校思政课整体。其二，立足课程发展需求，围绕课程属性与建设实践开展发展定位研究。主要表现为学界积极响应国家相关政策文件精神，从课程发展规律出发，对不同时期课程所呈现的鲜明特

---

① 《中华人民共和国学校思想政治理论课重要文献选编》（下册），人民出版社，2022，第1529页。

点与基本属性进行学理性研究和阐释，形成了不同时期关于课程发展定位的基本共识。其三，从学科属性维度进行课程定位，指出思政课"是学校为进行思想政治教育而专门设立的、体现在课表上的、有组织、有计划、有目的开设的课程"①。这一定位明确了思政课在学校整体教育中的特有属性及其客观存在的"事实状况"。

概言之，思想理论界主要从"功能定位论""发展定位论""学科属性论"三个维度，积极回应"思政课是什么"的问题，并依据各自思路展现出发散性思维特点，形成了对该问题的初步认识。已有认识可视为对课程本质的具体反映，是课程本质揭示过程中的阶段性产物，仍有待进一步挖掘观点背后的思想共识与本质"唯一性"。若将这些观点归结到一点，马克思主义是贯通思政课实践活动及其发展始终的精髓，思政课不同维度的定位均是以马克思主义为核心的具体展开。可以肯定的是，思政课的本质必然在它与马克思主义耦合的逻辑关联中得以彰显。

第二节　新时代思政课本质定位的新内涵

在习近平总书记关于思政课本质定位的论述形成过程中，就已经对思政课讲道理的目标导向、主体、侧重点、落脚点以及"讲"的具体过程等进行了相应的理论阐释。总体上，搭建起思政课本质内涵的"四梁八柱"，为我们全面、深刻且清晰地认识和把握这一定位的思想内容提供了理论依循。

一　目标导向："要体现思政课的政治引导功能"

思政课是一门集政治性、思想性、理论性与教育性于一体的课程，政治性居于课程特性的首位，进行政治引导是思政课的基本功能。从本质维度来看，政治的主题与讲政治的主线贯穿思政课讲道理的始终，以

---

① 顾海良、余双好主编《高校思想政治理论课程教学改革研究》，武汉大学出版社，2006，第77页。

确保课程政治引导功能的实现。从世界教育发展的普遍规律来看，教育肩负着政治的责任与要求，古今中外每个国家都是按照自己的政治要求来培养人的，世界一流大学都是在服务自己国家发展中成长起来的。我国社会主义教育就是要培养社会主义建设者和接班人。作为我国社会主义教育的一项重要实践，习近平总书记指出，思政课"是培养一代又一代社会主义建设者和接班人的重要保障"①，"政治引导是思政课的基本功能"，"在大中小学的不同学段，无论是通过讲故事、讲历史还是讲理论的方式讲思政课，都要体现思政课的政治引导功能"②。这为思政课教育教学指明了目标与方向。

习近平总书记在肯定思政课政治引导功能的同时，也高度认同其在学术方面的独特价值，强调绝不能把思政课讲成简单的政治宣传。习近平总书记指出："思政课的政治性、思想性、学术性、专业性是紧密联系在一起的，其学术深度广度和学术含金量不亚于任何一门哲学社会科学。"③ 若要实现政治引导功能，就要凭借其学术性和专业性去说服人、引导人，以科学严谨、实事求是的态度对人"讲道理""讲真理"，有学理、有依据地讲政治、谈信仰。正如学者指出："政治上的坚定来源于理论上的清醒，而理论上的清醒来源于马克思主义对人类社会发展规律和必然趋势的透彻揭示。"④

二 讲道理的主体："不仅老师讲，而且要组织学生自己讲"

习近平总书记指出，"思政课教学离不开教师的主导，同时要坚持以学生为中心，加大对学生的认知规律和接受特点的研究，发挥学生主体性作用"，要"让学生来讲，这有利于发挥学生主体性作用"⑤。这实则肯定了思政课讲道理的"二元主体"特性。

就教师主体而言，思政课教师是讲道理的主力军。一方面，要实现

---

① 习近平：《思政课是落实立德树人根本任务的关键课程》，人民出版社，2020，第6页。
② 习近平：《思政课是落实立德树人根本任务的关键课程》，人民出版社，2020，第17~18页。
③ 习近平：《思政课是落实立德树人根本任务的关键课程》，人民出版社，2020，第25页。
④ 骆郁廷、余杰：《如何理解"思政课的本质是讲道理"》，《光明日报》2022年7月8日。
⑤ 习近平：《思政课是落实立德树人根本任务的关键课程》，人民出版社，2020，第21~22页。

纵向提升，思政课教师应主动对标"六要"标准，不断提升自身综合素养，提高讲道理的思想境界与教学水平；另一方面，要实现横向拓展，依据"让信仰坚定、学识渊博、理论功底深厚的教师来讲"的原则扩充讲课教师队伍，吸引更多优秀教师走上思政课讲台。这些教师可结合各自研究背景，深化对马克思主义的理解与阐释，从多学科视角进一步确证马克思主义的科学性与真理性。同时，习近平总书记指出："大学领导是教育者，但更应该是政治家。"① 要引导学校党委书记、校长走进课堂，带头讲好马克思主义的基本道理，面向学生积极传播马克思主义科学理论，弘扬社会主义核心价值观；还应引导各地区各部门负责同志，结合党情、国情、世情以及各自工作到学校讲授思政课，这将有助于增强道理阐释的现实性与时代感，凸显理论的说服力。就学生主体而言，思政课教学在教师引导下，可充分运用小组研学、情景展示、课题研讨、课堂辩论等方式，让学生参与其中，提升学生对道理的领悟与表达能力；引导学生充分挖掘并讲好思政课中的重要故事与基本道理，如引导学生"讲好中华民族的故事、中国共产党的故事、中华人民共和国的故事、中国特色社会主义的故事、改革开放的故事，特别是要讲好新时代的故事"②，这是新时代学生应掌握的重点。总体而言，只有在教师主体与学生主体二者的思想交流中，才能共同完成讲好、悟好思政课道理的教育任务。

三 讲道理的侧重点："学生的疑惑就是思政课要讲清楚的重点"

思政课的本质内在地要求其讲道理的对象是学生，必须面向学生、回应学生、指引学生、服务学生。思政课所包含的马克思主义道理内容非常丰富，要坚持点位式引导与整体性输出相结合，依据学生思想疑惑与成长需求，有针对性与侧重性地进行长期规划。在充分把握马克思主义理论体系真理性的基础上，坚持"学生的疑惑就是思政课要讲清楚

---

① 习近平：《思政课是落实立德树人根本任务的关键课程》，人民出版社，2020，第25页。
② 习近平：《思政课是落实立德树人根本任务的关键课程》，人民出版社，2020，第22~23页。

的重点"①，以点带面，实现马克思主义道理的一通百通。可以说，学生的疑惑正是思政课讲道理的重要发力点。从总体上说，学生关注的、有疑惑的问题其实就几大类，如大学生全面发展中面临的理论困惑问题、成长成才过程中要应对的人生困惑问题、现实生活中产生的真实困惑问题等。"要把这些问题掰开了、揉碎了，深入研究解答，把事实和道理一条条讲清楚。"② 并不一定把每个问题都讲得那么"高大全"，关键是抓住重点并找准问题的切入口，将之讲深、讲得触类旁通，使"教育者所言之政理、学理和事理与受教育者自有之理贯通起来"③，就有可能以一驭万地讲透、悟好马克思主义丰富而深邃的道理。在聚焦重点的同时，还要兼顾全局，依据不同年龄、学段学生的思想条件与思维基础，在大中小学一体化中进行分阶段、有侧重的原理输出。例如，小学阶段不宜直接涉及马克思主义原理的理论内容，而是重点进行爱党、爱国、爱社会主义、爱人民、爱集体的道理启蒙与情感铺垫；初中阶段可少量涉及马克思主义原理的内容，重心要放在提升对中国特色社会主义的思想认识上；高中阶段要大量地进行马克思主义基本原理以及中国特色社会主义理论内容教育，致力于增强学生的理性认同；大学阶段则重在进行系统性的马克思主义理论教育，强化知、情、意、行的全面引导。

概言之，在全局中有所侧重，在聚焦重点中又兼顾全局，以此来保证讲道理的实效性、全面性与科学性。

四 讲道理的过程："要讲得更深、更透、更活"

思政课的本质是以讲道理的形式呈现，而讲道理的过程就是不断接近、还原和发现真理的过程。习近平总书记指出："思政课的本质是讲道理，要注重方式方法，把道理讲深、讲透、讲活。"④ 立足思政课本

---

① 习近平：《思政课是落实立德树人根本任务的关键课程》，人民出版社，2020，第15页。
② 习近平：《思政课是落实立德树人根本任务的关键课程》，人民出版社，2020，第20页。
③ 郗厚军：《思想政治教育说理的内涵要义、认识误区及实践要求》，《思想教育研究》2022年第6期。
④ 习近平：《坚持党的领导传承红色基因扎根中国大地 走出一条建设中国特色世界一流大学新路》，《人民日报》2022年4月26日。

质的新定位，我们要牢记"深、透、活"的基本要求，努力把马克思主义的基本道理讲明白，将中国特色社会主义的深刻内涵讲清楚，把为人处世的具体原则讲鲜活。但更为重要的是，要充分认识到马克思主义理论教育是一个长期不懈的过程，思政课讲道理要在恪守基本要求的基础上，朝着更深、更透、更活的方向努力，坚持绵绵用力、久久为功，绝不可强求立竿见影、一蹴而就。从纵向上看，思政课贯穿大中小学一体化的各学段以及学生的成长过程，讲道理的深度、广度、水平也在经历螺旋式、持续性的拓展与提升，这是一个不断超越、止于至善的过程。以学生的成长为例，开展思政课教育正是"深化学生对马克思主义历史必然性和科学真理性、理论意义和现实意义的认识，教育他们学会运用马克思主义立场观点方法观察世界、分析世界，真正搞懂面临的时代课题，深刻把握世界发展走向，认清中国和世界发展大势，让学生深刻感悟马克思主义真理力量，为学生成长成才打下科学思想基础"[1]的、不断提升的过程。从横向上看，在应对学生各种"为什么"的追问时，必须进行重点解答，找准道理的发力点，坚持用彻底的理论观点击中问题的症结，并预留思想成长和理论探讨的空间，推进接续化、巩固性的道理说服，以达明理向善之目的，绝不可一味地进行理论强压或敷衍灌输。只有教师"用心教"、学生"用心悟"，才能在思想交流中不断实现以真理"沟通心灵、启智润心、激扬斗志"的理想效果。

五 讲道理的落脚点："最终都要落到引导学生树立正确的理想信念、学会正确的思维方法上来"

从实践角度看，思政课做的是"讲马克思主义道理"的工作，但绝非理论的灌输与知识的"填鸭"。习近平总书记提出"无论怎么讲，最终都要落到引导学生树立正确的理想信念、学会正确的思维方法上来"[2] 这一观点，科学揭示了思政课讲道理的最终落脚点的两个方面。

其一，引导学生树立正确的理想信念。习近平总书记针对全体党员

---

① 习近平：《在北京大学师生座谈会上的讲话》，《人民日报》2014年5月3日。
② 习近平：《思政课是落实立德树人根本任务的关键课程》，人民出版社，2020，第14页。

强调，"理想信念是共产党人精神上的'钙'，共产党人如果没有理想信念，精神上就会'缺钙'，就会得'软骨病'"①，并专门就青年群体提出，"青年的理想信念关乎国家未来。青年理想远大、信念坚定，是一个国家、一个民族无坚不摧的前进动力"②。在引导学生树立理想信念方面，思政课责无旁贷。思政课就是"要解决学生理想信念问题"③。思政课讲道理要在坚定理想信念上下功夫，包括"教育引导学生树立共产主义远大理想和中国特色社会主义共同理想，增强学生的中国特色社会主义道路自信、理论自信、制度自信、文化自信，立志肩负起民族复兴的时代重任"④ 等方面。"只要坚持正确政治方向，立足于引导学生坚定理想信念，全面客观看问题，就不用担心在政治上出问题。"⑤ 可见，树立和坚定理想信念正是思政课坚持正确政治立场的具体表现。

其二，引导学生学会正确的思维方法。恩格斯曾指出，马克思主义"提供的不是现成的教条，而是进一步研究的出发点和供这种研究使用的方法"⑥。习近平总书记则进一步强调："思政课要教会学生科学的思维。思政课教师给予学生的不应该只是一些抽象的概念，而应该是观察认识当代世界、当代中国的立场、观点、方法。"⑦ 因为思政课是"做人的工作"，要深入人的思想深处，就必须从人的思维方法方面加以引导。而就马克思主义所进行的思维方法方面的讲解、引导与训练是一个艰难往复的过程，只有在持续不断的推进中才能趋近于思想的"真谛"。这意味着教育者要先做好理论道理的认识、感悟、研究与储备，然后进行结构性的内容加工与秩序化的道理输出，以推动受教育者产生情理感悟、事理共鸣与学理认同。这就需要结合马克思主义产生的历史

① 《习近平谈治国理政》第 4 卷，外文出版社，2022，第 523 页。

② 习近平：《在纪念五四运动 100 周年大会上的讲话》，人民出版社，2019，第 6 页。

③ 习近平：《思政课是落实立德树人根本任务的关键课程》，人民出版社，2020，第 12 页。

④ 《习近平在全国教育大会上强调 坚持中国特色社会主义教育发展道路 培养德智体美劳全面发展的社会主义建设者和接班人》，《人民日报》2018 年 9 月 11 日。

⑤ 习近平：《思政课是落实立德树人根本任务的关键课程》，人民出版社，2020，第 16 页。

⑥ 《马克思恩格斯全集》第 39 卷，人民出版社，1974，第 406 页。

⑦ 习近平：《思政课是落实立德树人根本任务的关键课程》，人民出版社，2020，第 14 页。

情境，在还原历史环境、进程与事件中追随理论家的思想轨迹，模仿他们分析、解释与批判的逻辑，在理解者与被理解者的视界融合中，不断趋向真理，继而达到"掌握"马克思主义的境界。换言之，思政课讲道理与学习的过程就是趋近并获得这一"真谛"和"真理"的思维活动过程。

思政课讲道理落脚点的两个方面既相互区分又紧密联系。其中，以理想信念为根本，思维方法是推进理想信念树立的重要手段，而且只有经过科学思维的持续活动与反复审思，才能保证理想信念的坚固与持久。

第三节 "思政课讲道理"的复杂性、特殊性与现实难度

不得不说，思政课既包含思想深邃、内涵丰富的教育教学内容，又面临复杂的学情状况以及教育对象先入为主的思想"成见"，要驾驭课程丰富的思想理论内容并将其"讲理性"地输出，具有一定难度。习近平总书记结合自身当年在浙大讲思政课的经历颇有感触地指出，"讲好思政课不容易"，"对教师综合素质要求很高"[①]，这是对思政课教学复杂性、特殊性的客观肯定，而复杂性与特殊性恰恰是导致课程具有较大教学难度的重要因素。具体来看，主要包括如下三个方面。

一 掌握思政课丰富的道理内容具有一定难度

思政课讲道理的对象是学生，课程须"遵循不同学段学生的认知规律，把马克思主义基本原理讲清楚、讲透彻"[②]。马克思主义本身具有博大精深的实践理论知识体系，是课程道理内容的源头活水。思政课的学术含金量并不亚于其他哲学社会科学，甚或更高。思政课教学具体涉及马克思主义哲学、马克思主义政治经济学、科学社会主义及其具体

---

① 习近平：《思政课是落实立德树人根本任务的关键课程》，人民出版社，2020，第10~11页。
② 习近平：《思政课是落实立德树人根本任务的关键课程》，人民出版社，2020，第20页。

的思想理论观点等林林总总、方方面面的内容，"不下大气力、不下苦功夫是难以掌握真谛、融会贯通的"①。作为对学生进行系统的马克思主义理论教育的重要渠道，思政课通过对马克思主义真理、社会主义原理的讲授，为学生持续不断地提供正确思想与道路的指引，以提升学生对主流意识形态的认同与维护能力，"引导学生对社会主义前景充满信心"②。为此，各学段思政课教师必须具有必要的马克思主义理论储备、自由运用学科知识的能力，以及及时更新知识储备与深入探索思想理论的思想意识，这意味着对思政课教师及其教学提出了更高、更多的要求。

二　彻底地说服人并不容易

就有效解答学生困惑的现实情况而言，高校思政课要想彻底说服学生并非易事。虽说真理不怕诘问且能战胜谬误，但要联系实际，把蕴藏其中的深邃道理讲清楚、讲透彻，让学生心悦诚服地接纳、打心底认同，确实困难重重，教学中存在"见学生提问就发怵"③ 的现象就是例证。客观来讲，青少年阶段是人生的"拔节孕穗期"。这一时期，他们的心智逐渐健全，思维进入最活跃状态。在成长过程中，他们"不可避免会在理想和现实、主义和问题、利己和利他、小我和大我、民族和世界等方面遇到思想困惑"④，甚至在课堂上"提一些尖锐敏感的问题"⑤，此时他们最需要精心的引导和培育。思政课教师要直面这些问题，清晰阐述矛盾问题的理论原委以及应对的原则与方法，以回应学生需求，启发和引导他们"走正路"⑥。习近平总书记指出，"遵守纪律，不意味着不能讲矛盾、碰问题"，思政课"所讲的理论、观点、结论要

---

① 习近平：《在哲学社会科学工作座谈会上的讲话》，人民出版社，2016，第11页。
② 习近平：《思政课是落实立德树人根本任务的关键课程》，人民出版社，2020，第14页。
③ 习近平：《思政课是落实立德树人根本任务的关键课程》，人民出版社，2020，第20页。
④ 习近平：《在庆祝中国共产主义青年团成立100周年大会上的讲话》，人民出版社，2022，第8页。
⑤ 习近平：《思政课是落实立德树人根本任务的关键课程》，人民出版社，2020，第11页。
⑥ 习近平：《思政课是落实立德树人根本任务的关键课程》，人民出版社，2020，第2页。

经得起学生各种'为什么'的追问"①。这既阐明了讲思政课必然面临"矛盾"与"问题",同时也凸显出讲解的难度之大。

三　为学生成长奠定重要的思维基础本身是件颇具难度的系统工程

思政课需通过各学段一体化的理论说服与教育,为学生的一生成长奠定重要的思维基础,这是一项颇具难度的系统工程。一方面,思政课说理是一项长期性工程,需绵绵用力、久久为功。学生思想的成长与发展成熟遵循客观规律,具有一定周期性。思政课说理必须尊重各学段学生的生理特点、思维基础与思想条件,进行整体性优化设计。遵循大中小学适度区分、有效衔接的教学设计原则,以及循序渐进、螺旋上升的教学原则,在稳步的教学积累中关注学生思想的薄弱环节,强化说理的针对性,实现质的提升。实施从感性到理性、从认知到信念、从情感到责任、从认同到行动的渐进性说理,以量变推动质变。另一方面,思政课说理是一项立体化系统工程,要多方联动、形成合力。思政课的道理,既包括政理、哲理,也包括做人做事的具体道理等。若仅停留于书本层面,进行"平面化"的理论讲解和道理阐述,很难获得学生的完全认同。为此,要动员具备阐释、讲述、沟通、交流、指导能力的多元教育主体,发挥各自优势和作用。在校内构建全员全程全方位的育人格局;同时,遵循内外互补的思路,积极构建校内理论小课堂与校外实践大课堂有机结合的叙事方式与说理逻辑,并向网络空间拓展。注重运用和发挥网络信息技术在精准计算、个性服务等方面的智能优势,动员人员队伍、载体途径、场域空间等多方要素,积极为思政课赋能,创设全要素、立体化的说理机制与运行模式。

总之,思政课所讲之理内容丰富、场域开阔,是丰盈人生的资源宝库。但要将其讲深、讲透、讲活、讲好,绝不可贪一时之功,也并非仅

---

① 习近平:《思政课是落实立德树人根本任务的关键课程》,人民出版社,2020,第16、18页。

靠思政课教师一己之力就能完成。推进形成多元、立体、持续的教育合力，是提升课程说理水平与实效的有效保障。

第四节　高校思政课"以理服人"的理论旨要与基本要求

习近平总书记关于"思政课的本质是讲道理"①的论断是在观摩思政课教学时提出的，这一论断言简意赅，实践指向鲜明，思想内涵深邃。在提出本质论的同时，习近平总书记进一步指出思政课"要注重方式方法，把道理讲深、讲透、讲活，老师要用心教，学生要用心悟，达到沟通心灵、启智润心、激扬斗志"②。这启示我们，思政课教学必须注重说理过程，要凭理而讲，以理打动学生、引导学生并鼓舞学生。

一　高校思政课"以理服人"的理论旨要

任何一门课程的教学都必须坚持过程与目标的有机统一。对思政课而言，这意味着要坚持说理过程和说服目标的有机统一。思政课教师作为说理者，应当从学生的思想实际出发，运用各种方法、途径和手段，对课程教育内容进行充分"说理"，以引导学生树立正确的"三观"，促使学生形成对马克思主义基本理论的认同和信服，不断增强学生对中国特色社会主义的信念，引导学生自觉投身于中华民族伟大复兴的奋斗之中，从而实现马克思主义理论"说服"和思想"武装"的目的，做到以理服人。具体而言，思政课以理服人的本质规定主要包含如下三点。

一是充分说理。说理着重强调过程，思政课以理服人的过程，就是对道理进行阐释和解读的过程。"讲道理"是一个理论表达、交流与认

---

① 《习近平在中国人民大学考察时强调　坚持党的领导传承红色基因扎根中国大地　走出一条建设中国特色世界一流大学新路》，《人民日报》2022年4月26日。
② 《习近平在中国人民大学考察时强调　坚持党的领导传承红色基因扎根中国大地　走出一条建设中国特色世界一流大学新路》，《人民日报》2022年4月26日。

同的过程，其关键在于对课程蕴含的理论道理进行充分的阐释和解读。马克思提出"理论只要彻底，就能说服人"①，但这必须依靠具体的人通过说理过程才能实现，思政课以理服人主要依靠思政课教师的说理来达成。

二是有效说服。说服强调的是结果。思政课以理服人的结果，既涵盖在正面的科学阐释中促使学生形成对科学道理的思想认同，也包含通过谬误澄清和错误批判，助力学生与错误思想划清界限，进而巩固对主流价值的思想认同。作为意识形态建设的重要阵地，思政课唯有进行透彻的说理，才能从思想层面推动学生深度认同中国共产党能、中国特色社会主义好以及马克思主义行，而非仅仅停留在浮于表面的肤浅认同，更不是强压之下的理论"屈服"和虚假认同。毛泽东指出："对于错误的意见，不是压服，而是说服，以理服人。"② 思政课是围绕人的思想开展的教育工作，必须依据学生思想实际，对各种错误观点进行有效的辩驳与澄清，以促使学生心悦诚服地接纳和认可理论。在此过程中，方式方法尤为重要。应综合运用多样的说理形式、学生喜闻乐见的说理方法以及丰富的说理资源，用生动鲜活的语言直击学生的困惑，引发学生共鸣，进而引导学生并赢得他们对理论的信服。

三是价值引领。价值引领旨在强调育人目标。思政课作为立德树人的关键课程，肩负着铸魂育人的重任。思政课以理服人的目的，说到底就是对学生进行思想引导，尤其是通过社会主义核心价值观教育，"给学生心灵埋下真善美的种子，引导学生扣好人生第一粒扣子"③，并达到"沟通心灵、启智润心、激扬斗志"④ 的良好效果。思政课以理服人须坚持"八个相统一"的原则，积极引导学生在听理、明理过程中厚植爱国主义情怀，不断增强对中国特色社会主义道路的信念、对中国共产党的信任以及对中华民族伟大复兴的信心。在悟理、用理过程中，引

---

① 《马克思恩格斯选集》第 1 卷，人民出版社，2012，第 10 页。
② 《毛泽东文集》第 7 卷。人民出版社，1999，第 278 页。
③ 《思政课是落实立德树人根本任务的关键课程》，人民出版社，2020，第 12 页。
④ 《习近平在中国人民大学考察时强调　坚持党的领导传承红色基因扎根中国大地　走出一条建设中国特色世界一流大学新路》，《人民日报》2022 年 4 月 26 日。

导学生胸怀国家，争做有理想、敢担当、能吃苦、肯奋斗的新时代好青年，自觉投身中国特色社会主义伟大事业的实践。

总之，思政课以理服人立足课程讲道理的本质特征，坚持以说服人为目的，秉持课程价值引领的教育目标，共同指向用马克思主义的先进科学理论吸引、打动继而武装学生的教育职责与使命。要在教育实践中始终坚持课程以理服人的基本理念，力求通过透彻的说理，增进学生听理、悟理、明理、用理的能力。

二　高校思政课以理服人的内在要求

思政课"以理服人"内在地包含两个紧密相连的环节，关涉"理"和"人"的要素，蕴含以理服人的内在要求。深刻把握高校思政课以理服人的逻辑要求，是推进新时代课程改革创新的理论前提。从环节上看，其一为讲道理。思政课讲道理的本质意在强调课程要凭理而讲，在教学过程中要注重方式方法，努力"把道理讲深、讲透、讲活"。其二为说服人，强调要以道理打动学生、引导学生并鼓舞学生，"达到沟通心灵、启智润心、激扬斗志"的目的与实效。这二者是过程与结果的关系，即在讲道理的过程中说服人，继而实现引导和教育人的目标。

"理"和"人"是其中的基本要素。如学者指出，"'以理服人'中，'理'是内容……'人'是主体又是作用对象"①。"说"和"服"则分别作用于"理"和"人"，故而思政课要实现以理服人，就必须采用恰切的方法和手段，否则难以实现价值引领的教育目标。从教育现实看，思政课是作用于"三观"的课程。青少年学生思维敏捷，但思想状况较为不稳定，处于"三观"形成的关键期。思政课只有做到以理服人，才能实现对学生的价值引领和思想武装，以此保障课程的教育实效。

（一）内容彻底是以理服人的前提条件

理论只要能说服人，就能掌握群众；而理论只要彻底，就能说服

---

① 殷玲玲：《思想政治教育"以理服人"的现实思考》，《思想理论教育导刊》2018 年第 8 期。

人。所谓彻底，就是抓住事物的根本，而人的根本就在于人本身。马克思主义认为，理论只要具备无可辩驳的说服力，就能成为指导群众的精神武器；而理论唯有彻底，才能具备说服力。就高校思政课而言，要想说服学生，就要充分展现理论的科学性，并以此"彻底"地征服学生。

1. 充分阐明马克思主义理论的科学性

马克思主义理论是高校思政课教学的基础，高校思政课是帮助大学生正确认识和理解马克思主义理论的关键课程。思政课以理服人的最基本任务，就是要讲好马克思主义道理。马克思主义理论蕴含着科学的世界观和方法论，它揭示了人类社会发展的规律，"是我们认识世界、把握规律、追求真理、改造世界的强大思想武器"①。思政课以理服人，首先，必须讲好马克思主义的革命性与科学性。站在宏大的历史视野中，结合世界无产阶级革命以及人类解放事业的发展历程，讲清楚马克思主义在人类文明进步中的独特理论价值，向学生展现马克思主义的先进性。其次，要回到经典著作中探寻马克思主义的本源，向学生传播原汁原味的马克思主义。将马克思主义的理论逻辑、历史逻辑和实践逻辑呈现于学生面前，阐释清楚马克思主义所蕴藏的内在机理、思想内核、严密逻辑与精神实质，从生成逻辑和内蕴价值的角度讲明白马克思主义理论的厚度与深度，让学生感悟马克思主义的真理魅力。最后，思政课还要结合现实，及时向学生传播马克思主义中国化的最新成果，彰显马克思主义与时俱进的理论品质。深入剖析马克思主义中国化的历史进程，详细解读马克思主义与不同时代中国具体实际相结合所产生的各个理论成果，引导学生深刻理解中国共产党为什么能、马克思主义为什么行、中国特色社会主义为什么好，在学生心中播下马克思主义的真理种子，帮助青年学生树立马克思主义信仰，坚定共产主义信念，增强对中国特色社会主义的信心。

2. 以理服人内容要契合大学生发展需要

新时代的大学生思想活跃、朝气蓬勃，充满探索未知和新鲜事物的

---

① 《习近平谈治国理政》第 4 卷，外文出版社，2022，第 509 页。

勇气。然而，他们的思想尚不成熟，迫切需要进行思想教育与引导。高校思政课若要做到以理服人，就必须精准把握大学生这一教育对象，以大学生的发展需求为出发点，使说理内容全面覆盖大学生在社会认知、专业学习、人际交往、志向选择等方面的问题。一方面，以理服人的内容应回应大学生对社会现实的关切。在把握时代脉搏的基础上，依据时代特性反映现实关切，立足社会现实这一鲜活教材，捕捉学生关注的热点问题与案例，直面社会现实中的各种错误思潮和谬误言论，将这些现实问题"掰开了、揉碎了，一条条讲清楚"。在增强大学生明辨是非能力的同时，引导学生审视大局、尊崇法治、修养美德，自觉与错误价值观作斗争，进而树立正确的"三观"。另一方面，以理服人的内容要回应大学生对自身现实的关切。大学校园是学生成长成才的重要场所，思政课以理服人需坚持以学生为中心，涵盖学生在校园环境中面临的学习、师生关系、同学关系以及未来规划等问题。"强化问题意识，以问题为导向，回答学生最关心、最需要回答的理论与实践问题，找准学生思想的共鸣点"①，走进大学生的心灵，启发大学生的心智。充分考量他们在学校交往中的各种需求，精准把握他们需求的差异性，灵活掌握说理方向与节奏，有的放矢地帮助学生解决实际问题。

（二）方法恰当是以理服人的重要保证

方法是沟通说理对象与说理内容的重要渠道。思政课要实现从"讲道理"到"说服人"的有效递进，必须综合运用多种方式方法，以增强以理服人的学理性、灵活性和实效性。

1. 深挖理论，提升思政课以理服人的学理性

高校思政课是一套极具学理性的课程体系。课程在讲道理时，必须立足课堂主渠道，深入、透彻地挖掘马克思主义理论的丰富内涵，并进行恰当的教学加工，力求做到内容彻底、方法贴切、途径灵活，切实增强课程以理服人的效果。具体而言，课程以理服人需坚持政治性和学理性相统一的原则，将科学的理论和深刻的内容升华为规律性的认识，持

---

① 韩喜平、于甜子：《用理讲好思政课》，《学校党建与思想教育》2023 年第 5 期。

续深挖马克思主义背后的理论逻辑、历史逻辑和实践逻辑。不仅要讲好"是什么"的政治道理，更要讲清背后"为什么"的哲学道理以及"怎么办"的实践道理，让学生知其然，更知其所以然。课程可采用以小见大的方式来讲道理，善于把宏大叙事转化为微观具体的现实道理，大力挖掘身边案例及故事背后隐藏的道理，以小道理引出大道理，加深学生理解，引发学生共鸣。此外，还可积极拓展并利用课程思政的有效途径，充分挖掘其他学科所蕴含的思想政治教育资源，充分发挥其他课程的育人价值与功能，使学生在全方位的育人环境中增进对为人、为学和为事等方面基本道理的现实体悟。

2. 网络赋能，提升思政课以理服人的灵活性

身处网络信息时代的大学生，对新鲜事物充满好奇，新鲜感和趣味性是吸引他们的关键要素。思政课以理服人需顺应现代社会"互联网+"的大潮流，运用网络信息技术为思政课赋能，打破传统思政课在时间和空间上的限制，增强以理服人的活力与灵活性。思政课程可借助雨课堂、希沃白板等多媒体教学资源，激活说理内容，激发课堂活力；运用VR、AI等智能技术创设案例情境课堂，实现故事场景再现，让学生在课堂中通过体验案例和故事，更切实地领会道理，提高学生对道理的认同程度；还可依托新媒体平台，如慕课、微课、短视频平台直播课等，打造开放性、共享性、快捷性的思政课第二课堂，实现线上线下相结合、课上课下相统一，营造时时可说理、处处能听理的良好氛围。

3. 结合实践，强化思政课以理服人的实效性

实践是促使大学生实现从知晓道理到运用道理飞跃的重要环节。思政课以理服人要紧密结合实践，将大学生置于具体的现实环境中，推动大学生实现知与行的有机统一。一方面，结合课程教学内容，有计划地组织学生亲身参与社会实践，增强学生对课程内容的认同，使学生自觉、自愿接受说理内容。例如，在讲解为人民服务时，组织学生开展志愿服务活动，让学生切身体会奉献他人、帮助他人、服务他人的价值与快乐。又如，在讲解理想信念时，有计划地组织部分优秀学生参与顶岗实习、下乡支教等活动，让学生在职业体验中领悟参与中国特色社会主义事业的自豪与骄傲，并以他们为榜样进行事迹汇报，发挥榜样的思想启迪作用。另一方面，依托实践活动素材进行针对性说理，通过实践提升理论的解释力与说服力。比如，可带领学生参观红色圣地、博物馆、传统文化展馆，以这些鲜活素材为说理依据，引导学生在身临其境的体验过程中，深切感受中国故事、中国文化、中国道路，切实感知中华民族伟大复兴的艰辛不易与光明前景，实现明理增信。

（三）主体"先进"是以理服人的关键

高校思政课以理服人最终要落实到人的要素上，即通过教师的"说理"推动学生实现"明理""信理""服理""用理"。其中，思政课教师作为讲理者与说服者，其专业素养水平以及主观能动性的发挥，是推进课程以理服人的关键。为此，要积极打造高素质的思政课教师队伍，以此带动思政课以理服人实效性的提升。

1. 坚定的政治信仰是思政课教师以理服人的前提

人无信仰不立，国无信仰不兴。高校思政课作为对大学生进行思想政治教育的关键课程，是作用于大学生思想灵魂深处，帮助大学生树立正确"三观"的重要课程。其教育教学是教师向学生讲解、传授马克思主义，并使学生获得认可和认同的实践过程。作为教育的主导者，思政课教师必须先具备坚定的马克思主义信仰，才能将马克思主义信仰始终如一地融入立德树人的教育实践中，进而引导学生树立中国特色社会主义共同理想和共产主义远大理想。首先，思政课教师要自觉拥护党的领导，忠诚于党和国家的教育事业，明确自身肩负的为党育人、为国育才重任。其次，思政课教师要确立鲜明的政治立场，不断增强"四个意识"、坚定"四个自信"、做到"两个维护"，自觉向学生传播党的路线方针政策，引导学生争做担当民族复兴大任的时代新人。最后，思政课教师要有崇高的政治担当，深刻领会并高度认同高校思政课的关键课程定位，锚定社会主义办学方向，积极践行"强国建设、教育有为"的崇高使命，切实发挥教育的基础性、支撑性与先导性作用。

2. 深厚的理论功底是思政课教师以理服人的基础

传道者必先明道，教师要承担起育人重任首先要接受教育。其一，思政课教师要树立终身学习的理念，持续夯实自身的马克思主义理论基础，不断增强对马克思主义理论的高度自觉和自信。要经常、持续、习惯性地阅读经典著作，在读经典的过程中感悟马克思主义的真谛与精髓，做到学懂弄通悟透，掌握马克思主义立场观点方法，练就马克思主义理论真本领。其二，要与时俱进地学习马克思主义中国化理论成果，坚持用中国特色社会主义理论体系武装头脑，坚持用习近平新时代中国特色社会主义思想铸魂育人，不断提升马克思主义理论素养。其三，高校思政课涉及哲学、伦理学、经济学、法学等相关学科，这决定了思政课教师必须具备开阔的学科视野和丰富的人文社会科学知识，才能把道理说透彻、讲明白。要具备跨学科的学习和教学能力，注重学习和积累人文学科知识，实现马克思主义理论同中国传统文化及其他学科教学资源的融会贯通，做"百科全书式"的思政课教师。其四，思政课教师要与时代发展接轨，主动观察和利用身边的热点，不断提升综合素质与能力，善于从社会现实和日常生活中寻找教学资源，凝练教学观点，理直气壮地回应时代热点问题和学生的现实疑问，练就不怕问、怕不问、见问则喜的真本领。

3. 扎实的教学能力是思政课教师以理服人的保障

课程以理服人的效果与水平和教师教学能力息息相关。高校思政课教师教学能力提升主要体现在如下三个方面。其一，提升教材知识转化能力。高校思政课要走出"言者谆谆，听者藐藐"的教学困境，思政课教师就要杜绝照本宣科，不能只做知识的搬运工，而必须将教材内容与学生关切紧密结合，实现教材体系向教学体系的有效转化，对教材内容的加工做到依循体系、针对学生，同时又收放自如。其二，强化教师教学操控能力。在尊重学生主体地位和保证教学内容科学性的前提下，教师能够合理开发、利用课程资源，灵活、创新地运用各种教学方法，综合采用探究式、体验式、辩论式的教学模式，充分调动学生的参与热情，改变课程死气沉沉的刻板模式。其三，增强思政课教师的教学反思能力。教学结束后，思政课教师要对整个教学过程进行回顾、梳理和反思，对其中有效做法进行经验总结，同时重点对其中的薄弱环节加以反思和改进，既增强教学自信，也具备坦然面对不足的勇气，沉下心来做探究、干教学，切实增强自身的职业成就感和幸福感。

4. 高尚的师德师风是思政课教师以理服人的根本

亲其师方能信其道，高尚的师德师风是构建和谐师生关系的关键所在，也是获得学生尊重、信任，继而提升教师说理"水平"的关键要素。从一定意义上说，高校思政课以理服人的过程就是构建师生信任关系的过程。结合师德师风发展与建设要素，可重点从以下三个方面加以引导和建设。其一，以"六要"标准为指导，争做大先生。教育是一门"仁而爱人"的事业，思政课教师要有一颗仁爱、正直、高尚的灵魂，才能发挥率先垂范的作用，为学生播下真善美的种子，引导学生扣好人生的第一粒扣子。其二，思政课教师要树立以学生为中心的理念，一切为了学生、一切服务于学生，坚持师生平等，善于发现和肯定学生的长处，洞察学生的心灵，做到平等对待每一个学生，不断赢得学生的爱戴和信任。其三，思政课教师要坚持言传和身教相统一，以身作则，爱岗敬业。面对不良社会思潮，思政课教师要勇守初心，理直气壮地同错误价值观作斗争，不为五斗米折腰，不被物欲和权力蒙蔽双眼，在是非曲直和善恶得失中保持定力，做到以德立身、以德立学、以德施教、以德育人。

第五节　思政课"以理服人"的实践指向

思政课讲道理的本质概括，强调了思政课在讲道理过程中理直气壮地捍卫主阵地、运用创造性智慧提升讲道理水平，以及保持"爱"的教育温度更好地传递正能量的基本要求等，为新时代思政课教育教学实践指明了发展方向。

一 坚守主阵地，以惊涛拍岸的声势理直气壮地讲好马克思主义

一方面，中国特色社会主义教育就要旗帜鲜明地举起马克思主义的旗帜，用心用力地讲好马克思主义。习近平总书记提出："坚持以马克思主义为指导，是当代中国哲学社会科学区别于其他哲学社会科学的根本标志，必须旗帜鲜明加以坚持。"① 而思政课作为社会主义意识形态的重要阵地，其本质已内在地规定了讲道理的价值旨趣与意义所在，"思政课要在传播马克思主义立场、观点、方法的基础上用好批判的武器，直面各种错误观点和思潮，旗帜鲜明进行剖析和批判"②，以惊涛拍岸的声势理直气壮地讲好马克思主义的真理与道理。他还指出思政课教师"只有自己信仰坚定，对所讲内容高度认同，做学习和实践马克思主义的典范，才能讲得有底气"③。概言之，坚定信仰是讲好马克思主义理论课程的巨大底气。

另一方面，从中国特色社会主义的成功实践及其日益取得的更伟大成就来看，我们完全有条件办好、有信心讲好思政课。习近平总书记指出："办好思政课，有不少问题需要解决，但最重要的是解决好信心问题。"④ 同时，习近平总书记还从党的领导保证，中国特色社会主义理论和实践发展的有力支撑，中华优秀传统文化、革命文化、社会主义先进文化的深厚力量，思政课建设长期以来形成的规律性认识和成功经验，以及"三可""三为"教师队伍等多个维度出发，全面阐释了新时代讲好思政课的充分信心及其依据，指出："我们完全有信心有能力把思政课办得越来越好。"⑤ 而且，在此自信基础上，思政课通过理论联系实际的教学实践，把思想品德教育同中国特色社会主义理论、中华优秀传统文化教育结合起来，把马克思主义同中国特色社会主义实践有机结合起来，由此自然地将中国自信传递给学生，让学生领会科学理论的

---

① 习近平：《在哲学社会科学工作座谈会上的讲话》，人民出版社，2016，第 8 页。
② 习近平：《思政课是落实立德树人根本任务的关键课程》，人民出版社，2020，第 19 页。
③ 习近平：《思政课是落实立德树人根本任务的关键课程》，人民出版社，2020，第 12 页。
④ 习近平：《思政课是落实立德树人根本任务的关键课程》，人民出版社，2020，第 8 页。
⑤ 习近平：《思政课是落实立德树人根本任务的关键课程》，人民出版社，2020，第 9 页。

实践价值、中华优秀传统文化的智慧力量、中国发展的时代意义，以达到坚定信心、激扬斗志的效果。

二　运用创造性智慧提升道理的深度与讲解的技术和水平，不断增强学生的学习体验感与收获感

"思政课教学是一项非常有创造性的工作。"① 讲好思政课的道理并非易事，其中不仅涉及"术"，关乎"学"，更蕴含"道"。应当以问题为导向，开展综合性的教育创新与教学创造。

首先，讲授思政课绝不能凭借已有的理论储备"吃老本"。"内容为王"的基本原则，在强调内容重要性的同时，更要求课程随着时代的发展，不断丰富和创新道理内容与理论题材，以确保所讲的道理契合时代语境，保持理论的生命力与新鲜感，符合新一代学生的成长需要，为时代新人培养奠定重要的理论根基。习近平总书记指出："马克思主义是随着时代、实践、科学发展而不断发展的开放的理论体系，它并没有结束真理，而是开辟了通向真理的道路。"② 他还明确指出，国内外形势、党和国家工作任务发展变化较快，思政课"只有不断备课、常讲常新才能取得较好教学效果"③。概言之，思政课应立足新时代中国特色社会主义实践的现实基础，在理论方面及时追踪当代中国马克思主义、21世纪马克思主义的新发展，以推动教育教学内容的发展、更新与创新。

其次，讲授思政课不能对课本知识千篇一律地"重复"和"再现"，应当恰当地选择并创造性运用现代科学技术与方法，以此提升讲道理的水平。恩格斯指出："马克思的整个世界观不是教义，而是方法。"④ 要讲清楚马克思主义的基本道理，也要遵循科学的方法。习近平总书记指出："教材给出的是教学的基本结论和简要论述，要让不同类型的学生

---

① 习近平：《思政课是落实立德树人根本任务的关键课程》，人民出版社，2020，第14页。
② 习近平：《在哲学社会科学工作座谈会上的讲话》，人民出版社，2016，第13页。
③ 习近平：《思政课是落实立德树人根本任务的关键课程》，人民出版社，2020，第11页。
④ 《马克思恩格斯选集》第4卷，人民出版社，2012，第664页。

都爱听爱学、听懂学会，需要做很多创造性工作。要在教学过程中进行多样化探索，通过多种方式实现教学目标。"① 新时代，现代化的新技术、新方法、新手段丰富多样，思政课教学应秉持"为我所用"的立场，进行恰当选择与创造性运用，摒弃"教材—黑板—口述"的单一教学模式，激发学生的学习兴趣与持久的思维关注。但与此同时，不能被技术手段所"迷惑"，机械地嵌入并推进形式化的革新，而要同步推进对理论内容的巧妙构思、新颖表达与逻辑呈现，以增强教学的吸引力、感染力与针对性，实现对学生的理论引导和价值引领。在运用新技术新方法方面，尤其要发挥青年教师的积极作用，"让思政课教师特别是青年教师的创造活力竞相迸发、聪明才智充分涌流"②，让他们成为推进新时代思政课创新发展的重要力量。

最后，思政课讲道理切不可陷入思路狭隘、机械教条的境地，需运用创造性思维对道理内容进行深刻剖析与有效引导，以增强学生的学习体验感与收获感。学生体验的深刻程度、学习收获的丰富程度，取决于思政课对其思想和心灵的作用及作用程度，这就要求教师善于运用创造性思维，对教学内容进行有效的加工处理与合理的说理阐释。习近平总书记指出："要学会辩证唯物主义和历史唯物主义，善于运用创新思维、辩证思维，善于运用矛盾分析方法抓住关键、找准重点、阐明规律，创新课堂教学，给学生深刻的学习体验。"③

换言之，教师讲道理切不可拘泥于刻板的思维模式，把道理机械地切割成若干现成的教条结论。而应坚持问题导向，灵活运用多样化的思维方法，对问题或理论进行多维度拓展与多角度说理，将各种深刻的道理相互串联，做到触类旁通。以此带出诸多关联性的问题，引发学生持续的思想关注，带动学生深入思考，不断增强学生的思维动能，为其思想成长奠定坚实的基础。

---

① 习近平：《思政课是落实立德树人根本任务的关键课程》，人民出版社，2020，第21页。
② 习近平：《思政课是落实立德树人根本任务的关键课程》，人民出版社，2020，第25~26页。
③ 习近平：《思政课是落实立德树人根本任务的关键课程》，人民出版社，2020，第14页。

三　保持"爱"的教育温度，为中国特色社会主义建设与发展传递正能量

习近平总书记指出："教育是一门'仁而爱人'的事业，爱是教育的灵魂，没有爱就没有教育。"① 作为塑造灵魂的课程，思政课更需要满怀仁爱之心去讲道理，"把对家国的爱、对教育的爱、对学生的爱融为一体，心中始终装着学生，让思政课成为一门有温度的课"②。

思政课"有温度"的新要求，既包含讲思政课时要富有"爱"的情感投入这一教育要求，又包含通过思政课为中国特色社会主义事业发展传递正能量的政治性要求。一方面，习近平总书记强调，思政课教师所从事的是一项光荣神圣的职业，相关教师要对思政课具有执着的追求，怀有强烈的"职业认同感、荣誉感、责任感"③，带着信仰和真情实感进行马克思主义理论的教育与传播，做到"经师"和"人师"的统一，为学生心灵播下真善美的种子，坚持严爱相济、润己泽人，力求"把自己的温暖和情感倾注到每一个学生身上，让每一个学生都健康成长，让每一个孩子都有人生出彩的机会"④；另一方面，习近平总书记强调，要不断引导学生"把爱国情、强国志、报国行自觉融入坚持和发展中国特色社会主义、建设社会主义现代化强国、实现中华民族伟大复兴的奋斗之中"⑤，从而为中国特色社会主义事业发展贡献智慧和力量。

习近平总书记对思政课提出"爱"的温度的新要求，立足课程作用于人的头脑与思想深处的讲道理特性，凸显了课程所具备的人文关怀与情感关爱，是对思想政治教育"动之以情、晓之以理"原则的深化运用，有利于扭转教学实践中出现的理论强压、生硬灌输以及由此导致

---

① 习近平：《论教育》，中央文献出版社，2024，第76页。
② 习近平：《思政课是落实立德树人根本任务的关键课程》，人民出版社，2020，第13~14页。
③ 习近平：《思政课是落实立德树人根本任务的关键课程》，人民出版社，2020，第25页。
④ 《习近平在中国人民大学考察时强调　坚持党的领导传承红色基因扎根中国大地　走出一条建设中国特色世界一流大学新路》，《人民日报》2022年4月26日。
⑤ 习近平：《论党的青年工作》，中央文献出版社，2022，第184页。

的"虚假认同"、态度敷衍等不利局面。与此同时，强调课程情感温度的特殊性、进行"爱"的教育，并不与课程的思想性、政治性、理论性这些客观属性相矛盾；相反，这些特性相辅相成、互为支撑，由此展现出新时代对课程性质的深刻认识与发展新要求。

总之，"思政课的本质是讲道理"这一重要论断，是新时代对思政课本质的全新概括。该论断基于思政课与马克思主义之间内在的"源—流"逻辑关系，秉持马克思主义"说服群众"进而"掌握群众"的价值使命，把思政课视为运用马克思主义"做人的工作"，以培养一代代社会主义建设者和接班人的生动实践，集中回答了"思政课是什么"这一核心命题。这一论断充分认识到思政课讲道理的复杂性、特殊性以及由此带来的现实难度。无论是对课程丰富道理内容的思想把握，还是基于此进行道理的说服，抑或针对学生一生成长所开展的系统化教育与引导，这些因素都使课程难度加大。"思政课的本质是讲道理"这一论断并非抽象结论，它紧密关联思政课的教育教学实践，蕴含"以理服人"的内在要求，意味着思政课要通过充分说理和有效说服，达成价值引领的目标。

四 抓住关键性要素，大力提升思政课教师的课堂引领力

思政课以习近平新时代中国特色社会主义思想为指引，肩负着铸魂育人的重要使命，是落实立德树人根本任务的关键课程。思政课包含大学阶段的"思想政治理论课"、高中阶段的"思想政治课"，以及小学和初中阶段的"道德与法治课"，是我国学校教育体系中唯一一门贯通大中小学各学段的核心课程，在时代新人的持续培养过程中发挥着举足轻重的作用。思政课堂是引导学生获取并掌握马克思主义理论知识、树立正确"三观"的重要平台，也是集中开展说理教育并有效说服学生的主阵地。从说理的实际效果来看，教师作为课堂的主导者，其整体驾驭和引领课堂的能力，对课堂教学起着至关重要的作用。在新时代推进思政课一体化改革创新的进程中，我们应高度关注课堂说理的实际状况，积极回应并解决诸如"教师说理无效、学生课堂缄默"等问题，

将改革的重点聚焦于教师课堂引领力的提升。

（一）思政课教师课堂引领力理论内涵

课堂教学是思政课教学的基本方式与重要环节，也是集中展现教师教学能力的平台。思政课教师的课堂引领力，指的是教师在教学活动过程中，通过交流启发与教育引导，推动受教育者对教学内容进行同步思考、自觉接受并达成价值认同的能力。其重点在于教师的引导，落脚点是学生的同步思考、理论反思以及正确的价值判断。它基于受教育者的主体性地位，强调教师的主导性作用，并在二者的有机统一中，促进良好教学实效的达成。

1. 思政课教师的课堂引领力要立足课堂的基本场域

对教育而言，课堂的重要性不言而喻。课堂是教师从事职业活动、履行教书育人职责的场所，是知识传授、思想交流、观念互动以及人格塑造的重要场域。然而，课堂的范畴绝不局限于教室这一物理空间，其核心要素在于师生共同参与的教学活动。结合课堂的核心要素以及思政课兼具理论性与实践性的基本特性，思政课教师的课堂引领力总体上既涵盖对理论教学班级小课堂的整体驾驭与有效引领，也包含对社会实践大课堂的积极关注和有效利用。在网络信息化飞速发展的新时代，教师的课堂引领力还囊括在网络时空场域中，通过合理安排、布置来实施思想政治教育，进而实现对网络受众（重点是学生）的价值引领。鉴于课堂的多元性，思政课教师的课堂引领力也呈现出场域多元化的特点。

2. 思政课教师的课堂引领力必须坚持以学生为主体

思政课堂是面向学生且学生切实参与、全程参与的教学活动，其场所既可以在教室内，也能够拓展至教室外。无论场域位于何处，学生必然是课堂不可或缺的要素。思政课需立足大中小学各学段学生的思想认知特点，依照循序渐进、螺旋上升、一体化设计的原则，有针对性地设定课程目标并开展教学实践。这就意味着各学段思政课教师课堂引领力的侧重点有所不同。例如，基于小学生的感性思维特点，应以情感引领为主，多将生活中的素材引入课堂教学，或者对他们在"生活课堂"

中的所见所闻进行政治性引领，让他们形成对我国社会主义制度的一些具体认识，引导他们形成爱党、爱国、爱社会主义、爱人民、爱集体的情感，拥有做社会主义建设者和接班人的美好愿望；针对初中生，重在打牢思想基础方面的引领；对于高中生，关键在于提升政治素养；而大学生则侧重增强使命担当方面的引领。在尊重不同学段学生认知特点的基础上，还需在同一课堂把握班级内不同学生主体的思想特点，努力做到因材施教、有效施教。

3. 思政课教师的课堂引领力必须切实发挥教师的主导作用

教师是课堂教学活动的主导者和关键人物，直接负责课堂教学的组织、开展与实施，并确保教学目标的有效达成。从整体环节来看，思政课教师的课堂引领涵盖对教学内容的前期准备与设计、课中的呈现以及教学进程的把控与适时调整，还包括课后的总结反思与进一步改进完善，其主要目的是保障教学按计划、分步骤顺利完成。在此过程中，思政课教师在确保课堂教学正常开展的同时，尤为重要的是调动、激发和引导学生的思想与情绪，必须以思政课程蕴含的思想性、政治性和价值性引领学生的思维过程，促使学生的思想道德与政治素养水平不断向时代新人培养的教学总目标靠拢。思政课教师的课堂引领，并非仅仅推动学生获取一般的理论知识，更在于关注、激发和引导学生的理论需求，促使其产生思想情感上的触动与共鸣，从而实现对学生的价值引领。

（二）思政课教师课堂引领力的具体构成

教师的"教"与学生的"学"是教育活动中不可或缺的一对矛盾要素。思政教师课堂引领的直接对象是学生，目的在于推动学生健康成长成才。立足学生主体地位，依据立德树人的根本任务，思政课教师的课堂引领力主要表现为思想引领力、政治引领力和价值引领力三个方面。

1. 引领学生对马克思主义基本原理的思想认同

马克思主义是科学的真理，也是指导我们前行的理论武器。党的二十大报告指出："马克思主义是我们立党立国、兴党兴国的根本指导思想。"① 思政课作为立德树人的关键课程，肩负着培养担当民族复兴大任的时代新人的重要职责与使命，其重要内容之一是培养学生形成对马克思主义的思想认同与坚定信仰。思政课堂作为开展系统马克思主义理论教育的重要渠道，需在大中小学各个学段循序渐进、一体化推进马克思主义理论教育。这既包括依托思政课教材所呈现的马克思主义理论内容，也涵盖在课堂中增加对马克思主义经典著作的引用与补充，让学生感受原汁原味、原原本本的马克思主义，进而以马克思主义的真理魅力去吸引学生、启发学生、引领学生。诚如马克思所言，"理论只要彻底，就能说服人。所谓彻底，就是抓住事物的根本。而人的根本就是人本身"②。思政课教师的课堂引领力，归根结底是要实现以马克思主义的真理力量去吸引学生、征服学生并最终武装学生，其根本在于发挥马克思主义抓住"人本身"的作用。当然，理论不会自然自发地去"说服人"，因此，教师的引领不仅十分必要，而且尤为关键。只有通过思政课教师的精心组织与课堂的集中呈现，马克思主义基本原理才能被学生广泛地认识、了解和接受。所以，引领学生对马克思主义基本原理形成思想认同，是思政课教师课堂引领力的一个重要方面。

2. 引领学生对中国特色社会主义理论与实践的政治认同

每一个时代都有一个时代的使命，每一代人都有一代人的担当。习近平总书记强调："青少年是祖国的未来、民族的希望。我们党立志于中华民族千秋伟业，必须培养一代又一代拥护中国共产党领导和我国社会主义制度、立志为中国特色社会主义事业奋斗终身的有用人才。"③ 政治性是思政课的本质属性，思政课堂应以引领学生形成对中国特色社会主义理论与实践的政治认同为教育教学的重要着力点。习近平新时代中国特色社会主义思想集中回答了中国特色社会主义理论与实践中的重

① 习近平：《高举中国特色社会主义伟大旗帜 为全面建设社会主义现代化国家而团结奋斗——在中国共产党第二十次全国代表大会上的报告》，人民出版社，2022，第 16 页。
② 《马克思恩格斯选集》第 1 卷，人民出版社，2012，第 10 页。
③ 《习近平谈治国理政》第 3 卷，外文出版社，2020，第 328~329 页。

大时代课题，包括"新时代坚持和发展什么样的中国特色社会主义、怎样坚持和发展中国特色社会主义，建设什么样的社会主义现代化强国、怎样建设社会主义现代化强国，建设什么样的长期执政的马克思主义政党、怎样建设长期执政的马克思主义政党"① 等内容。思政课教师若要引领学生形成对中国特色社会主义理论与实践的政治认同，就要坚持用习近平新时代中国特色社会主义思想铸魂育人，引导学生对新时代中国特色社会主义达成基本共识，树立美好的政治愿景。中共中央宣传部、教育部印发的《新时代学校思想政治理论课改革创新实施方案》指出，思政课要"坚持用习近平新时代中国特色社会主义思想铸魂育人，加强'四个自信'教育，将学习贯彻习近平新时代中国特色社会主义思想体现在大中小学各学段的课程目标、课程设置和课程教材内容中，实现全覆盖、贯穿全过程"②。思政课作为培养一代又一代社会主义建设者和接班人的重要保障，教师在课堂教学中要落实文件精神，切实引导学生形成对中国特色社会主义政治制度的理解与认同。

3. 引领学生对社会主义核心价值观的笃信与笃行

习近平总书记指出："人类社会发展的历史表明，对一个民族、一个国家来说，最持久、最深层的力量是全社会共同认可的核心价值观。"③ 思政课堂在引导青少年学生形成对马克思主义基本原理的思想认同、对中国特色社会主义理论与实践的政治认同的基础上，还需从价值观念层面引导学生，使其形成对中国特色社会主义道路、理论、制度、文化积极追求并投身实践的内驱力，从而培养出一批又一批渴望且能有效投身祖国现代化事业的建设者与接班人，即以社会主义核心价值观为引领，助力学生成长成才。思政课教师对社会主义核心价值观的引领主要涵盖价值理念与行动实践这两个维度。一方面，整合并吸收中国传统价值观念与人类社会共有的价值观念中的精华，以此提升社会主义

---

① 《中国共产党第十九届中央委员会第六次全体会议公报》，人民出版社，2021，第10页。
② 《中共中央宣传部 教育部关于印发〈新时代学校思想政治理论课改革创新实施方案〉的通知》，中国政府网，https://www.gov.cn/zhengce/zhengceku/2021-01/01/content_5576046.htm。
③ 习近平：《论教育》，中央文献出版社，2024，第51页。

核心价值观的思想包容力，进一步彰显社会主义核心价值观的真理价值，进而推动学生形成价值认同；另一方面，紧密结合中国特色社会主义实践发展取得的伟大成就与积累的历史经验，进一步印证社会主义核心价值观的现实作用，并结合公民自身（包括学生个体）的发展诉求，阐明社会主义核心价值观对个体发展实践的积极意义。通过综合理论与实践的分析阐释，引发学生的逻辑反思与价值判断，推动学生将社会主义核心价值观内化于心、外化于行，实现"观"与"行"的统一。

（三）关于思政课教师课堂引领力提升的几点思考

实事求是地讲，我国教育在一定范围内存在重智育轻德育、重科研轻教学的倾向。这致使思政课堂在横向对比中处于不受欢迎的境地，其重要性在教师整体工作任务中也被忽视。课堂实况还呈现出"言者谆谆，听者藐藐"[①]的消极现象，以及"听是一套，做又是一套"的问题。面对这些状况，必须从思想上强化对思政课堂重要性的认识，狠抓教师课堂教学能力建设，以提升教师课堂引领力为突破口，进而带动思政课堂教育实效的提升，确保思政课程铸魂育人神圣职责与使命得以履行。

第一，强化对课堂重要性的思想共识。习近平总书记在全国高校思想政治工作会议上指出，要"用好课堂教学这个主渠道"[②]。三尺讲台虽小，但立德树人责任重大。广大教师要敬畏讲台、珍惜讲台、热爱讲台，把更多时间和精力投入课堂教学，认认真真讲好每一堂课。以习近平总书记重要讲话精神为指引，整个教育系统要充分认识到思政课堂的重要性。党的学校思想政治工作要高度重视并紧紧围绕课堂这个主渠道开展，同时结合多种渠道，共同完成育人的职责与使命。学校党委要坚持把从严管理和科学治理结合起来，学校党委书记、校长要带头走进课堂，带头推动思政课建设。思政课教师要按照"八个相统一"的原则，推进课程教学改革与创新，不断增强思政课堂的思想性、理论

---

① 习近平：《论教育》，中央文献出版社，2024，第 152 页。
② 习近平：《论教育》，中央文献出版社，2024，第 150 页。

性、亲和力和针对性，切实提升教师教学创造力与课堂引领力，引导学生主动提问、积极思考、凝练观点，并逐步构建学生自身的思想认知体系，为学生的成长奠定必要基础。

第二，在一体化目标统领下，切实把握各学段思政课堂的教学特点与要求。思政课程是贯通学校教育始终的一门课程，其总目标是培养担当民族复兴大任的时代新人。这需要各学段思政课教师在彼此分工的基础上共同配合，在一轮轮的课堂接力中齐心完成铸魂育人的伟大工程。具体而言，小学思政课堂要以学生生活为基础，主要讲授学生与自我、家庭、班级、社会、国家、世界、自然等的关系，帮助小学生从情感上形成对主流意识形态的"朦胧认同"；初中思政课堂则以学生体验为基础，主要讲授个人与集体、自我与时代、社会规则与社会秩序、社会责任与社会担当、宪法与法律、国家利益与国家目标、中国与世界等内容，引导学生对党和国家事业形成总体性认识；高中思政课堂则以学生认知为基础，讲授中国特色社会主义的开创与发展，习近平新时代中国特色社会主义思想的丰富内涵、思想精髓和理论意义，帮助学生理解社会主义基本经济制度、中国特色社会主义政治发展道路、中华优秀传统文化、革命文化和社会主义先进文化等内容，引导学生理解中国特色社会主义背后的基本原理；大学思政课堂则以锻炼学生思维为基础，充分阐释中国共产党为什么能、中国特色社会主义为什么好、马克思主义理论为什么行等深刻理论道理，强化大学生的担当精神，引导学生矢志不渝听党话、跟党走，争做社会主义合格建设者和可靠接班人。各学段课堂既有自身特点，又彼此关联构成一体化的大课堂。思政课教师要在各自所属的教育层级实施有效的教育引领，同时兼顾相邻层级的有效衔接和必要递进，通力合作，共同完成对学生成长成才的方向引领和价值引导。

第三，及时开展思政课教师网络课堂所需信息技术能力的专业培训。网络课堂是思政课堂的重要组成部分。尤其在信息化的新时代，思政课教师不能仅局限于传统"线下课堂"的教学组织与教育引领，还要转向在线的"云课堂""网络课堂"。这对于教师尤其是老年教师而言是不小的挑战，因此开展这方面的专业培训非常必要且迫切。客观地说，在当前网络信息技术普遍化、大众化，以及全方位、无所不及的渗透化、融合化趋势下，思政课堂既是受益者，也是"受害者"。其中，"利"的方面众多，例如思政课虚拟仿真教学可使课堂知识变得可感可触，通过"现实感受"增强学生的思想认同、政治认同和价值认同；再如，在线课堂让不同地区的学生可以在同一时间（或不同时间）、不同空间参与学习，保证基本教学正常开展；等等。但不利方面的问题也很突出，如网络课堂教学存在互动性差、对学生约束力不强、课堂信息安全保障薄弱等问题。开展思政课教师的网络信息技能培训，目的是积极适应发展潮流，尽可能运用和发挥网络信息技术的优势，增强思政课堂的教育实效，有效避免使用中可能出现的问题与失误，以及紧急使用情况下的慌张和"抓瞎"，确保教师能够熟练、有序、高效、便捷地运用信息技术手段，实现课堂教学的平稳与流畅。与此同时，在教育相关部门的督促下，非常有必要加大对网络课堂平台的安全防护建设力度，避免思政课程教学被恶意破坏或信息泄露，从而对学校意识形态整体安全造成影响。

第六章

内涵式发展论：高校思政课建设的新方略新要求

　　我国的高校思政课是针对大学生群体普遍开设的、用以开展社会主义主流意识形态理论与实践教育的一套系统性课程。它以马克思主义理论学科为学理支撑，以专职教师为主力、兼职教师为补充来组织教学。作为主流意识形态的理论与实践教育，从根本上说是为了对大学生进行马克思主义理论知识教育，最终促使大学生形成对马克思主义的精神信仰，产生投身中国特色社会主义现代化建设的行为取向并付诸行动实践。高校思政课直观表现为一整套包含具体知识内容的马克思主义理论课程及其教育教学活动，其背后则承载着包括教学目标规划、教学内容制定、教育方式方法设计、教学进程安排、人才队伍培训与发展、学科理论建构及科学研究工作等在内的一系列建设内容。

　　我国的高校思政课在新中国成立前就已初见端倪。例如，北京大学在20世纪20年代开设的"唯物史观"和"工人的国际运动"课程（由李大钊讲授）；黄埔军校借助"社会主义运动""中国革命"等课程开展的马克思主义理论宣传和教育；红色革命根据地和解放区具有高等教育性质学校中的马列主义理论教育课程；等等。这些都是"高校思政课"在特殊历史时期的具体呈现形式。但这些课程都是"相对分散、比较零星、比较偶然且范围受到局限的"[1]。从高校普遍开设的、

---

[1]　骆郁廷主编《高校思想政治理论课程论》，武汉大学出版社，2006，第52页。

具有系统性的马克思主义理论与实践教育课程特征来看，高校思政课是建立在新中国高等教育主权统一的历史基础之上的。因此，本书第一章专门在新中国现代化百年征程的回溯与展望中，对高校思政课展开了贯通史研究，形成了关于高校思政课内涵式发展趋势的科学研判，在此则专门就高校思政课内涵式发展的实践方略与发展要求进行探讨。

第一节　高校思政课内涵式发展的概念探源

习近平总书记在"3·18"重要讲话中提出"推动思政课建设内涵式发展"①，这一理念是新时代高校思政课发展的思想主心骨，蕴含着丰富的理论内容。高校思政课内涵式发展思想是对课程发展的战略规划，体现了基于课程发展趋势的理性自觉；它引入经济内涵式发展的思想原理，拓展了课程发展的思维视野；它是对高等教育内涵式发展战略的细化，因而建立在教育的科学规律之上。高校思政课内涵式发展须置于国家整体建设与教育事业发展的现实背景下，深刻理解内涵式发展的学理所指与时代意涵。

一　"内涵式发展"的思想演进

内涵式发展源于对"内涵"一词的语义延伸。从汉语的语法和语义来讲，"内涵式发展"是表述上的省略语，其完整的意思应是"以增加或充实内涵的方式发展""以加强或重视内涵建设的方式发展"②。显然，内涵式发展的前提是对事物的内涵要有充分的理性认知与思想把握。

内涵式发展与外延式发展是一对互斥性概念，代表着对两种不同发展模式的理论概括。对内涵式发展理论内涵的理解，马克思的扩大再生产理论给出了经典解释。在马克思的政治经济学中，虽然没有直接使用内涵式发展的概念，但在其研究扩大再生产的思维图式中，暗含有"内

---

① 习近平：《思政课是落实立德树人根本任务的关键课程》，人民出版社，2009，第27页。
② 别敦荣：《论高等教育内涵式发展》，《中国高教研究》2018年第6期。

涵式扩大再生产"与"外延式扩大再生产"两条线索。马克思指出，"固定资本价值中这个转化为货币的部分，可以用来扩大企业，或改良机器，以提高机器效率。这样，经过一段或长或短的时间，就要进行再生产，并且从社会的观点看，是规模扩大的再生产"，"如果生产场所扩大了，就是在外延上扩大；如果生产资料效率提高了，就是在内涵上扩大"①。列宁继续发展了扩大再生产的理论，尤其将"技术进步和生产有机构成的提高，引入马克思的扩大再生产图式，科学地论证了第一部类必须优先增长，也就是它在社会生产中的比重必须提高的原理"②，这体现了内涵式扩大再生产的因素特征。其他研究者据此概括出"马克思把社会资本扩大再生产区分为外延扩大再生产和内涵扩大再生产"的表述方式，并指明"后人在分析经济增长方式时，把'外延式'称为外延增长，'内涵式'称为内涵增长"③。在我国的经济建设与发展中，遵循马克思主义政治经济学的基本原理，以"外延式发展"与"内涵式发展"分别指代两种经济发展方式，前者指"单纯依靠增加机器设备、劳动者人数和生产场所等生产要素的数量来扩大生产规模，生产技术和劳动效率并没有提高，生产要素的质量并未发生变化"，后者则是"对原有企业进行挖潜、革新、改造，提高劳动者的技术水平和劳动生产率、提高生产基金的使用效率，从而使生产要素得到改善的基础上扩大原有的生产规模"④。应该特别指出，不论内涵式发展还是外延式发展都只是逻辑上的相对划分，"在以内含的扩大再生产为主要特征的社会主义经济中，纯粹的外延的扩大再生产也是一个抽象"⑤。在实际的经济发展中，二者"你中有我、我中有你""相互结合在一起"⑥，很难做出完全的区分。

---

① 《马克思恩格斯全集》第 24 卷，人民出版社，1972，第 192 页。
② 刘国光：《社会主义再生产问题》，生活·读书·新知三联书店，1980，第 25 页。
③ 刘思华：《生态马克思主义经济学原理》，人民出版社，2006，第 375 页。
④ 宋涛主编《政治经济学》（下卷），人民出版社，1985，第 211 页。
⑤ 刘国光：《社会主义再生产问题》，生活·读书·新知三联书店，1980，第 25 页。"内含"与"内涵"同义。以下类似情况同理。
⑥ 中国《资本论》研究会综合学术组编《〈资本论〉与社会主义经济》，人民出版社，1983，第 167 页。

在人类社会历史上，当生产力发展达到一定程度时，人们就会愈加关注并积极推进向内涵式发展的转变。"资本主义进入大机器工业阶段以后，在继续进行外延的扩大再生产的同时，内含扩大再生产就日益占有重要的地位。"[①] 内涵式发展已成为发达国家成功的典型经验。我国经历了工业化初期的大规模基础性建设后，到了20世纪60年代，也提出要探索内涵式的发展道路，"发展多种农业经济，走内涵式扩大再生产和集约经营的农业现代化道路"[②]。改革开放后，邓小平指出："要依靠市场机制与宏观调控相结合的调节力量，依靠集约式经营和内涵扩大再生产的模式，实现经济发展与人口、资源和环境的协调。"[③] 党的十四大确立社会主义市场经济体制后，在继续解放和发展生产力的进程中，逐步探索把工作的着力点和重点置于调整结构、提高经济运行的质量和效益上，追求"实现规模与结构、数量与质量、速度与效益相统一，走内涵式和可持续发展的道路"[④]。进入新时代，国内外经济形势发生了新变化，我国经济发展方式的转型日益紧迫并不断向前推进。党的十八大报告指出，"加快形成新的经济发展方式"[⑤]；党的十九大报告进一步指出，要贯彻新发展理念，建设现代化经济体系，在由高速增长阶段转向高质量发展的"攻关期"，必须坚持"质量第一、效益优先"[⑥]，以供给侧结构性改革为主线，推动经济发展质量变革、效率变革、动力变革。

步入新时代，高校思政课已有70多年的发展积累，在基础规模与发展格局方面均取得了重大成就，必然步入以内涵式发展为主要特征的阶段。

---

① 中国《资本论》研究会综合学术组编《〈资本论〉与社会主义经济》，人民出版社，1983，第167页。

② 李海文主编《周恩来研究述评》，中央文献出版社，1997，第405页。

③ 全国干部培训教材编审指导委员会组编《邓小平理论基本问题：全国干部学习读本》，人民出版社，2002，第183页。

④ 《江泽民思想年编（1989-2008）》，中央文献出版社，2010，第388页。

⑤ 《胡锦涛文选》第3卷，人民出版社，2016，第644页。

⑥ 习近平：《决胜全面建成小康社会 夺取新时代中国特色社会主义伟大胜利——在中国共产党第十九次全国代表大会上的报告》，人民出版社，2017，第30页。

二 "高校思政课内涵式发展"的概念形成

内涵式发展策略的历史演进，遵循从"国民经济和社会发展"到"高等教育事业发展"，再到"思政课发展"的由大到小的演进逻辑，概念逐层细化，逐步聚焦到高校思政课上来。

这一概念起初广泛应用于经济领域。在我国关于国民经济内涵式发展转型的总体部署中，实际上也内在地包含着对经济和社会发展各个领域内涵式发展的潜在要求。党的十八大报告正式将这一概念引入教育领域，形成了"推动高等教育内涵式发展"[①]的战略思想，党的十九大报告再次强调了这一提法。习近平总书记在"3·18"重要讲话中将概念的使用范围具体到一门课程，形成了关于"推动思政课建设内涵式发展"[②]的科学论断。在从宏观到微观、从整体发展部署到具体建设实践的推进过程中，"内涵式发展"概念日渐为公众所熟知，其内涵也在学术界持续深入的研究中日益丰富且明晰。

"高校思政课内涵式发展"是对高等教育中内涵式发展概念的进一步拓展和细化。高等教育内涵式发展概念提出时间更早，思想相对成熟，内涵比较明确，其关于教育发展的共识原则与基本理念适用于高校思政课的发展建设。当前已达成关于高等教育内涵式发展概念的基本共识。一是形成关于发展必然趋势的判断，"走内涵式发展道路是我国高等教育发展的必由之路"[③]。二是对发展质量的内在规定。如"大力提升发展质量和效益"[④]。三是包含科学、公平、均衡和强国方面的理念要求。在党和国家的教育部署中具体提出了"必须把教育事业放在优先位置，深化教育改革，加快教育现代化，办好人民满意的教育"[⑤]

---

① 《十八大以来重要文献选编》（上），中央文献出版社，2014，第27页。
② 习近平：《思政课是落实立德树人根本任务的关键课程》，人民出版社，2009，第27页。
③ 习近平：《在北京大学师生座谈会上的讲话》，人民出版社，2018，第4页。
④ 《习近平著作选读》第2卷，人民出版社，2023，第10页。
⑤ 习近平：《决胜全面建成小康社会 夺取新时代中国特色社会主义伟大胜利——在中国共产党第十九次全国代表大会上的报告》，人民出版社，2017，第45页。

"加快建设高质量教育体系，发展素质教育，促进教育公平"[①] "要坚持以人民为中心，不断提升教育公共服务的普惠性、可及性、便捷性，让教育改革发展成果更多更公平惠及全体人民"[②] 等。这些思想观点亦构成高校思政课内涵式发展概念的基本组成部分。综合高校思政课的内在要求与内涵式发展的思想内涵，高校思政课内涵式发展即指"以马克思主义为指导，聚焦立德树人根本任务，以激发课程发展的内生动力为主，同时协调外部力量形成建设合力的课程发展模式，是课程发展思路与建设实践的有机统一"[③]。高校思政课内涵式发展的概念内涵，蕴含着对课程所具有的马克思主义理论教育的意识形态属性的思想共识，同时紧扣课程发展中的矛盾问题，秉持立足内因要素的原则，持续推进课程高质量发展。

第二节　高校思政课内涵式发展的哲理意涵

高校思政课的科学内涵，反映了其作为一般课程所具有的客观规律性，以及作为马克思主义理论教育教学课程的本质规定性。新时代高校思政课内涵式发展，建立在对高校思政课科学内涵的深刻把握与系统总结之上，是体现新的时代意蕴的系统发展工程，具有本体论、价值论和方法论三个层面的基本意涵。

一　何以生成、何样表现的本体论意涵

高校思政课内涵式发展的本体论意涵，即从理论层面回答高校思政课内涵式发展何以生成、何样表现的本体性问题。

在与外延式发展的对比中，能够更加清晰地理解内涵式发展本身的

---

① 习近平：《高举中国特色社会主义伟大旗帜 为全面建设社会主义现代化国家而团结奋斗——在中国共产党第二十次全国代表大会上的报告》，人民出版社，2022，第40页。
② 《习近平在全国教育大会上强调 紧紧围绕立德树人根本任务 朝着建成教育强国战略目标扎实迈进》，《人民日报》2024年09月11日。
③ 具体参见笔者所著《高校思想政治理论课内涵发展研究》，社会科学文献出版社，2023，第38页。

意义。内涵式发展与外延式发展是对两种不同发展方式的概括和总结。"如果生产场所扩大了,就是在外延上扩大;如果生产资料效率提高了,就是在内涵上扩大。"① 就外延式发展与内涵式发展对比而言,前者重在追求规模与数量的扩大,后者重在质量和效益的提高;前者更多表现为粗放式的总量增长,后者更多表现为集约化的质量发展;前者多是同一化建设模式,后者彰显的是特色化发展模式;前者的发展路径多依赖模仿移植,后者的发展则强调凭借创新推动。当然,上述关于两种发展方式的分析仅是从理论上做出的相对划分,实际上内涵式发展与外延式发展一般都贯穿事物发展的始终。正如学者指出的:"马克思关于外延扩大再生产同时也包含生产资料效率的提高,内涵扩大再生产也需要生产场所扩大的内涵与外延相辅相成关系的论述。"② 可以说,对生产发展而言,在外延扩大再生产的过程中也包含对生产资料效率提高的要求,而在内涵扩大再生产中也会包含生产规模扩大的内容,内涵与外延发展是相辅相成的。通常在发展的高级阶段,由于已有了数量和规模的历史积累,外延式的发展不那么"迫切",而更多地转向注重事物自身质量和运行效率的内涵式发展。从发展程度上即可推知,内涵式发展是对外延式发展的内容综合与价值超越。

在新时代条件下,高校思政课内涵式发展以新发展理念为现实遵循,体现了对自身发展价值的理性自觉。它坚持以人民为中心,以培养担当民族复兴大任的社会主义建设者和接班人为价值导向,开展专业性、系统化的马克思主义理论和实践教育。就其生成背景而言,涵盖外因与内因两个方面的因素。从外因来看,国际国内形势的深刻变化与复杂态势,构成了高校思政课内涵式发展的现实背景。当前,世界处于百年未有之大变局,国际格局和国际体系正经历深刻调整,世界经济重心呈现"自西向东"的位移变化。与此同时,新一轮科技革命和产业变革重塑世界,世界文明多样性越发凸显,开放包容、多元互鉴成为世界各国交往的主基调。在此期间,中国特色社会主义进入新时代,全面建

---

① 《马克思恩格斯选集》第2卷,人民出版社,2012,第352页。
② 张思锋:《重温马克思再生产理论,把握经济发展新常态》,《〈资本论〉研究》2017年。

设社会主义现代化国家新征程开启，我国社会主要矛盾已转化为人民日益增长的美好生活需要和不平衡不充分的发展之间的矛盾，人民对公平且高质量教育的向往更为迫切。在如此宏阔的背景下，现实环境的深刻变化，既为高校思政课带来前所未有的发展机遇，也引发了一系列风险与挑战，这些共同构成高校思政课发展的外部因素。新时代推动高校思政课内涵式发展，必须将之"放在世界百年未有之大变局、党和国家事业发展全局中来看待，要从坚持和发展中国特色社会主义、建设社会主义现代化强国、实现中华民族伟大复兴的高度来对待"①。从内因角度而言，高校思政课在已有经验积累和格局基础上，发展质量仍存在诸多短板，逐渐暴露出与时代发展阶段性诉求不相匹配的不平衡不充分问题。高校思政课肩负立德树人、培养担当民族复兴大任时代新人的重要历史使命，需在遵循思想政治教育基本规律、教书育人基本规律和大学生成长基本规律的基础上，推进自身的发展转型与战略升级，以内涵式发展契合我国高等教育改革和发展趋势。

就其表现样态来说，高校思政课内涵式发展并非抽象的表述，而是围绕高校思政课质量和水平切实推进的系统建设工程。它以质量提升为根本，将对高校思政课发展质量的评价，落实到大学生理想信念的坚定、思想政治素质与道德品质的提升、立德树人根本任务的完成以及担当民族复兴大任时代新人的培养上。它以内部优化为动力，通过对思政课的课程体系、教材体系、队伍建设等各环节、各要素进行有效整合，包括深入开展马克思主义理论科学研究并发挥其学理支撑作用、打造具有坚定信仰和优良素质的专业化教师队伍、促进传统教育教学方法与现代信息技术手段相辅相成、有效发挥课程所蕴含的思想性和理论性价值等，优化思政课的资源配置，推动高校思政课内涵式发展。

二　何种特性、何种原则的价值论意涵

高校思政课内涵式发展的价值论意涵，是从理论层面回答高校思政

---

① 《中华人民共和国学校思想政治理论课重要文献选编》（下册），人民出版社，2022，第1530页。

课内涵式发展应凸显何种价值特性及坚持何种价值原则的问题。

从价值向度上来看，高校思政课内涵式发展的价值实现在于自身功能性价值在理论与实践中的不断确证。高校思政课的实质是进行系统的马克思主义理论与实践教育。新时代尤其强调要"紧密围绕立德树人这个根本任务，增强高校思想政治工作的针对性和实效性，更好地把习近平总书记关于教育的重要论述融入高校思想政治理论课，培养更多的德智体美劳全面发展的社会主义建设者和接班人"①。可见，高校思政课内涵式发展要不断彰显课程的马克思主义教育特色，发挥作为"关键课程"不可替代的作用。

高校思政课内涵式发展遵循"质效优先"的价值原则。内涵式发展更多地强调发展的质量和效益，是从价值理念上对外延式发展的"合理纠偏"，或是"发展不足的延伸"②。我国高校思政课已积累了空前的规模体量，但发展质量和效益还有待进一步提升。同时，在新的历史条件下还出现了新的矛盾和问题，诸如如何处理教师团队扩张和质量提升的关系，如何处理教学方法改革与"炫技式"教学、"娱乐型"教学的关系，如何处理思政课程和课程思政的关系等。"对高校思想政治理论课进行'提质增效'"已成为迫切的需求。只有始终将质量和效率放在第一位，遵循"质效优先"的根本价值原则，合理统筹外延规模的适量适度建设，才能切实推进高校思政课实现"既大又强"的内涵式综合性发展。

三　何种思维、何样实践的方法论意涵

高校思政课内涵式发展的方法论意涵，即从理论层面解答应以何种思维方法及具体方式手段推进高校思政课内涵式发展的问题。

从思维方法上来看，高校思政课内涵式发展一方面要坚持运用系统思维方法。作为复杂社会现实中的独立单元，高校思政课是伴随着社会发展而不断发展起来的，是一个整体的、发展的、动态的概念。因此，

---

① 靳诺：《新时代高校思政课如何改革创新》，《光明日报》2019 年 12 月 24 日。
② 别敦荣：《论高等教育内涵式发展》，《中国高教研究》2018 年第 6 期。

对高校思政课内涵式发展科学意涵的厘定，是由其在不同社会背景和时代图景中所发挥的特殊功能决定的，并随着高校思政课本身规模大小、结构疏密、质量优劣、效益高低等的变化而变化。运用系统思维方法，就是从整体上以发展的眼光去考量高校思政课在国际国内宏观背景条件下的崭新变化和现实挑战，研判种种现实问题及其产生的根源，立足高校思政课系统本身去寻求发展的动力，在自我革新中推进发展的新常态，以此促进课程发挥其在培养社会主义合格建设者和可靠接班人、巩固马克思主义在高校意识形态领域指导地位方面不可替代的作用。

另一方面要坚持运用辩证思维方法，运用矛盾分析方法深刻认识高校思政课内涵式发展过程中所体现出的矛盾双方相辅相成的关系、主次关系、一般与个别的关系。具体而言，一是要辩证客观地看待当前高校思政课发展的现状，认识到其中既有建设的有利基础与条件及可喜的成就，又存在诸如"有的地方和学校对思政课重要性认识还不够到位，课堂教学效果还需提升，教材内容不够鲜活，教师选配和培养工作存在短板，体制机制有待完善，评价和支持体系有待健全，大中小学思政课一体化建设需要深化，民办学校、中外合作办学思政课建设相对薄弱，各类课程同思政课建设的协同效应有待增强，学校、家庭、社会协同推动思政课建设的合力没有完全形成，全党全社会关心支持思政课建设的氛围不够浓厚"① 等发展不平衡、不充分的现实问题；二是要处理好高校思政课发展中诸如思想供给与需求、教学与科研、理论与实际、主导性与主体性等基本矛盾；三是要坚持政治性和学理性相统一，坚持价值性和知识性相统一，坚持建设性和批判性相统一，坚持理论性和实践性相统一，坚持统一性和多样性相统一，坚持主导性和主体性相统一，坚持灌输性和启发性相统一，坚持显性教育和隐性教育相统一，在"八个相统一"的辩证思维中推进课程的守正创新，以增强高校思政课的思想性、理论性和说服力。

从发展方式上看，高校思政课内涵式发展是包括外延建设在内的综

---

① 《中华人民共和国学校思想政治理论课重要文献选编》（下册），人民出版社，2022，第1529~1530 页。

合性发展。因此，高校思政课内涵式发展须围绕课程质量提升这一核心，在发展中采取"缩减班级规模""配齐师资队伍""扩大马克思主义学院建制的覆盖面"等具体方式，确立科学合理的数量和规模比例。同时，以"建好建强"为导向，通过改善课程环境、破除制约性体制机制障碍、化解深层次矛盾、改进教学方法和手段、提高课程亲和力和针对性、优化课程教育过程等具体举措，大力提升教育教学质量，培养担当民族复兴大任的时代新人。

第三节　高校思政课内涵式发展的战略定位

高校思政课肩负着立德树人、培养时代新人的重要使命。它在遵循思想政治教育基本规律、教书育人基本规律以及大学生成长基本规律的基础上，借助内涵式发展战略，推动自身的发展转型与升级，从而回应时代发展的崭新要求。

一　高校思政课内涵式发展的战略转型

"新时代高校思政课建设历史性成就的取得标志着高校思政课建设已由外延式快速发展阶段转向内涵式高质量发展阶段。"[①] 在以外延式特征为主的阶段，发展主要体现为总体数量与规模的积累和扩张。例如，马克思主义学院等教学与科研机构的组建与扩建、课程门数的增加、教育内容与知识面的拓展、师生人数的绝对增长、教育介体数目的扩张、课堂教学的时空延伸等，即在总体方面体现为要素规模与数量的绝对增长。新时代，课程发展对规模数量与发展质量提出综合要求，在建设实践中表现为新思想新论断新部署的提出、重点马克思主义学院的全力打造、马克思主义理论学科的丰富与更新、"马工程"教材的集成创新，以及教师队伍的精心打造，教学方法手段的兼收并蓄等。概言之，课程配套建设质量大幅提升，一大批有影响力的品牌课程也纷纷涌

---

① 刘武根：《论新时代高校思想政治理论课建设的主要矛盾》，《思想理论教育导刊》2018年第5期。

现。此阶段，发展的重心主要转移到了如何更加有效地增强课程的思想性、理论性和亲和力、针对性，如何满足大学生多样化的发展需要，如何发挥课程的引领功能和立德树人的关键作用，更好地履行培育时代新人的职责与使命，即步入了课程高质量发展阶段。

二　高校思政课内涵式发展的战略目标

习近平总书记在"3·18"重要讲话中指出："办好思政课，最根本的是要全面贯彻党的教育方针，解决好培养什么人、怎样培养人、为谁培养人这个根本问题。"[①] 指明内涵式发展应围绕"培养人"的根本问题来进行。"当前，党和国家事业正处在一个关键时期，我们对高等教育的需要比以往任何时候都更加迫切，对科学知识和卓越人才的渴求比以往任何时候都更加强烈。"[②] 内涵式发展更加致力于为党和国家培养栋梁之材。中华民族复兴大业，需要能够担当复兴大任的卓越人才。高校思政课内涵式发展的战略目标即培养能够担当民族复兴大任的时代新人，培养德智体美劳全面发展的社会主义建设者和接班人。为此，高校思政课需要明确自身的职责与使命，不断增强课程教育的实效，培养一代又一代拥护中国共产党领导和我国社会主义制度、立志为中国特色社会主义事业奋斗终身的有用人才。总之，课程要围绕立德树人根本任务，立报国强国之大志，育社会主义之英才，"为培养德智体美劳全面发展的社会主义建设者和接班人尽到应有的责任，从而切实推动思想政治理论课建设的内涵式发展"[③]。

第四节　高校思政课内涵式发展的价值诉求

党的十九大报告从社会主义建设和发展的规律出发，提出"实现

---

① 习近平：《思政课是落实立德树人根本任务的关键课程》，人民出版社，2020，第 9 页。
② 习近平：《论教育》，中央文献出版社，2024，第 175 页。
③ 陈锡喜、张濛：《推动高校思想政治理论课建设内涵式发展的要义和路径》，《思想理论教育》2019 年第 11 期。

更高质量、更有效率、更加公平、更可持续发展"① 的基本要求；党的
二十大报告进一步强调"高质量发展是全面建设社会主义现代化国家
的首要任务"②，提出发展是党执政兴国的第一要务。遵循我国经济社
会发展规律与内涵式发展的部署要求，高校思政课程内涵式发展呈现出
如下五个方面的价值追求。

一 坚持以高质量为核心

内涵式发展更多地强调发展的质量和效益，是从价值理念上对外延
式发展的"合理延伸"，或是"发展不足的纠偏"③。经济的内涵式发展
以质量为标准和依据，如追求"数量与质量的统一"④、以提高"质量
和效益"⑤ 为推动发展的立足点、"质量第一、效益优先"⑥ 等；在高等
教育内涵式发展的趋势中，也包含以质量作为"中心环节"⑦ "第一要
义"⑧ "核心"⑨ 等对质量的基本要求。我国高校思政课已积累了空前
的规模体量，但发展质量和效益还不高，仍需"对目前的高校思想政
治理论课进行'提质增效'"⑩。必须遵循"质效优先"的理念原则，
始终将质量和效率置于首位，合理统筹外延规模的适量适度建设，切实
推进课程"既大又强"的内涵式发展。

结合新时代课程发展部署的文件精神，可分解出课堂教学与课程育
人两个维度的质量要求，作为内涵式发展水平的重要参考。一方面，课

---

① 《十九大以来重要文献选编》（上），中央文献出版社，2019，第 53 页。
② 习近平：《高举中国特色社会主义伟大旗帜 为全面建设社会主义现代化国家而团结奋斗——在中国共产党第二十次全国代表大会上的报告》，人民出版社，2022，第 28 页。
③ 别敦荣：《论高等教育内涵式发展》，《中国高教研究》2018 年第 6 期。
④ 《江泽民思想年编（1989-2008）》，中央文献出版社，2010，第 388 页。
⑤ 《十八大以来重要文献选编》（中），中央文献出版社，2016，第 490 页。
⑥ 习近平：《决胜全面建成小康社会 夺取新时代中国特色社会主义伟大胜利——在中国共产党第十九次全国代表大会上的报告》，人民出版社，2017，第 30 页。
⑦ 冯刚主编《科学发展观高校读本》，人民出版社，2009，第 245 页。
⑧ 龚克：《立德树人、素质教育与内涵式发展》，《中国高等教育》2013 年第 2 期。
⑨ 李立国：《"双一流"高校的内涵式发展道路》，《国家教育行政学院学报》2018 年第 9 期。
⑩ 靳诺：《新时代高校思政课如何改革创新》，《光明日报》2019 年 12 月 24 日。

堂教学质量是立足的关键。"三尺讲台虽小，但立德树人责任重大。"①
课堂学习具有基础性和系统性，只有高质量的课堂教学，才能保证教学
实效。《普通高校思想政治理论课建设体系创新计划》指出，在高校思
政课综合评价体系中，要以"课堂教学质量等作为重要评价标准"，并
将此标准融入对教师评聘和考核的机制中，增加课堂教学评价的权重，
目的是引导教师将更多精力投入课堂教学及其质量提升中。另一方面，
育人质量关乎发展的根本。《高校思想政治工作质量提升工程实施纲
要》指出，要构建课程育人质量提升体系，大力推动"课程思政"改
革，实现思想政治教育与知识体系教育的有机统一。思政课是做人的思
想工作，是立德树人的关键课程，大学生是高校思政课的主体，是课程
理论教育的对象。因此，要以学生的获得感为衡量教育质量的直接依
据。《新时代高校思想政治理论课教学工作基本要求》指出，要打好提
高思想政治理论课质量和水平的攻坚战，"不断提高大学生对思想政治
理论课的获得感"。同时，要以提升大学生思想道德素质、实现时代新
人的培养目标为衡量质量的依据。《关于深化新时代学校思想政治理论
课改革创新的若干意见》指出："注重推动思政课建设内涵式发展，全
面提升学生思想政治理论素养，实现知、情、意、行的统一。"②
习近平总书记"3·18"重要讲话指出，办好思想政治理论课关系到
"培养什么人、怎样培养人、为谁培养人这个根本问题"③，归根结底，
是要培养出担当民族复兴大任的时代新人、德智体美劳全面发展的社会
主义建设者和接班人。

二　注重发挥效率方面的优势

马克思的扩大再生产理论在阐释资本主义生产规律时，揭示了资本
主义通过提高效率来扩大再生产，进而获取更多剩余价值的"秘密"。

① 习近平：《论教育》，中央文献出版社，2024，第150页。
② 《中共中央办公厅 国务院办公厅印发〈关于深化新时代学校思想政治理论课改革创新的若
干意见〉》，中国政府网，https://www.gov.cn/gongbao/content/2019/content_5425326.htm。
③ 习近平：《思政课是落实立德树人根本任务的关键课程》，人民出版社，2020，第9页。

在我国社会主义公有制条件下，剥削的社会制度基础被消除，提倡内涵式发展更有利于实现"经济发展与人口、资源和环境的协调"①，推动可持续发展。然而，内涵式发展的优势并非"一蹴而就"的，也不是仅靠人类"一厢情愿"的理想就能实现，它必然建立在一定的外延规模基础之上。步入新时代，在历经多年的发展积累后，我国才逐渐步入以内涵式为主要特征的发展阶段。内涵式发展虽困难重重，但一旦实现，便会在发展质量和可持续性等方面展现出综合优势，因此是课程建设值得借鉴的发展模式。为此，需要掌握内涵式发展的关键性条件，以促成从外延式向内涵式发展的及时"一跃"。在物质经济生产从外延式向内涵式发展转化的条件中，科学技术的发明和应用是关键。对高校思政课这类精神文化活动而言，技术手段固然重要，但只有通过教师的合理采用和有效运用，才能彰显其在教育传播方面的优势。高校思政课并非生产冰冷的物质产品，而是开展塑造思想、塑造灵魂、塑造生命的教育创造活动，这是在教师主导下的精神交互过程。所以，在提高内涵式发展的效率方面，关键在教师，关键在发挥教师的积极性、主动性和创造性。教师要凭借敏锐的理论嗅觉、新式便捷的技术手段和专业素质能力，打造出"配方"先进、"工艺"精湛、"包装"时尚，兼具吸引力和针对性的思政课程，这是提升教学实效的关键。

三　推进公平发展的建设布局

作为公共性教育事业，高校思政课内涵式发展要注重公平。党的十九大报告在坚持保障和改善民生的部署中指出，要"在发展中补齐民生短板、促进社会公平正义"②，在优先发展教育事业的具体思路中指出，"发展素质教育，推进教育公平"③，"让每个孩子都能享有公平而

---

① 全国干部培训教材编审指导委员会组编《邓小平理论基本问题：全国干部学习读本》，人民出版社，2002，第183页。
② 习近平：《决胜全面建成小康社会 夺取新时代中国特色社会主义伟大胜利——在中国共产党第十九次全国代表大会上的报告》，人民出版社，2017，第23页。
③ 习近平：《决胜全面建成小康社会 夺取新时代中国特色社会主义伟大胜利——在中国共产党第十九次全国代表大会上的报告》，人民出版社，2017，第45页。

有质量的教育"①。在当前中国特色社会主义取得重大成就的历史契机下，高校思政课发展迎来了良好时机，全党全社会协力办好思政课的良好氛围正在形成。然而，在地区间经济、社会、文化各方面发展不平衡的国情与历史背景下，尽管课程取得了历史性成就，但"一些地方、一些高校、一些课程、一些方面还存在发展不足的问题"②。例如，在博士学位教师占比上，华南地区高校占比（55.45%）最高，西北地区高校占比（38.17%）最低；在马克思主义理论学科点分布上，华东地区（共计96家，占比27.83%）最多，华南地区（共计21家，占比6.09%）最少。此外，还存在"有的艺术类院校思政课专职教师仅有2人，但仍要负责4门本科生和5门研究生的思政课教学任务；有的高职高专院校思政课教师以返聘退休或兼职教师为主、专职教师为辅；有的高职高专院校仍未使用统编教材"③ 等情况。必须承认，师资队伍学历层次和专业水准、马克思主义理论学科建设、教材水平等要素是高校思政课发展的重要支撑和条件保障，但显然这些方面的发展差距还很大。而这些发展不足的"薄弱地带"，由于受到内外因素的影响，未能真正获得发展历程中的平等机会。因此，要"补短板""强弱项"，弥补历史的"欠账"和现实的不平衡，抓住新时代"全新的契机"和"发展的春天"④，推进课程更加公平、协调和均衡地发展。

四　追求可持续的发展态势

课程的可持续发展，关乎中国特色社会主义事业后继有人以及中国特色社会主义事业的永续发展。习近平总书记指出："我们党立志于中华民族千秋伟业，必须培养一代又一代拥护中国共产党领导和我国社会主

---

① 习近平：《决胜全面建成小康社会 夺取新时代中国特色社会主义伟大胜利——在中国共产党第十九次全国代表大会上的报告》，人民出版社，2017，第46页。
② 刘武根：《论新时代高校思想政治理论课建设的主要矛盾》，《思想理论教育导刊》2018年第5期。
③ 刘武根：《论新时代高校思想政治理论课建设的主要矛盾》，《思想理论教育导刊》2018年第5期。
④ 王岩、殷文贵：《思想政治教育的春天与阻碍发展的八大因素》，《思想理论教育导刊》2019年第6期。

义制度、立志为中国特色社会主义事业奋斗终身的有用人才。"① 一代代有用人才的培养离不开教育的持续接力。党的十八大报告指出："推动高等教育内涵式发展，积极发展继续教育，完善终身教育体系，建设学习型社会。"② 推进课程的可持续发展，一则表现为课程体系和方案的历史延续与推进。目前，课程体系和方案已经历五次大的调整，正迈入创新发展的新时期。二则表现为在全民教育各学段的递进发展。一方面，坚持"大中小学循序渐进、螺旋上升"地开设思政课，将其作为"培养一代又一代社会主义建设者和接班人的重要保障"③；另一方面，坚持"思政课建设与党的创新理论武装同步推进"④，用习近平新时代中国特色社会主义思想铸魂育人，全面推动"三进"，把社会主义核心价值观贯穿国民教育全过程。三则表现为新时代为高校思政课的持续发展提供了重要的条件保障。高校思政课可从党的领导方面获取根本保证，从中国特色社会主义事业全局获得有力支撑，从中国特色社会主义文化中汲取深厚力量，并以已形成的规律性认识和成功经验作为守正创新的重要基础。再加上一支"可信、可敬、可靠，乐为、敢为、有为"的思政课教师队伍，我们完全有信心、有能力把思政课持续地办得越来越好。

五　贯彻新发展理念

高校思政课内涵式需坚持以人民（包括师生在内）为中心，及时跟进对新发展理念的坚持和运用，"大学生思想政治教育必须牢固树立以质量提升、内涵发展为核心的改革发展观，按照创新、协调、绿色、开放、共享的新发展理念，更加注重以文化人、始终坚持立德树人、系统推进实践育人、着眼实现全面育人"⑤。

高校思政课内涵式发展遵循创新、协调、绿色、开放、共享的可持

---

① 习近平：《思政课是落实立德树人根本任务的关键课程》，人民出版社，2020，第 5~6 页。
② 《十八大以来重要文献选编》（上），中央文献出版社，2014，第 27 页。
③ 习近平：《思政课是落实立德树人根本任务的关键课程》，人民出版社，2020，第 6 页。
④ 《中华人民共和国学校思想政治理论课重要文献选编》（下册），人民出版社，2022，第 1530 页。
⑤ 冯刚：《以改革创新理念推动思想政治教育质量提升》，《中国教育报》2016 年 1 月 5 日。

续发展模式。在创新发展方面，高校思政课的创新涵盖思维理念、制度体制、内容方法、途径载体、技术手段等多方面的革新，旨在为高校思政课发展注入动力。例如，借助数字化技术革新教学手段，利用大数据分析学生学习特点，实现个性化教学。在协调发展方面，针对课程建设与发展中存在的不平衡现象、制约性短板问题等，从全局和长远进行总体协调与部署。通过弥补发展不足，提升发展水平。例如，推进全国马克思主义学院教学机构的全面覆盖与标准化建设，推动大中小学思政课呈螺旋上升态势，实现一体化协调建设，确保不同学段思想政治教育有序衔接。在绿色发展方面，高校思政课需合理限定发展规模与数量，充分挖掘资源潜力，杜绝"铺张浪费"。坚持以人为本，以人的发展为尺度和目的，着力营造优良绿色的学术生态、教学生态和校园文化生态，推动长远可持续发展。例如，合理规划教学资源投入，避免过度硬件设施建设，注重教学软件和师资队伍建设。在开放发展方面，一方面秉持开放视野与理念，吸收借鉴国外思想政治教育的成功经验，引导大学生树立国际视野，助力其在"四个正确认识"中成长成才；另一方面推进具有开放课程、格局与系统的"大思政"建设，统筹利用线上线下教学资源、自身与他者课程资源、校内校外教育资源。比如，开展国际交流项目，引入国外先进教学理念，同时整合校内不同学科资源和校外实践基地资源。在共享发展方面，推进使学生终身受益、人人受益的思政"金课"建设，以精品课、名师课、网红课等形式直面问题、精准施教，弘扬主旋律，让思政课成为大学生共享的精神财富，彰显社会主义制度优越性。同时，推进课程相关的优秀教案讲义、视频资料、期刊数据库、经典文献等资源的共享。此外，通过优秀思政课示范课巡讲活动、马克思主义学院对口支援建设、慕课学习平台、融媒体思政公开课等途径，持续推动优质教学资源的共享。

第五节　高校思政课内涵式发展的原则依循

高校思政课内涵式发展原则，反映了学校思想政治理论课建设的客观规律。它基于高校思政课改革创新的具体趋势与实际情况，是为有效处理发展过程中出现的各种矛盾、问题和关系，更好地展现课程本质内涵与基础功能而必须遵循的准则，具有辩证性、整体性、层次性、动态性等特征。正确确立并运用高校思政课内涵式发展原则，对提升高校思政课建设成效以及培养时代新人，具有重要意义。

一 高校思政课内涵式发展原则的确立

确立原则是为顺应高校思政课内涵式发展的历史趋势，实现所期待的发展目标。其基于对高校思政课内涵式发展本质的科学认知，不断总结历史发展的基本经验，深入探究内涵式发展的内部矛盾运动规律，从而达成合规律性与合目的性的有机统一。

（一）原则确立的主要依据

要正确把握并运用高校思政课内涵式发展原则，首先必须明确其原则确立的依据。这一原则的确立须以历史经验为前提、以内部矛盾及其规律为根本、以发展目标为参照，体现高校思政课内涵式发展的本质规定和目标任务。

首先，以高校思政课建设经验的理性总结为前提依据。高校思政课历经前几次方案的历史沿革，在不同的发展阶段，既取得各自相应的成绩，也遭遇了发展中的种种问题与困难。总的来说，"新中国成立70年来，高校思想政治教育在社会主义革命、建设、改革的伟大实践中不断探索，虽然出现过挫折甚至是失误，但总体上在不断前进，并取得了丰硕成果和巨大成就，积累了宝贵经验"①。在挫折、失误与成果、经验辩证统一的历史积累中，这些经验为未来的发展提供了尽可能减少失误的道路指引。新时代，我们在"加强党对思政课建设的领导、坚持以学生为中心、坚持顶层统筹与基层探索相统一、坚持守正创新、坚持问题导向与目标导向相结合、坚持'大思政'理念引领与合力机制保障

---

① 冯刚、金国峰：《新中国成立70年来高校思想政治教育的发展动力、经验和展望》，《思想理论教育》2019年第10期。

相协同"① 等方面积累的宝贵经验，是当下高校思政课内涵式发展原则中不可忽视的理论资源。审慎地对历史经验加以吸收、继承和发扬，并由此转化为现实的理路和可操作的方法原则，是推进思政课内涵式发展必然的"硬道理"。

其次，以高校思政课内部矛盾规律为根本依据。"思想政治教育原则是思想政治教育本质关系的抽象，只有深刻理解思想政治教育过程中的各种辩证关系，才能概括出正确的原则，才能正确地运用原则。"② 高校思政课内涵式发展的价值论意涵，包含发展须立足自身价值与功效实现的核心要求。这就需要在党和国家赋予高校思政课众多的发展定位中，自觉地回应自身的发展使命，以实现发展的本质回归。尤其要从思政课发展的基本矛盾——"满足国家和人民需求的使命"与高校思政课"有限发展程度"的辩证运动中，找寻一般的规律，着重解决"满足国家和人民日益增长需求的使命"与"高校思政课不平衡不充分发展"的矛盾。为此，原则的设定需从一切有利于满足国家和人民（包括大学生与思政课教师）日益增长的需求出发，还需从矛盾主要方面出发，从一切有利于改善"不平衡不充分发展"状况出发，进行合理设定。原则的宗旨是在矛盾差距的现实中，不断提升发展程度和整体水平，以满足日益增长的"国家和人民的需求"，由此更好地实现课程的使命与价值。因而确立这一原则的根本依据要反映高校思政课的客观规律。

再次，以高校思政课内涵式发展目标为价值依据。"思想政治教育的原则，是思想政治教育规律与思想政治教育价值相结合而形成的准则。"③ 高校思政课内涵式发展彰显"质效优先"的价值原则，"在新的发展起点上，高校思想政治理论课建设的总目标就是要面向新时代要

---

① 杨晓慧：《新时代高校思政课建设的主要成就、重要经验和创新向度》，《思想理论教育导刊》2024 年第 3 期。

② 《思想政治教育学原理》编写组编《思想政治教育学原理》，高等教育出版社，2016，第232 页。

③ 《思想政治教育学原理》编写组编《思想政治教育学原理》，高等教育出版社，2016，第230 页。

求，对目前的高校思想政治理论课进行'提质增效'"①。"提质增效"已成为目前高校思政课迫切的发展需求，原则的确立需将质量和效率放在第一位，从有利于"提质增效"方法论层面、"质效优先"的规划部署层面设定相应的发展原则，并合理地统筹外延规模的适量适度建设，推进实现高校思政课内涵式发展"质、量、效"的有机统一，实现"从优从好""既大又强"的内涵式综合性发展，以更好地服务于国家和社会建设与发展的现实需要。

最后，以高校思政课内涵式发展的政治诉求为现实依据。党的路线方针政策是高校思政课内涵式发展的现实依据。从本质上讲，高校思政课有着鲜明的政治性，属于意识形态建设的范畴，它被一定的经济、政治所决定，又作用于一定的经济、政治，政治性是新时代高校思政课建设的灵魂主题，具有核心主导地位，直接关系到党的路线方针政策在教育培养人中的具体贯彻，关系"培养什么人、怎样培养人、为谁培养人"这个根本问题。因此，新时代高校思政课内涵式发展原则的确立，必须同党的意志保持一致。

（二）原则确立的内容规定

从上述高校思政课已有基本经验的理论资源依据、满足国家和人民日益增长需求的使命与不平衡不充分发展状况的矛盾规律依据、有利于"提质增效"的发展目标依据以及落实党的路线方针政策依据出发，可从整体上描绘出高校思政课内涵式发展原则的内容体系或原则体系。高校思政课内涵式发展原则及原则体系的内容规定，是由实现内涵式发展过程中各种相关因素之间内在、本质、必然的联系或关系决定的。这一关系体系主要包含三个层次：一是高校思政课系统与经济基础和上层建筑的关系；二是高校思政课系统与学校行政工作、其他课程、哲学社会科学工作及日常思想政治教育工作等平行系统之间的关系；三是高校思政课系统内部各构成要素，即课程目标、教学内容、方法载体、教师、教育对象等各子系统之间的关系。高校思政课内涵式发展原则体系的内

---

① 靳诺：《新时代高校思政课如何改革创新》，《光明日报》2019 年 12 月 24 日。

容，正是依循这一从属层次、关联层次和运行层次的关系体系所确定的。正如学者所言，"思想政治理论课程不仅要遵循一般的教学原则，还要遵循该课程所特有的教学原则"①。实现高校思政课内涵式发展，既需遵循新时代学校思想政治理论课改革创新的一般原则，又需着重遵循针对自身发展规律与目标实现而设定的内涵式发展的重要原则。这些一般原则和重要原则构成高校思政课内涵式发展的原则体系，呈现出不同层次和方面的内容规定。

一方面，依据高校思政课建设基本经验的理论资源，可将新时代党和国家围绕高校思政课改革创新而设定的一系列原则进行逻辑再加工。在继承传统与经验的基础上，有效地对照内涵式发展的特殊要求，更精准地服务于高校思政课内涵发展的现实需要。

党的十八大以来，党和国家出台了包含高校思政课改革创新相关原则的三个重要文件。其中，《普通高校思想政治理论课建设体系创新计划》是为了贯彻落实党的十八大和十八届三中、四中全会精神，学习贯彻习近平总书记重要指示精神而制定，提出实施高校思政课建设体系创新计划的基本原则是：坚持理论与实际相结合、坚持教学与科研相结合、坚持教师讲授与学生参与相结合、坚持课堂教学与日常教育相结合、坚持思政课与专业课相结合、坚持校内与校外相结合。《新时代高校思想政治理论课教学工作基本要求》为继续打好提高思政课质量和水平的攻坚战，全面推动习近平新时代中国特色社会主义思想进教材、进课堂、进学生头脑，不断增强大学生对思政课的获得感，就教学工作方面的原则做出明确规定：一是坚持正确政治方向，强化思政课价值引领功能；二是坚持全流程管理，贯穿思政课课前、课中、课后各环节；三是坚持规范化建设，不断健全思政课教学工作制度；四是坚持增强获得感，促进思政课教学有虚有实、有棱有角、有情有义、有滋有味。《关于深化新时代学校思想政治理论课改革创新的若干意见》为深入贯彻落实习近平新时代中国特色社会主义思想和党的十九大精神，贯彻落

① 骆郁廷主编《高校思想政治理论课程论》，武汉大学出版社，2006，第166页。

实习近平总书记关于教育的重要论述，就深化新时代学校思想政治理论课改革创新明确提出六点要求：一是坚持党对思政课建设的全面领导；二是坚持思政课建设与党的创新理论武装同步推进；三是坚持守正和创新相统一；四是坚持思政课在课程体系中的政治引领和价值引领作用；五是坚持培养高素质专业化思政课教师队伍；六是坚持问题导向和目标导向相结合。这些原则规定和要求成为新时代学校思想政治理论课改革创新一般原则的原始素材和价值遵循。

另一方面，我们还需依循有利于"满足国家和人民日益增长需求"、有利于"提质增效"的发展目标，进一步去探求对高校思政课内涵式发展具有直接指导意义的重要原则。

党的十八大以来，以习近平同志为核心的党中央立足实现中华民族伟大复兴中国梦的战略高度，站在培养德智体美劳全面发展的社会主义建设者和接班人的政治高度，十分重视高校思政课建设和发展，并对推动高校思政课改革创新的原则遵循问题提出许多新思想新观点新论述，为新时代高校思政课改革创新指明了方向、提供了参照，这些成为高校思政课内涵式发展重要原则的价值遵循。例如，习近平总书记在全国高校思想政治工作会议上明确指出："要遵循思想政治工作规律，遵循教书育人规律，遵循学生成长规律，不断提高工作能力和水平。要用好课堂教学这个主渠道，思想政治理论课要坚持在改进中加强，提升思想政治教育亲和力和针对性，满足学生成长发展需求和期待，其他各门课都要守好一段渠、种好责任田，使各类课程与思想政治理论课同向同行，形成协同效应。"[①] 其中，遵循规律、课程协同等思想无不蕴含着高校思政课改革创新的原则。另外，习近平总书记在"3·18"重要讲话中提出"推动思政课建设内涵式发展"的科学论断，并就高校思政课建设进行了重要部署，这一论断和部署作为"动员令"和"根本指南"[②]，亦包含对高校思政课内涵式发展的重要启示性原则。其中，"'八个相

---

① 《习近平在全国高校思想政治工作会议上强调 把思想政治工作贯穿教育教学全过程　开创我国高等教育事业发展新局面》，《人民日报》2016 年 12 月 19 日。

② 靳诺：《新时代高校思政课如何改革创新》，《光明日报》2019 年 12 月 24 日。

统一'立足思政课建设的基本规律，紧紧围绕新时代思政课建设要解决好的主要矛盾和重要问题，深刻回答了新时代思政课改革创新的重点和难点问题，是推动新时代思政课改革创新的重要原则"①。习近平总书记提出坚持政治性和学理性相统一、价值性和知识性相统一、建设性和批判性相统一、理论性和实践性相统一、统一性和多样性相统一、主导性和主体性相统一、灌输性和启发性相统一、显性教育和隐性教育相统一，分别从彰显课程本质内涵、符合发展客观规律和提供课程建设具体方法三个维度进行了原则设定，是高校思政课内涵式发展的重要原则遵循。

（三）原则确立的价值彰显

高校思政课内涵式发展的原则依循，为我们规定了进行思想政治理论课建设的基本标准或规则，对新时代高校思政课改革创新具有重要的价值引领、规范制约和有效保障作用。

第一，价值引领。高校思政课内涵式发展原则蕴含着对高校思政课内涵式发展规律的理论综合。不论是新时代党和国家提出的学校思想政治理论课改革创新的一般原则，还是习近平总书记所提的高校思政课改革创新"八个相统一"的重要原则，都源自对高校思政课发展本质及其趋势的理性判断，是对高校思政课内涵式发展的本质规定。从这一本质规定出发而理论总结和抽象出的原则，一方面是高校思政课内涵式发展过程中在制定课程教学目标、运用教学方法、选择教学途径时必须遵循的基本要求；另一方面也是引领高校思政课在内涵式发展进程中朝向"质、效、量"统一发展的"指航灯"。

第二，规范制约。高校思政课内涵式发展原则是对已有政策文件中相关原则的理性再升华和实践再总结。这些已有原则是在系统梳理和总结高校思政课建设经验，并在一定实际调研基础之上提出的可执行的规范要求，以文件贯彻和制度执行的方式不断得以推行，全面地渗透和影

---

① 冯刚、陈步云：《深刻把握新时代思政课"八个统一"的建设规律》，《中国高等教育》2019 年第 9 期。

响到高校思政课课程制度的各个方面。通过"标准课程"建设和"标准马克思主义学院"建设等方式，"对标""对本"地推进全国高校思政课内涵式发展，成为高校思政课课程建设主体所共同认可和接受的基本规范，能在全国马克思主义学院中有效推行。

第三，有效保障。新时代思想文化领域正发生着重大变化，从指导思想、重要内容、教育方式和培养目标等方面，具体地影响到高校思政课的建设和发展，甚至使高校面临诸多冲击和挑战。例如，马克思主义指导思想面临多样化社会思潮挑战，社会主义核心价值观面临市场逐利性价值观的挑战，传统教育方式面临网络新媒体挑战，培养时代新人目标面临敌对势力争夺青年的挑战，等等。基于此，高校思政课如何以"不变"应"万变"？如何在守正与创新中履行自身使命？这些已然成为新时代高校思政课内涵式发展所必须回应的问题。应对这一新形势、新挑战、新问题，高校必须以思政课内涵式发展原则为保障，面对困难和压力坚持原则不退让、不动摇，一步一步地解决好发展中所面临的各种挑战与问题。

二　高校思政课内涵式发展的一般原则

新时代思政课内涵式发展的一般原则，是基于对已有经验的总结和对发展规律的认知进行的理性再升华和理论再抽象，并将其与现实发展实践相结合，形成未来发展中可资参考、用以执行的思想观点和行为准则，以及高校思政课内涵式发展不能脱离的"发展大纲"。如前所述，《普通高校思想政治理论课建设体系创新计划》《新时代高校思想政治理论课教学工作基本要求》《关于深化新时代学校思想政治理论课改革创新的若干意见》《新时代学校思想政治理论课改革创新实施方案》等重要文件的颁布实施，是党和国家适时对高校思政课加强和改进提出的原则性规范要求。从不同角度来讲，这些都是经过实践千锤百炼、理论反复论证，并用以指导新时代思政课建设的重要原则，是高校思政课内涵式发展的一般原则。我们有必要在缜密思维的基础上，结合高校思政课发展的总体趋势进行再精炼与再概括，以此作为新时代高校思政课内涵式发展的一般原则。大体可将其概括为以下几个方面。

（一）坚持党的领导与推进党的创新理论武装相结合

办好中国的事情，关键在党。同样，办好高校思政课，推动其内涵式发展，关键也在党。高校思政课是培养社会主义建设者和接班人的重要保障。作为帮助学生树立正确"三观"的主渠道和核心课程，它承载着用马克思主义基本理论武装学生、培养担当民族复兴大任的时代新人的职责使命。历史证明，中国共产党无论是在新民主主义革命时期，还是在社会主义革命、建设和改革时期，都高度重视学校思想政治理论课建设。而且，办好高校思政课最根本的是要全面贯彻党的教育方针，解决好"培养什么人、怎样培养人、为谁培养人"这个根本问题。因此，习近平总书记在"3·18"重要讲话中明确指出，"各级党委要把思想政治理论课建设摆上重要议程"，提出"推动思政课建设内涵式发展"① 的命题。而推动新时代高校思政课内涵发展，必须始终不渝地坚持党的领导，牢牢坚持党对思政课的方向领导和政策指导，解决好"发展出路"这一方向性问题。

一方面，坚持党对高校思政课的领导和指导。伟大的社会主义建设事业需要合格的人才。我们党立志于实现中华民族伟大复兴、立志于实现伟大梦想，必须培养一代代拥护党的领导和中国特色社会主义制度、立志为共产主义事业奋斗终身的有用人才。在这个根本问题上，我们必须提高政治站位、深化思想认识，理直气壮地开好、办好、讲好思政课，把立德树人根本任务真正落实到位。实际上，从党的总书记专门针对某一门课程召开中央级别会议就不难发现，思政课受到了党中央的高度重视，这在党的历史上还是第一次，充分体现了党领导学校思政课建设的态度和决心。当然，贯彻落实习近平总书记系列重要讲话精神，还有待教育主管部门陆续跟进相关政策的部署、组织和实施，需要从整体上统筹安排全国思政课建设，形成从中央到地方各级党委与高校党委上下一心、积极协同推进的整体发展态势。毫无疑问，对这样一门具有国

---

① 习近平：《思政课是落实立德树人根本任务的关键课程》，人民出版社，2020，第27页。

家意识形态属性的课程及其发展的战略转型而言，离开了党有力的领导，就会失去发展保障、迷失前进方向。而实践证明，"凡是高校思想政治理论课教学搞得好的学校，都是所在单位的党政领导对高校思想政治理论课建设和改革切实给予关心的学校，反之亦然"①。质言之，党是高校思政课内涵式发展战略转型的政策发起者、方向引领者和实践推动者，并为其内涵式发展保驾护航。高校党委要切实肩负起自身的职责使命，营造全党全社会办好高校思政课的良好氛围。

另一方面，要坚持用党的创新理论武装青年学生。"理论创新每前进一步，理论武装就要跟进一步。"② 党的创新理论武装与高校思政课之间关系密切。高校思政课是对大学生进行系统和细致的马克思主义理论武装的关键课程。党的创新理论成果，既为高校思政课建设指明了发展方向，又是其教育教学的重要内容。围绕党的创新理论开展专门的课程教育，最能体现出该门课程政治性的特点。另外，高校思政课开设与创新发展的实践，为党的理论创新提供了传播舞台和群众基础，是对党的理论创新的"活学活用"。就新时代高校思政课内涵式发展而言，要坚持党的创新理论武装，全面推动习近平新时代中国特色社会主义思想进教材、进课堂、进学生头脑，把社会主义核心价值观贯穿国民教育全过程，实现课程铸魂育人、立德树人的目标。

（二）坚持实现国家人才培养目标与增强学生获得感相结合

实现高校思政课内涵式发展，应充分考量人才培养目标在课程设置中的体现，要特别关注课程育人的实际效果，始终坚持实现国家人才培养目标与增强学生获得感相结合的原则。

一方面，实现国家人才培养目标是高校思政课内涵式发展的本质规定。高校思政课建设是育人育才的重要依托。建设什么样的思政课？课程传授什么内容、倡导什么价值？最终都体现国家意志，是国家事权。

---

① 王展飞：《亲历与思考：高校思想政治理论课建设与改革研究》，中国人民大学出版社，2017，第227页。
② 房正：《党的理论创新与思想政治教育发展年度研究述评》，《思想教育研究》2018年第2期。

习近平总书记明确指出："我国是中国共产党领导的社会主义国家，这就决定了我们的教育必须把培养社会主义建设者和接班人作为根本任务，培养一代又一代拥护中国共产党领导和我国社会主义制度、立志为中国特色社会主义奋斗终身的有用人才。这是教育工作的根本任务，也是教育现代化的方向目标。"① "开设思政课非常必要，是培养一代又一代社会主义建设者和接班人的重要保障。"② 从国家的人才培养目标来看，要使青年学生成为社会主义建设者和接班人，而不是旁观者、反对派，甚至是"掘墓人"。这一人才培养要求直接体现在大学生的思想政治素质塑造方面，就是能否在情感态度上坚定对中国特色社会主义的道路自信、理论自信、制度自信、文化自信；是否能够具备爱国主义情怀，将爱国情、强国志、报国行自觉融入坚持和发展中国特色社会主义事业、建设社会主义现代化强国、实现中华民族伟大复兴的奋斗之中；是否能够增强使命担当，矢志不渝听党话、跟党走。质言之，高校思政课内涵式发展在于是否能够实现培养"担当民族复兴大任的时代新人"的目标。这些人才培养的规格和要求，构成新时代高校思政课内涵式发展的本质意蕴。

另一方面，增强学生获得感是高校思政课内涵式发展的根本所在。课程育人功能发挥的重要评判标准是学生教育获得感的增强。获得感是学生在思政课学习过程中实现教育欲求之后的主观体验和情感反应，表达的是学生内化与外化课堂知识及课后应用的一种内在的精神状态。正如学者所言，"以学生获得感为教育教学改革的目标遵循、核心理念和检验标准，将提升学生获得感作为课堂教学方法改革的出发点，进而唤起学生参与和支持课堂教学改革的积极性与创造性，呈现出强大的课堂教学改革的正能量和正效应"③。2017 年 5 月 11 日，教育部印发《2017 年高校思想政治理论课教学质量年专项工作总体方案》明确提出，"旨

---

① 习近平：《论党的青年工作》，中央文献出版社，2022，第 170~171 页。
② 习近平：《论教育》，中央文献出版社，2024，第 186 页。
③ 郗厚军、康秀云：《基于学生获得感的思想政治教育专业理论课教学方法转型探析》，《思想政治课研究》2017 年第 5 期。

在打一场提高高校思政课质量和水平的攻坚战，切实增强大学生对思政理论课的获得感"①。由此可见，青年学生是高校思政课质量评价的重要主体，大学生在课程学习过程中实现"主动的参与""过程的愉悦"；在学习的体验中实现"真心喜爱、终身受益、毕生难忘"的长期目标；在教学效果上实现树立正确的"三观"，已经构成新时代高校思政课内涵式发展的题中应有之义。

（三）坚持理论研究探索与教育教学实践相结合

高校思政课是以高校思想政治教育为基础的具有较强应用性的课程，它在实践中产生又在实践中发展。新中国成立以来，特别是进入改革开放历史新时期，教育主管部门和各高校都高度重视思政课建设，从课程建设、教材建设、教学方法改革、教师队伍建设等多方面推进了高校思政课内涵式发展。关于高校思政课内涵式发展的研究从酝酿探索到飞速发展，逐渐形成了相对稳定的研究对象和领域、相对明确的研究方法以及相对集中的研究队伍，并在课程研究、教材研究、教学方法研究、教师队伍研究等方面取得了丰硕成果。教育教学实践活动的有效开展，离不开理论的坚实支撑与思想引领。综观新中国成立 70 年特别是改革开放 40 多年的发展进程，高校思政课内涵式发展始终注重理论的探索，将理论与实践相结合，努力寻求理论与实践、现实与理论的结合点，促进理论研究探索与教育教学实践活动的紧密结合，不断地为实践注入生机活力和可持续发展的不竭动力。新时代推进高校思政课内涵式发展，必须坚持理论探索与教育教学实践相结合，拓展理论探索领域、扩大教育教学实践范围，切实解决好"发展出路"的动力性问题。

一方面，坚持以理论成果指导教育教学实践活动。理念是行动的先导，理论成果源自实践的问题追问、理性思考和经验升华，必须运用于指导教育教学实践，并在此过程中检验理论成果的科学性与可行性。高校思政课内涵式发展的理论研究，要以习近平新时代中国特色社会主义

---

① 陈宝生：《今年要打一场提高思政课水平和质量的攻坚战》，新华网，https://www. xinhuanet. com/politics/2017lh/2017-03/12/c_129507901. htm。

思想为指导，在结合学习贯彻党的政策文件和课程建设方案的基础上，围绕发展的必要性、理论渊源、基本原则、重点内容等方面形成丰富的学术研究成果，为教育教学活动提供指导。推进高校思政课内涵式发展，在教育教学活动中，要更加清醒地认识到世界范围内社会思潮交融趋势，发挥正能量，提高对重大思想理论和重要现实问题的阐释力和贯彻度，在多元中确立主流、巩固主导。以习近平新时代中国特色社会主义思想为指导，关注和加快高校思政课教育教学实践创新，在课程建设上坚持思政课与其他专业课相结合，注重激发所有课程的育人功能，将党的创新理论贯穿融入教学，较为充分地体现课程的思想性、理论性、时效性；在教材建设上，建设彰显思想性、科学性、可读性的思政课立体化教材体系；在教学方法上，促进教师讲授与学生参与相融合、课内教学与课外教育相结合，提升师生互动性，拓宽教育空间，调动学生参与课堂、学习知识的积极性、主动性；在教师队伍建设上，培育"六要"好老师，提升高校思政课教师素养，增强教师立德树人的使命感和责任感。

另一方面，以教育教学实践丰富理论研究成果，推动理论探索进程。党的十八大以来，各地各高校为推进高校思政课内涵式发展作出不懈努力，进行了艰辛探索。如组织教师集体学习党的创新理论成果、安排新入职教师进行试讲、骨干教师讲示范课、教学经验丰富的教师说课、教师互相听课，积极探索思政课教师与辅导员、班主任转岗专职机制等，这些都为研究教师队伍建设提供了实践素材和现实案例，在理论研究上起到丰富成果的作用。再如，制定实践教学大纲，优化整合实践教学资源、开拓实践教学形式，确保实践教学取得预期效果，特别是融合新媒体新技术，创新网络教学形式，推动传统教学方式向现代教学方式转变，为研究如何深化教学方法改革提供了实践参考。高校思政课内涵式发展要在面对和解决新问题、新情况、新挑战的过程中，推进理论探索，不断完善和提升理论研究的科学性、实践性，使其向着深化改革、引领创新的方向不断迈进。

（四）坚持教师队伍建设政治导向与业务提升相结合

习近平总书记特别强调："办好思想政治理论课关键在教师，关键在发挥教师的积极性、主动性、创造性。"① 毋庸讳言，在高校思政课内涵式发展的总体布局中，高校思政课教师队伍的选配与发展是一项极其重要的内容。新时代高校思政课教师队伍建设需坚持政治导向与业务提升相结合，这是对培养"又红又专"知识分子队伍的历史继承，也是对现实需求的回应。高校思政课建设实践证明：若只抓政治导向，忽视业务能力的提升，高校思政课教师便无法适应科技进步的大潮和教育现代化的大势；若只抓业务能力的提高，忽视政治导向，高校思政课教师就有可能迷失方向、丧失立场。

一方面，高校思政课教师队伍建设必须坚持正确的政治导向。列宁在给喀普里党校学员尤利等同志的信中指出，"在任何学校里，最重要的是讲课的思想政治方向。这个方向由什么来决定呢？完全只能由讲课人员来决定"，而且"学校的真正的性质和方向并不由地方组织的良好愿望决定，并不由学生'委员会'的决议决定，也不由'教学大纲'等等决定，而是由讲课人员决定的"②。高校思政课具有极强的政治性，在全面贯彻党的教育方针、贯彻落实立德树人根本任务、精心培育社会主义建设者和接班人等方面，发挥着无可替代的重要作用。这门系统课程旨在引导学生树立正确的"三观"，其意义深远，关乎民族的未来走向。它还要引领学生积极投身于中华民族伟大复兴的宏伟事业之中，这也正契合了习近平总书记所提出的"关键课程"的课程定位。因此，高校思政课教师队伍整体必须具备过硬的政治素质，如此才能确保对大学生进行正确引导，培养出符合国家规范和要求的人才。所谓政治素养要强，是指主体在长期的社会实践过程中，逐渐涵养而成的关于政治问题的情感态度以及行为倾向，并展现出稳定且持久的政治素质③。高校思政课教师提升政治素养，不仅体现在自身拥有坚定的政治信仰、正确

---

① 习近平：《思政课是落实立德树人根本任务的关键课程》，人民出版社，2020，第10页。
② 《列宁论教育》，人民教育出版社，1990，第344页。
③ 刘雪璟：《论思想政治理论课教师的政治素养》，《思想理论教育导刊》2019年第11期。

的政治观念以及积极的政治行为，更在于能够巧妙引导和精心培育学生，促使他们形成对主流政治意识形态的正确认知，塑造学生的政治思维，激发学生的政治情感和参与政治的热情。所以，办好高校思政课，就要"让有信仰的人讲信仰，善于从政治上看问题，在大是大非面前保持政治清醒"①。

　　另一方面，高校思政课教师队伍建设必须坚持业务能力提升。"'办好思想政治理论课关键在教师'这个重要论断抓住了矛盾的主要方面"②。办好思政课与高校思政课教师能力不足之间的矛盾，是高校思政课内涵式发展中的矛盾表现，属于次要矛盾，但次要矛盾也会对主要矛盾产生影响。而高校思政课教师能力不足本身，又是主要矛盾中"不平衡不充分发展"这一矛盾主要方面的具体表现，属于发展的内因问题。只有高校思政课教师自身发展良好，才能更好地胜任教育教学工作，才能有效地推动高校思政课的内涵式发展。所谓业务能力，是指专业技术人才在科学研究、工程设计、产品研制、技术革新、科学实验、科技管理等社会实践中，探索认识规律时，所表现出来的分析、思考、解决问题的研究方法和实际本领。高校思政课教师的业务能力，体现在组织思政课教育教学时所应具备的学科理论知识、教学基本技能、科学研究能力以及与之匹配的身心素质等方面，是指承担该门课程教学与研究的专门能力。"思政课教师的理论水平和专业素养，不会随着教龄工龄的增长而自然提高，也不会随着职称的升迁而自然提高。"③ 这就迫切需要高校思政课教师不断地进行理论武装和业务学习。

　　总的来讲，"办好思想政治理论课关键在教师，关键在发挥教师的积极性、主动性、创造性"④ 的论断抓住了内涵式发展中矛盾主要方面。在高校思政课教师这个"关键要素"中，其问题主要表现为：一

---

①　习近平：《思政课是落实立德树人根本任务的关键课程》，人民出版社，2020，第12~13页。

②　李久林：《牢牢把握两个"关键"着重解决三大问题》，《思想理论教育导刊》2019年第5期。

③　胡涵锦：《"及时跟进学"：新时代思想政治理论课教师"政治要强"的理论自觉和专业素养》，《学校党建与思想教育》2019年第17期。

④　习近平：《思政课是落实立德树人根本任务的关键课程》，人民出版社，2020，第10页。

是积极性和主动性发挥不足；二是整体素质与能力有待提高。其中，政治素养与基本业务能力提升方面的矛盾尤为突出。例如，"当前，部分思政课教师在坚信和笃行马克思主义政治信仰方面做得还不够，也难以使学生信之、行之"①。政治素养与业务能力都需要不断培养和提升，在二者的矛盾关系中，前者是导向，后者是基础。高校思政课教师若没有坚定的政治素养，就不能够培养出有坚定信仰的"建设者和接班人"；而若没有专门的业务能力，则必然不能胜任课程一般性的理论知识讲解和教育工作，更何谈为学生"埋下真善美的种子"，完成"传播知识、传播思想、传播真理，塑造灵魂、塑造生命、塑造新人"的使命任务，引导学生扣好人生的第一粒扣子，培养担当民族复兴大任的时代新人。因此，坚持政治导向与业务能力提升相结合，已成为高校思政课教师队伍发展的必然要求，也是高校思政课内涵式发展的一项重要原则，是更好地发挥高校思政课教师积极性、主动性、创造性的基本前提。这是因为好的教学效果的实现，"单凭万丈热情、深厚爱心和忘我努力是无济于事的，并非只要全身心投入教学就能取得理想的教学效果"，需要"专业学术"与"教学学术"相互支撑，这样"才能真正发挥作用"②。

三　高校思政课内涵式发展的系统性原则

系统优化是指"在一定条件下对于系统的组织、结构和功能的改进，从而实现耗散最小而效率最高、效益最大的过程"③。无论自然界的各生物系统，还是人类社会创造形成的各类社会系统，都处于不断演化及优化的进程中。当然，一般而言，只有在人类参与、组织和主导的情况下，系统才会持续朝着优化的目标状态发展，直至实现递进式的优化发展。而纯粹自然界的生态系统演化则更多地表现为物质循环中的新

---

① 刘雪璟：《论思想政治理论课教师的政治素养》，《思想理论教育导刊》2019年第11期。
② 李芒：《大学金课观——兼论大学教学的若干基本问题（一）》，《煤炭高等教育》2019年第3期。
③ 魏宏森、曾国屏：《系统论——系统科学哲学》，清华大学出版社，1995，第342页。

陈代谢、生息变化，是一种相对平稳的发展状态，且充斥着"物竞天择，适者生存"的要素代谢和"沧海桑田"的趋向流转。

可见，人为因素在系统优化中极为关键，但必须以系统固有的客观规律为前提展开。系统优化与设计的根本在于通过人为的一定程度的"干预"，促使系统内部各要素获得均等的发展机会，达到彼此关联促进的良好结构状态，进而推动整体功能的"如期"发挥。高校思政课内涵式发展的系统工程也必须遵循系统优化的基本规律与原则。

（一）要素优化与整体优化相统一原则

系统优化要从整体着眼并落实到具体要素层面，以整体功效为指引，在要素"提质"和"增效"的"联动"中，进行优化和设计，实现"1+1>2"的整体化发展。

高校思政课内涵式发展作为一项系统工程，与内外生态系统存在千丝万缕的现实关联，牵涉的系统要素内外交错、异常复杂，系统的优化必然要从内部各要素的优化着手。前述研究已着重梳理出高校思政课内涵式发展的四大要素，这些要素自然是系统优化的重点。但对系统的优化与设计而言，四大要素的划分过于笼统，还需继续细化，细致入微地考察内外环境系统下要素优化的各个环节和领域。可依据《普通高校思想政治理论课建设体系创新计划》所划定的七大"建设体系"，将各"建设体系"的子系统作为系统工程建设的基本要素，在细微举措的合力中共同推进"重点突出、载体丰富、协同创新的思想政治理论课建设体系"的整体发展。

七大子系统要素优化的目标分别为：建设思想性、科学性和可读性相统一的立体化教材体系；打造专兼结合、结构合理的思政课教学人才体系；构建理念科学、形式多样、管理有效的课堂教学体系；建立与课堂教学相互促进的思政课第二课堂教学体系；形成以马克思主义理论学科为引领、相关学科为补充的思政课学科支撑体系；完善导向明确、系统完备的思政课综合评价体系；健全有利于形成工作合力的思政课条件保障体系。综合来看，七大子系统要素既边界相对清晰又彼此关联，相互配合以构成系统的整体。在建设体系的总布局中，以前三者为核心要素，其是思政课教育活动开展的必要条件；后三者为保障性要素，其支撑并服务于教育活动的开展；第二课堂教学体系也是教育的重要形式，须与课堂教学体系紧密配合，通过实践活动检验思想理论内容的真实性和有效性。

在高校思政课内涵式发展这一系统工程中，要素优化与整体优化辩证统一。要素与整体相对存在、辩证统一，没有要素就无法构成整体，没有整体要素亦无立足之地。因此，要素优化与整体优化辩证统一，互为前提条件。高校思政课内涵式发展的系统工程，必须遵循要素优化与整体优化相统一的原则。对高校思政课内涵式发展的系统工程而言，围绕各子系统要素而开展的一系列具有前瞻性、适应性的理论研究、政策部署与实践操作等，目的在于推进系统的正常运行和良性发展。因此，系统的整体优化也是必不可少的一项原则内容。只有对这一系统工程进行整体优化，才能充分保证系统内部各要素沿着正确方向健康发展，切实提高高校思政课内涵式发展的质量和水平，避免"路子走歪""步子不当"而陷入发展歧途，真正提高教育教学质量，圆满达成培养社会主义建设者和接班人的总目标，落实立德树人的教育任务。

（二）结构优化与功能发挥相统一原则

系统工程的整体优化还须遵循结构优化与功能发挥相统一的原则。要素及其结构关系是系统建设发展的内因所在，基于系统工程的复杂性，系统优化及其功能发挥须对系统内部各要素的结构进行清晰的理论梳理和相应的实践调整，由此推进系统工程的有效建设和最终功能发挥。

结构关系的客观存在与人为的优化设计是系统功能发挥的基本前提。"思想政治理论课教学过程的整体优化规律是指，在对教学过程的各个要素进行具体优化的基础上，使其相互匹配、有机统一、协调发展，最大限度地发挥思想政治理论课教学过程的最佳功能。""只有将这一过程进行整体优化，才能真正提高教学质量，圆满完成教学任务，促进学生全面、健康发展。"[1] 在高校思政课内涵式发展系统工程的各

---

① 石云霞：《高校思想政治理论课程建设史研究》，武汉大学出版社，2006，第291页。

要素结构中，从宏观上看，包括系统的生态层级结构、要素在系统整体中的定位结构、教育过程转化的结构，该方面内容相对宏大且不易掌控；从中观上看，表现为供需结构，对应着各方资源供给和思政课需求之间的关系；从微观上看，包括教育内容结构、教—学结构、主客体结构，该方面内容相对具体且易于感知和把控，往往是教学建设改革的重点发力之处。

遵循结构优化与功能发挥相统一的原则，即通过对结构关系在对照、平衡、疏通、联结等方面作用和影响的优化，积极推进系统功能的有效发挥。从宏观生态结构来看，高校思政课作为主流意识形态宣传和教育的重要途径，毫无疑问在党和国家建设事业的全局中占有重要地位。只有不断明晰其在建设全局中的生态层级与定位归属，高校思政课才能紧密配合国家发展大势，完成自身的使命与职责。当下，对高校思政课内涵式发展的系统研究，必须紧密对照国家意识形态建设系统、高等教育系统、高校思想政治工作系统和学生思想政治教育系统层级划分下的"主阵地""灵魂课程""主渠道""关键课程"等定位归属，在各自领域做出总体的规划部署和优化设计，逐层次、有步骤地开展建设实践，共同推进系统工程的有效建设与功能发挥。反之，若系统要素关系梳理不清、定位不明，整体结构失衡、阻滞、失序，必然导致建设思路不清、建设局面混乱，在一定程度上限制系统功能的发挥。

（三）品质提升与效率提高相统一原则

系统工程的整体优化还须遵循品质提升与效率提高相统一的原则。高校思政课内涵式发展的价值追求在于实现内因动力发展、坚守本质的改革发展以及质量长效化发展。显然，其中蕴含着对品质提升与效率提高的综合要求，这也构成了系统优化的一项基本原则。

所谓品质提升，即在坚持高校思政课马克思主义理论教育本质的建设过程中，提高马克思主义理论的影响力和辐射力，在社会大系统中进一步彰显思政课的价值与功能。从现实发展角度看，针对思政课建设中出现的诸如"目标与现实的差距""唯政是从""传统课堂的理论教育方式已逐渐被淘汰"等问题，需"引导思政课回归到思想、政治、理论和教学之中","以培养人为根本，把社会、课堂和人相联系，优化教育内容，创新教学模式，转变教学机制"，从而实现"思政课的理性回归"，"更好地实现教育目标"①。"思想、政治、理论和教学"的理性回归，即回归到高校思政课的本质，从坚持以马克思主义为指导和统领，以主流政治意识形态教育为根本，以马克思主义理论为教育内容，坚持教学建设改革"八个相统一"这四个维度出发，不断促进高校思政课的建设发展与改进完善。

坚守本质并不意味着"无所作为"地回归"原始"状态，依然需要在统筹"量""质""效"的综合性建设中，推进品质的进一步提升。在系统工程建设中，效率至关重要。统筹规划须在已有规模基础上，以提高效率为依据，进行整体的协调优化，做到既提"质"又增"效"，"质""效"结合、双管齐下，共同推进系统的整体优化。

在高校思政课内涵式发展的系统工程中，涉及的效率维度较为广泛。总体而言，包括关联要素的配合效率，如建设主体对规划部署的执行效率、师生之间的教学配合效率、教学部门与其他职能部门间的互动效率等；系统整体的资源利用效率，如各级部门人员、各类师资力量的使用效率，教学过程中各类具体教学资源的使用效率，对高校其他课程的思想政治教育资源开发利用效率；等等。其中，有些方面的效率是可计算、可衡量的，对于难以精确计算的效率维度，可采取"描述式"定性分析的方法。这样做并不妨碍将效率作为衡量内涵式发展水平的指标。因为，即使在不可精确计算的维度，也可以进行"非精确"的"描述式"相对历史比较，超越历史就意味着发展的进步，依然对系统整体优化具有重大参考价值。

（四）标准化建设与科学化发展相统一原则

系统工程的整体优化还须遵循标准化建设与科学化发展相统一的原则。在高校思政课内涵式发展的系统工程中，必须以系统领域的专业

---

① 李建华、张响娜：《思想政治理论课改革的理性之道》，《学校党建与思想教育》2019年第7期。

性、标准化建设为手段，推进系统工程的科学化发展。实现发展的规范化、科学化，本应是系统优化的基本追求和原则要求。高校思政课建设内涵式发展，本就是在遵循意识形态发展规律和思想政治教育一般规律的基础上，进行规范化、统一性建设，以期实现专业性、科学化的协同发展。

标准化建设是现代社会环境下专业分工发展的必然趋势，是各个行业和领域发展的必然选择。对高校思政课内涵式发展的系统工程来说，必然要遵循相应的标准和规范，以标准化推进规范化建设，保证系统建设正常推进，使建设达到高质量效果。规范化是"提升思政课教学质量的必然要求"，以标准化推进规范化建设是内涵式发展的必然内容。思政课建设中的"规范"问题，即"标准"的问题，建设"规范化"就是"把标准落到实处"，以此推进"思政课质量提升"。

就目前而言，已形成系统规范化建设的一系列"标准"文本及具体要求，如《普通高等学校马克思主义学院建设标准》《高等学校思想政治理论课建设标准》。这些标准既从总体上对课程建设和马克思主义学院建设做出规范性要求，又可细化出具体课程规范、教材建设规范、教师队伍规范、组织管理规范、实践教学规范、马克思主义理论学科建设规范、教学管理规范等方方面面的内容。

具体而言，《普通高等学校马克思主义学院建设标准（2019年本）》提出"建强建好"高校马克思主义学院的总体目标，要不断提升马克思主义学院建设的科学化、规范化、现代化水平，使之成为办好高校思政课的"坚强战斗堡垒"。该标准围绕组织领导与管理（包括领导责任、机构设置、工作机制、基础建设四个方面）、思想政治理论课教学（包括教学组织、教学实施、教学改革、教学考评、师资配备五个方面）、马克思主义理论学科建设（包括学科设置、科学研究、人才培养三个方面）、社会服务与社会影响（包括决策咨询、理论宣讲两个方面）以及党的建设与思想政治工作（包括支部建设、师德师风、文化建设三个方面）这5个一级指标，共涵盖17个二级指标，提出了45条具体的标准要求。《高等学校思想政治理论课建设标准（2021年本）》

从组织管理、教学管理、队伍管理和学科建设、特色项目 5 个一级指标细分出 41 个三级指标，提出具体的规范标准和要求，划分出 A*（9 项核心指标）、A（14 项重点指标）、B（18 项基本指标）三类建设指标，在标准执行方面，本科院校 A* 指标 9 项、A 类指标 12 项以上、B 类指标 14 项以上；专科院校 A* 指标 7 项、A 类指标 10 项以上、B 类指标 13 项以上达标方可认定合格。

除此之外，还有其他一些规范和要求，例如，中共中央办公厅、国务院办公厅印发《关于进一步加强和改进新形势下高校宣传思想工作的意见》（中办发〔2014〕59 号）；中宣部和教育部印发《普通高校思想政治理论课建设体系创新计划》（教社科〔2015〕2 号）；中组部、中宣部、教育部出台《关于领导干部上讲台开展思想政治教育的意见》（教思政〔2015〕4 号）；中宣部、教育部党组印发《关于加强和改进高校宣传思想工作队伍建设的意见》（教党〔2015〕31 号）；教育部印发《新时代高校思想政治理论课教学工作基本要求》（教社科〔2018〕2 号）；中共中央办公厅、国务院办公厅印发《关于深化新时代学校思想政治理论课改革创新的若干意见》；教育部印发《普通高等学校思想政治理论课教师队伍培养规划（2019—2023 年）》；等等。这些文件全方位、多领域地推动系统工程各项内容的标准化、规范化建设。尤其针对一些关键性要素重点设定了详细的规范和要求，涵盖教师队伍建设、高校党的领导和教材建设几个方面。

针对教师队伍设定了数量匹配、任职资格、综合素养、思政课教师宣誓和退出机制等方面的规范要求。"本科院校思想政治理论课专职教师按师生比 1∶350—400 配备，专科院校思想政治理论课专职教师按师生比 1∶550—600 配备"，"新任专职教师原则上应是中共党员，并具备马克思主义理论相关学科背景硕士以上学位"①；思政课教师按照"六要"的素养要求，努力成为"马克思主义理论教育家"；思政课教师宣誓词——"我志愿成为一名光荣的思想政治理论课教师，坚决做到政

---

① 《中华人民共和国学校思想政治理论课重要文献选编》（下册），人民出版社，2022，第 1398 页。

治要强、情怀要深、思维要新、视野要广、自律要严、人格要正，自觉按照八个'统一'要求讲好思想政治理论课，带头落实好立德树人根本任务，做学生良师益友，为培养德智体美劳全面发展的社会主义建设者和接班人而努力奋斗"①。

针对党的领导要素层面，特别对高校"一把手"提出成为"社会主义政治家、教育家"的标准要求，且这方面的要求绝非抽象的"摆设"，而是包含实实在在的内容。包括既要有正确的教育思想、深厚的学识学养、强烈的事业心，又要有坚定的政治立场、崇高的理想信念、服务国家和人民的价值追求；既要掌握教育工作规律，又要善于从政治上看问题、把方向。

针对教材建设，国家教材委员会在统筹大中小学思政课一体化建设和教材有效衔接的基础上，开展统编、统审和统用工作，强调及时融入马克思主义中国化最新成果、坚持和发展中国特色社会主义的最新经验，以及马克思主义理论学科的最新研究进展。学校开设的相关选修课，其教材由各地具体负责组织审定。同时，多方位拓展课程的教辅用书种类并推进其标准化建设，保障配套教学资料的质量和水平。例如，研究编制习近平新时代中国特色社会主义思想进课程教材指导纲要，以及中华优秀传统文化、革命文化、社会主义先进文化及总体国家安全观等进课程教材指南；编制中华民族古代历史和革命建设改革时期英雄人物、先进模范进课程教材图谱；分课程组织编写高校思政课专题教学指南；组织专家编写深度解读教材体系的示范教案；实施思政课优秀讲义出版工程；开列马克思主义经典著作、当代中国马克思主义理论著作、中华优秀传统文化典籍书单；建设思政课网络教学资源库；等等。

概言之，高校思政课内涵式发展要以上述标准、规范、规章和要求为遵循，以此保障系统建设的规范性和课程发展的科学性。既彰显课程内在知识体系的专业性与课程设置的合规律性，又体现课程在培养社会

---

① 《北京 130 名思政课教师拜师宣誓 教师誓词全国首发》，学习强国，https://www.xuexi.cn/local/normalTemplate.html？itemId=12566221421111371205。

主义合格建设者和可靠接班人方面的政治任务，不断校准思政课建设和发展的总体趋势与走向，进而推进课程系统的长足发展和进步。

第六节　高校思政课内涵式发展的总体策略

高校思政课内涵式发展是一项系统性的实践工程。要以"标准"为依据，以教育教学活动为中心，以供需矛盾解决为重点，以系统整体功能发挥为抓手，切实推进课程的有效建设与发展。

一　统筹推进高校思政课系统的整体性规划与建设

高校思政课内涵式发展是一项系统工程，须针对现实中产生的各类问题及其要素进行归因，遵循自身领域的科学化标准与具体规范要求，既从建设与发展的整体上进行统筹规划部署，又从课程体系本身进行合理的要素配置与发展规划。也就是说，通过对系统工程建设的积极预判和优化设计，来推进系统工程的有效改善和协调进步，实现科学发展。从整体来看，包括纵向和横向两个方面的建设。

一方面，从纵向上统筹推进思政课程大中小学的有效衔接与一体化建设。纵向衔接和一体化建设既涉及课程在各学段的特点，又强调彼此内容的递进关联以及教学目标的螺旋上升，将其视为一个连贯的过程，达成"一气呵成"办好思政课的建设成效。除强调以大中小学的教材内容和教学目标衔接为主的思政课一体化建设之外，还需重点关注高等教育学段下专科、本科、硕士、博士各教育层次的课程独立性与衔接性问题。这是思政课建设系统工程的题中应有之义，不能仅仅着眼于本科教育阶段的几门课程，还应推动高等教育学段下各教育层次课程的有效接力和递进式发展。

高校思政课建设发展要着重统筹大学阶段"四个教育层次"相互配合、有效接力的整体化发展。整体化建设发展必然首先从顶层进行合理规划和设计，这就需要相应的教育主管部门和思想政治理论课教学指导委员会等专门性机构，制定并出台整体性教学大纲（或教学要点）。尤其是针对研究生课程教材发展相对不够成熟的历史和现状，要积极探索，主动寻求破解与前一教育层次不当重复的问题，以提升教育教学整体质量。对一线教师及其教育实施而言，教学大纲是整体把握课程群最直接和便捷的手段。教学大纲清晰标注出每一门课程的具体教育内容与职责，强化教师对自身教育领地的高度关注和重点钻研，省去"个体"资料搜集与观点考证所花费的大量时间，毕竟个体研究未必能站在足够高度上进行全局的系统考察。整体性接力式的教学设计，体现了高校思政课内涵式发展中建设效率和发展质量的有机统一。

另一方面，从横向上统筹推进全国各类院校思政课建设的均衡化发展。在统筹全国高校思政课整体建设的一系列举措中，既取得了整体性建设和发展的成绩，也暴露出不同地区和院校间发展不平衡不充分的问题，无法满足包括师生在内的全体人民日益增长的对优质思政课的时代化需求。在"三重点"建设布局与规范指导下，全国本科院校的建设取得了重大进步，特别是重点马克思主义学院和示范马克思主义学院在发展的多个方面占据明显优势，教学改革成果丰硕，课程蕴含的思想性、理论性和价值性得以彰显，较好地满足了本校学生对思政课的美好期待，课程满意度大幅提升。与之形成鲜明对比的是，专科院校、地方院校在"三重点"建设方面还处于相对迟滞或追赶的状态。

依循这一历史与事实，在今后的发展中，更需凭借建设标准和规范的制度化优势，大力提升那些尚处于不充分发展水平院校的建设能力，单独列出标准并重点扶持。以课程建设的基本标准和相关政策规范要求为依据，从源头上进行治理与改进，补齐整体发展中的短板。例如，《普通高等学校马克思主义学院建设标准》不能仅局限于本科院校，还需针对军事类"重点阵地"、民办类与中外合作办学类"薄弱地带"，以及高职高专院校这"半壁江山"进行对应指导和规范。《高等学校思想政治理论课建设标准》除了在"专项经费"标准、"课程设置"方案内容、"实践教学"学分规定、"教师选配"比例等方面做出本、专科区分外，还应在培养培训、职称评定和学科建设等其他方面，针对不同类型院校，给出更符合其自身发展特点的具体建设标准。同时，兼顾部属院校和地方院校、公办院校和民办院校、发达地区院校和落后地区院校、军事民族院校与一般院校等的不同特点，制定更为微观且具有可操作性的适宜标准。通过这样的方式，找准差距，弥补短板，有计划、分阶段地对薄弱领域实施重点建设，借助政策的全面覆盖和大力倾斜，在规范化建设中着力提升系统发展的整体质量。当前，在《新时代高校思想政治理论课教学工作基本要求》《关于深化新时代学校思想政治理论课改革创新的若干意见》两个文件中，都有对"个别"和"特殊"建设要求和规范的设计与区分，但显然主题不够鲜明，作为总体性要求，其内容较为笼统，建设意见不够直接具体，可操作性有待进一步提升。简言之，有待跟进相应建设领域的"标准化"文本规范，以更好地指导建设实践的发展。

从具体点位看，高校思政课程体系需统筹七大子系统要素，推动其科学化建设与发展。

当前，高校思政课程体系尚未完全形成，仍处于相对松散的发展状态。无论是课程体系运行中显现出的针对性、实效性欠缺这一瓶颈性难题，还是对外在社会资源整合能力不强、整合度不高的发展格局难题，都彰显出该系统工程的复杂性、艰巨性和长期性。但对系统工程的建设而言，内部要素的建设必然是发挥内因动力的关键。因此，需在《普通高校思想政治理论课建设体系创新计划》所划定的七大"建设体系"基础上，继续推进各体系建设标准的完善，精细化系统体系的每一个环节和要素领域。尤其要重点从教材、队伍、教学方法、学科、评价导向和二级机构几个维度倾力打造，努力把思政课建设成为"学生真心喜爱、终身受益、毕生难忘的优秀课程"。以各"建设体系"的子系统为系统工程全面建设的基本要素和重点内容，通过细微举措的联动合力，推进重点突出、载体丰富、协同创新的思政课建设体系整体化发展。

统筹推进高校思政课程体系内部马克思主义理论教育的整体性建设。马克思主义是一块"整钢"，高校思政课是整体性的马克思主义理论教育。只有开展系统完善的马克思主义理论教育，才能深刻领会马克思主义的真理魅力，真正发挥理论指导现实的实际价值。理论教育要在全面性和深刻性上下功夫，极力避免任何形式的"断章取义"和对深邃内涵的"教条记诵"。在教学的设计和实施中，必须树立理论整体性的意识，进行科学的教育规划和实施。在中小学马克思主义理论知识和政治常识教育的基础上，高校思政课得以深入系统地开展马克思主义整体性教育。具体来说，是以思政课程群下包括"形策"课在内的众多课程为依托，而不能仅盯着"四门课程"。

高校思政课建设必须在具体教育过程中，深刻领会并充分体现课程群内部既独立又相互联系的整体特点，统筹多门课程间相互配合、有效衔接的整体化建设。这就要求相应的教育主管部门和思想政治理论课教学指导委员会等专门性机构，开展教材的规范化整体性建设工作，实现教育内容的横向配合与纵向递进。既要完成各自教育阶段的理论教育任务，又要为下一阶段预留发展空间，共同推进系统的理论教育。在课程群的内容建设方面，开展基于"原理""概论"的马克思主义与中国特色社会主义"通识"教育，同时要向"纲要""德法"进行纵向理论延伸，并映照现实发展。将其作为一个有机整体，实现对马克思主义原理与实践、史论与现实的有效贯通，达成从"两门课程"到"四门课程"的理论拓展和思想提升。对照"习近平新时代中国特色社会主义思想"的主题，推动形成中华民族伟大复兴中国梦的思想共识。在此基础上，进一步推动对"中国特色社会主义理论与实践研究""自然辩证法概论""马克思主义与社会科学方法论"的理论认知及其现实运用能力的再度提升。继而朝着"中国马克思主义与当代""马克思恩格斯列宁经典著作选读"课程所涉及的时代背景、世界进步前沿，以及经典原理的深入解读方向持续发展。再加上全程不断线的"形策"课，促进对中国乃至世界发展大势的理论认知和思想解读，领悟马克思主义的光明前景，熟知中国特色社会主义的丰富内涵。概而言之，在教材内容建设中，要充分体现课程群下理论再发展、思想再升华与逻辑再延续的整体性特点。

二　逐级压实并不断拓展课堂教学活动的核心原点及丰富内涵

"在思想政治理论课建设的各个环节中，重要的是要用好课堂教学这个主渠道。"① 基于课堂教学的中心地位，在新时代高校思政课内涵式发展的系统工程中，必须大力推进课堂教学的体系化建设及内涵拓展，并在从外围到核心的各个层次与环节上同向同行、逐级压实。以课堂教学活动为原点，提升系统工程各环节的运行效率，促进动能传递，推进系统工程的整体运行。

从内部资源要素的配套来看，要不断夯实要素间的配合及共同保障建设，拓展课堂教学的丰富内涵。高校思政课建设涉及多个要素和环节，它们彼此交错且相互影响，其中课堂教学要素处于系统的核心位置，是各要素及环节开展建设的"靶心"。

"课堂教学在思想政治理论课教学系统中占有核心地位……一切教学手段和方法问题的解决都是为课堂教学服务的，课堂教学是根本。"② 为此，其他要素均要围绕课堂教学来配备和运转，一切的规划部署及制度建设都要紧密围绕课堂教学的现实活动来进行，切实发挥相应的配合作用和功能，真正服务于课堂教学活动。例如，思政课教师、大学生群体、教育介体、课程方案与配套教材要素是直接开展课堂教学活动的基本要素，党的领导、马克思主义学院、马克思主义理论学科和教育环体要素则间接地从方向政策与制度规范、组织机构与制度落实、理论内容与人才来源、信息资源与环境条件等方面给予支持和配合。尤其在人力资源要素方面，要充分发挥思政课教师的主力军作用。志愿成为一名光荣思政课教师，就要对课堂教学尽职尽责，敬畏讲台、珍惜讲台、热爱讲台。在科研与教学的"矛盾"中，针对"重科研、轻课堂教学"的现象，要引导教师"回归课堂""用足用好课堂"，将更多时间和精力投入课堂教学，认认真真讲好每一堂课，用教学促科研，以科研反哺教

---

① 顾海良：《新时代高校思想政治教育的理论指导和发展理念——学习习近平新时代中国特色社会主义思想》，《思想理论教育导刊》2018 年第 1 期。
② 孙英：《改进高校思想政治理论课的问题意识研究》，《思想理论教育导刊》2018 年第 1 期。

学。要发挥评价体系的指挥棒作用，把思政课教师的思想政治表现和课堂教学质量作为首要标准纳入教师评聘考核体系，增加课堂教学权重，以制度化的方式引导教师将更多时间和精力投入课堂教学。

除此之外，在系统工程建设与外在资源环境的互动中，需逐层逐级压实责任，探索体制机制和资源开发，狠抓落实，切实为思政课建设提供有效助力，推进形成部署与落实一致、上下贯通的系统运行模式，坚决抵制"两张皮"现象。

在逐层逐级压实的工作部署中，从资源利用的角度看，高校党委、团委以及宣传、学工等部门要在网络和文化方面加强对思政网络课堂、隐性课堂及第二课堂的宣传、推广与支持，为课堂教学内涵的丰富与空间的拓展提供具体支持和帮助；其他各个学院要充分挖掘和运用各学科课程所蕴含的思想政治教育资源，推进"课程思政"建设；社会各单位系统要为思政课建设积极提供实践教学的基地和条件；党的创新理论为思政课建设注入新鲜的理论血液，提供发展动力；中国特色社会主义的伟大实践为思政课建设提供根本保障和生动的教育素材。总之，在多维度地推进过程中，不断挖掘资源、营造环境氛围，以期实现"课上课下、网上网下、校内校外、知识教育与价值教育、思政小课堂与社会大课堂等无缝对接和同向同行"①的思想政治教育良好局面，不断改进教学方法与途径、激发学生学习兴趣、提高教学针对性和感染力。

从人力资源利用的角度看，要从政府部门、企事业单位等校外系统到高校内部人力系统，逐级统筹、扎实推进由地方党政领导干部、企事业单位管理专家、社科理论界专家、各行业先进模范以及高校党委书记校长、院（系）党政负责人、名师大家和专业课骨干教师、日常思想政治教育骨干八支队伍组成的人员队伍，共同讲好"思政课"。

另外，需要强调的是，高校思政课堂只有不断增强自身建设活力、坚定信心，才能在外层生态系统的互动中获取有效的资源条件。因此，

---

① 韩华、张丹丹：《新时代思想政治理论课建设的辩证法》，《高校辅导员》2019年第2期。

在内涵式发展中，需不断激发课堂教学活力、增强发展动力、提升现实效力，以自信自立的发展牵引外围其他诸要素高效支持、配合与协调发展。从课堂教学活力来看，高校要积极营造"主动参与、思想流淌、生动活泼、严肃热烈"的课堂氛围；从发展动力来看，以党的理论创新发展和学生对先进思想理论的渴求为依据，大胆引入创新元素，不断推进先进思想进教材、进课堂、进学生头脑；从现实效力来看，要紧抓学生"三观"的教育引领，深化学生对马克思主义理论的认同，坚定其对中国特色社会主义的"四个自信"，增强其使命担当，引导学生矢志不渝听党话、跟党走，争做社会主义合格建设者和可靠接班人。加强"三力"建设，高校思政课堂必然能获得来自高校管理层面、党的理论创新发展层面以及中国特色社会主义发展大局层面的有效支持。在今后的建设中，需继续以制度体制的方式，逐层逐级地压实跟进各项具体举措，真正服务于课堂教学的实际需求，杜绝"不当"的行政干预、"没必要"的资源浪费和"徒有形式"的改革举措。

三 促进教育供给与需求的动态平衡

供需矛盾是思政课建设中的一对基本矛盾，这一矛盾在系统工程中无法达到绝对平衡，而是处于一个不断调适并趋向平衡的动态过程。毕竟，世上很难存在绝对的平衡。供需关系的动态协调与发展并非对平衡的否定，而是以发展的眼光进行长远规划部署，强调以更为理性的方式统筹供给侧建设，达到供需双方相生相伴、"你追我赶"的互进状态。

需求是供给的前提，以需求为导向提供合理、有效的供给是高校思政课内涵式发展的重要举措。客观分析可知，从内部系统来看，高校思政课的需求具体包括：大学生主体全面发展的精神诉求、思政课教师人生与职业协调发展的理性诉求、系统工程基于客观规律进行科学规划和建设的价值诉求。若从外部环境来看，则体现为国家和社会对高校思政课的实际需求与心理期望等。高校思政课建设要在综合考量系统发展内外部需求的基础上，重点开展供给侧的政策调适、部署实践，追求供需间的有效协调和匹配发展，以避免无效供给造成的资源浪费以及对需求的"延缓满足"。

为了保持高校思政课供需关系的动态平衡，在系统工程建设中要坚持以需求侧为课程统筹发展与建设部署的依据和前提，切实推进课程的供给侧建设。

第一，从内部系统来看，要以大学生的精神诉求为教学供给侧建设和改革的依据，重点"解决大学生既关心又困惑的现实问题"，以"大学生关心的问题作为课程供给导入"，切实"提高教学供给效果"①。可以说，对大学生关注的思想问题进行调查、追踪、总结和现场了解是系统工程建设的"先手棋"。从需求侧角度分析，大学生主体性和学习自觉性的发展与提高至关重要。大学生必须在自身思想道德素质与社会思想文化发展要求的现实差距中，萌生对主流思想与价值的精神渴求与学习动力，并转化为实际行动。只有切实激发大学生对思政课的学习动力，才能保证教学过程顺畅进行、教学目标如期完成以及教学实效高质量达成。从高校思政课内涵式发展系统工程的供给侧角度看，这是一个不断刺激学生学习动机和理论需求并给予其现实满足而持续推进的动态发展过程。

从思政课教师的理性诉求来看，教师发展也是高等教育内涵式发展的必要内容。作为主导性的动力因素，只有思政课教师发展好了，才能更好地推进思政课的建设和发展。"'办好思想政治理论课关键在教师'这个重要论断抓住了矛盾的主要方面。"② 前述提及的在"数量""素质""学术带头人"，教师队伍"培养""选配"方面的"短板"，"一些教师'借船出海'后'就汤下面'的状况、一些教师'身在曹营心在汉'游离于马克思主义理论学科之外的状况"③ "不注重思政课教师队伍的自我成长""整体理论素养有待提高，教学知识结构不均衡"④

---

① 孙英：《高校思想政治理论课教学供给侧改革论析》，《思想理论教育导刊》2017 年第 5 期。
② 李久林：《牢牢把握两个"关键"着重解决三大问题》，《思想理论教育导刊》2019 年第 5 期。
③ 张雷声：《改革开放以来思想政治理论课教师队伍建设论析》，《思想理论教育》2018 年第 10 期。
④ 张凯：《新时代高校思政课教师队伍建设探究》，《学校党建与思想教育》2019 年第 14 期。

"授课教师缺乏课程实施的自主性和创造空间"① 等问题，以及在繁重教学科研任务下产生的职业倦怠感、欠佳的获得感等精神方面压力问题，在很大程度上削弱了高校思政课内涵式发展系统工程的动力。在上述种种问题中，理论水平与职业素养方面的问题更为紧迫，是教师发展中的内因性根本问题，一切的建设发展只有借助内因才能发挥作用，而理论水平与职业素养提升则是内因中的关键。只有教师积极主动承担先进思想理论的学习钻研和教育传播的职责使命，才能优质高效地推进思政课教育教学过程。显然，"思政课教师的理论水平和专业素养，不会随着教龄工龄的增长而自然提高，也不会随着职称的升迁而自然提高"②。因此，协调"育人"的职业发展与"育己"的自我提升二者的关系，成为建设发展中的迫切问题。"育人"先需"育己"，思政课教师既要"在马言马"，也要"在马信马"。要让有信仰的人讲信仰，思政课教师要努力成为马克思主义理论教育家，做"行走的马克思主义者"。在信仰坚定的基础上，达到"以己推人"的理想精神境界，促成自身职业发展与人生境界的"双赢"，从根源上有效地化解系统工程中的主导动力弱化的问题。

从系统工程的科学化价值诉求来看，需要遵循规律，精准把握思政课在"思想性、理论性和亲和力、针对性"方面存在的总体难题及关键所在，对症下药，从而提供真正行之有效的教育教学方案，切实推动系统工程的科学化发展。思想性和理论性是针对思政课整体而言的，其中蕴含着科学的理论以及丰富的思想内涵，是思政课发挥实效的思维前提。思想政治教育若要"说服人""掌握群众"，就必须做到"彻底"，即"抓住事物的根本"，其中蕴含科学的思想和独特的真理价值。高校思政课是运用马克思主义理论进行说服教育并"掌握"学生的过程。一方面，马克思主义作为贯穿整个教育过程的指导思想和理论

① 李建华、张响娜：《思想政治理论课改革的理性之道》，《学校党建与思想教育》2019 年第 7 期。
② 胡涵锦：《"及时跟进学"：新时代思想政治理论课教师"政治要强"的理论自觉和专业素养》，《学校党建与思想教育》2019 年第 17 期。

内容，处处彰显着自身"征服人心、凝聚力量的理论彻底性和思想的持久魅力"①；另一方面，思政课以"马克思主义为基石"，"以马克思主义理论及其中国化理论创新成果为核心内容"，凸显出教学内容的"知识性与思想性"②。从关乎教育实效的根本问题出发，我们需要充分把握和运用马克思主义在思政课中的思想性和理论性特征，发挥其在解释世界、回应现实、指导人生中的真理魅力和科学价值，切实发挥其在学生进行思想和灵魂塑造中的理论力量。然而，要实现这一目标，前提是思政课必须具备亲和力和针对性。

亲和力和针对性是针对思政课具体教学过程而言的，吸引、打动、说服学生，是思政课发挥教育实效的关键。理论即便再"彻底"，也必须"说服人"，而要说服人，就必须先亲近人，因为只有"亲其人"才能"信其道"，进而"践其行"。思政课的亲和力是连接师生的纽带，它是在教师自身的亲和力，理论本身的魅力、过程力、形式力，以及方法力、环境力综合作用下形成的学生"对信仰坚如磐石的定力"，这也是"思想政治教育的生命力"③。没有亲和力的思政课无法与学生拉近距离，即便身处同一课堂，师生之间也会在思想上相隔万里。针对性关乎思政课对学生思想需求与现实实践的理论解释力和解读力，是思政课发挥教育实效"有的放矢"的关键。没有针对性的思政课，即便"放大招"，也无效。思政课只有具备亲和力和针对性，才能全面展现出思想性和理论性。真正兼具思想性、理论性以及亲和力、针对性的高校思政课，既能够满足学生和社会的期待，也能满足其自身科学化发展的内在要求。

第二，从外部环境来看，要以国家和社会的实际需求与心理期望为导向，持续推进思政课教育教学改革与创新，实现与社会发展的良性互动。"思想政治理论课教学供给侧改革，是指基于学生个人和社会需求

---

① 邱敦红：《马克思主义的魅力在于理论彻底》，《新湘评论》2018 年第 11 期。
② 张欣：《把握思想政治理论课理论性与实践性相统一的深刻内涵》，《学校党建与思想教育》2019 年第 13 期。
③ 张正光：《提升思想政治教育亲和力的有效路径》，《思想理论教育导刊》2017 年第 5 期。

侧的变化而开展的一种主动改革，旨在通过实现供给侧与需求侧的协调平衡和良性互动，保障高校思想政治理论课教学供给效果，满足学生成长发展需求以及社会凝聚价值共识的期待。"① 当下，鉴于我国社会主要矛盾已转变为"人民日益增长的美好生活需要和不平衡不充分的发展之间的矛盾"，在国家和社会的发展建设进程中，必然会对高校思政课寄予更新、更高的期望。一方面，表现为对其作为落实立德树人根本任务的"关键课程"、高等教育内涵式发展"灵魂课程"以及凝聚社会主义主流意识形态的"担纲课程"的发展期许；另一方面，随着人民从"上大学"到"上好大学"的美好需求不断增长，对思政课的期待也在潜移默化地发生转变，从"要我上"的被动态度转变为"我要上"的主动需求。这些变化促使高校思政课在诸多方面发生整体性改观，包括社会功能定位的升级、教育内容的与时俱进与丰富创新、教育方法对新媒体的运用与融合、教育场域的多维度拓展、讲课队伍中社会人员的"加盟"。这些改变既体现了思政课建设发展受社会环境的影响，也反映出其为适应社会发展需求而积极改进的基本状态。并且，这些变化将成为未来发展的基本趋势，持续推动社会的发展进步。

四 推进系统功能的层级化发展与整体发挥

基于高校思政课系统功能持续细化与升级的趋势，持续跟进高校思政课建设系统工程的战略部署与层级细分工作，以此确保系统功能得以整体发挥。

（一）推进整体功能的层级化延展与系统协调

一方面，要梳理出系统功能的基本关系。依据生态层级相对划分出的系统功能，主要涵盖四个方面：大学生"三观"培育功能、社会主义主流意识形态旗帜功能、中国特色高等教育发展引领功能以及国际思想文化展示与交流功能。高校思政课的指向性极为明确，是面向大学生开展的思想政治教育，因此在系统的四大功能里，必然以"大学生

---

① 孙英：《高校思想政治理论课教学供给侧改革论析》，《思想理论教育导刊》2017 年第 5 期。

'三观'培育功能"为核心，然后由此向外辐射，衍生出其他三大功能。高校思政课内涵式发展的系统工程，必须始终以大学生"三观"教育为立身之本，持续拓展主流意识形态教育在校内的思想引领作用以及在校外的社会影响力。并且在这一平台之上，以生动鲜活的话语彰显马克思主义在新时代的生命力与传播力，展现中华优秀传统文化的包容力和亲和力，从而促进国际思想文化的交流与理解。另一方面，要协调内外系统关系。从整体上切实推动思政课建设与其所处的外部环境系统，在资源信息、政策条件、环境氛围、配合机制等方面实现良性互动，将二者视为一个有机整体，以更好地推动系统功能的有效发挥。

（二）推进思想的合理预判与有效的规划部署

在四大功能发展深化的趋势下，推进合理预判与规划部署，有效化解各项功能在时代化提升与建设中存在的现实矛盾。对四大功能定位的认知变化与更新，既意味着高校思政课系统工程功能的细化与升华，也意味着必须跟进高校思政课建设的崭新规划与部署实践。特别是在新时代，面对新形势、新任务和新挑战，必须依据国家宏观发展战略与课程建设的相关部署，切实推动高校思政课建设系统工程的功能升级与实际效能发挥。

从学生思想政治教育的生态层级看，高校思政课系统功能升级的趋势，是在"系统的马克思主义理论教育"功能认定的基础上，更加注重马克思主义"整体性""时代性"的学科研究与教育。目前，已从中国特色哲学社会科学体系建设、马克思主义整体性研究、社会主义核心价值观培育、习近平新时代中国特色社会主义思想研究等维度进行了规划和部署，但仍有待进一步深入推进研究，切实为思政课建设提供有力的理论支持与实践指导。

从国家意识形态的生态层级看，在对主流意识形态秉持"信仰""信念""信心""信任"的基础上，更加强调坚定"四个自信"。在实践部署中，需持续完善高校思政课在社会主义意识形态的旗帜标识、内容标识和载体标识等方面的建设，以更好地契合国家主流意识形态建设的需求。

从高等教育发展的生态层级看，在"本质特征"判断的基础上，强调高校思政课作为"落实立德树人根本任务的关键课程"的功能定位。在现实中，持续推进以"大思政"课程综合改革、"三全育人"思想政治工作大格局和"实现高等教育内涵式发展"战略目标为主的建设部署与实践发展。

从世界思想文化大舞台的生态层级看，基于"世界错综复杂的形势"的判断、"国际局势的发展变化和人类社会的发展"规律以及"大学生肩负的历史使命"，要将高校思政课置于"世界百年未有之大变局"和"党和国家事业发展全局"中，从坚持和发展中国特色社会主义、建设社会主义现代化强国、实现中华民族伟大复兴以及推动中华文化繁荣发展的高度予以重视。为此，思政课建设只能加强、不能削弱，必须"增强办好思政课的信心"。《关于深化新时代学校思想政治理论课改革创新的若干意见》已从课程体系、教师队伍、课程特性发挥和党的领导四个重点方面进行了具体规划部署，旨在"全面提高思政课质量和水平"①。

---

① 《中共中央办公厅 国务院办公厅印发〈关于深化新时代学校思想政治理论课改革创新的若干意见〉》，中国政府网，https://www.gov.cn/gongbao/content/2019/content_5425326.htm。

参考文献

一　经典文献

《马克思恩格斯文集》第 1~10 卷，人民出版社，2009。

《马克思恩格斯选集》第 1~4 卷，人民出版社，2012。

《毛泽东选集》第 1~4 卷，人民出版社，1991。

《邓小平文选》第 1~3 卷，人民出版社，1993、1994。

《江泽民文选》第 1~3 卷，人民出版社，2006。

《胡锦涛文选》第 2 卷，人民出版社，2016。

《习近平谈治国理政》第 1~4 卷，外文出版社，2018、2017、2020、2022。

《习近平著作选读》第 1~2 卷，人民出版社，2023。

习近平：《论教育》，中央文献出版社，2024。

二　中文著作

〔英〕维特根斯坦：《哲学研究》，李步楼译，商务印书馆，2007。

〔俄〕康斯坦丁·德米特里耶维奇·乌申斯基：《人是教育的对象》（上卷），郑文樾译，人民教育出版社，1989。

〔美〕菲利普·W. 杰克森、罗伯特·E. 布斯特鲁姆：《学校的道德生活》，李艳、李潇君译，人民出版社，2024。

〔美〕伊丽莎白·基斯、J. 彼得·尤本：《反思当代大学的德育使命》，孙纪瑶、段妍译，人民出版社，2017。

〔美〕威廉·F. 派纳：《理解课程》，张华等译，教育科学出版社，2003。

〔美〕贾森·斯坦利：《政治修辞——西方宣传话语的哲学批判》，李晓梅、刘易平译，格致出版社，2021。

〔美〕路易斯·亨利·摩尔根：《古代社会》，杨东莼等译，中央编译出版社，2007。

〔德〕F. W. 克罗恩：《教学论基础》，李其龙等译，教育科学出版社，2013。

〔德〕卡尔·曼海姆：《意识形态与乌托邦》，黎鸣、李书崇译，商务印书馆，2000。

《中华人民共和国学校思想政治理论课重要文献选编》（上、下册），人民出版社，2022。

《思想政治教育学原理》编写组编《思想政治教育学原理》，高等教育出版社，2016。

山述兰：《新时代高校网络思想政治教育话语体系探索与实践》，新华出版社，2024。

马光焱、王晓光：《新时代高校思想政治理论课改革与创新研究》，长春：吉林大学出版社，2022。

王子薪：《高校思想政治工作日常教育体系研究》，天津人民出版社，2022。

王飞编《思想政治理论课导论》，安徽师范大学出版社，2018。

王本陆主编《课程与教学论（第3版）》，高等教育出版社，2017。

王仕民等：《新时代高校思想政治理论课发展战略研究》，暨南大学出版社，2021。

王仕民：《新时代高校思想政治理论课教学方法研究》，暨南大学出版社，2021。

王易：《传统文化与思想政治教育创新》，中国人民大学出版社，2018。

王树荫：《思想政治教育》，中国人民大学出版社，2023。

王哲：《新时代高校"大思政课"协同育人机制研究》，上海大学出版社，2024。

王峰：《制度自信教育融入高校思想政治理论课研究》，人民出版社，2023。

王玺：《高校思想政治理论课教学空间研究》，中国社会科学出版社，2023。

王展飞：《亲历与思考：高校思想政治理论课建设与改革研究》，中国人民大学出版社，2017。

王琴：《高校思想政治教育共同体构建研究》，九州出版社，2023。

韦世艺：《高校思想政治理论课教学过程论》，南开大学出版社，2020。

艾四林、吴潜涛主编《高校马克思主义理论学科发展报告（2021）》，人民出版社，2023。

艾四林：《网络思想政治教育》，高等教育出版社，2024。

石云霞：《高校思想政治理论课程建设史研究》，武汉大学出版社，2006。

白显良：《思想政治教育的马克思主义理论基础研究》，人民出版社，2014。

白显良等：《高校思想政治理论课教学改革创新研究》，人民出版社，2023。

冯刚、张晓平、苏洁主编《中国共产党高校思想政治教育发展史》，人民出版社，2021。

冯刚、郑永廷主编《思想政治教育学科30年发展研究报告》，光明日报出版社，2014。

冯刚主编《中国共产党高校思想政治教育发展史》，人民出版社，2021。

冯刚主编《思想政治教育学科40年发展研究报告》，中国人民大学出版社，2024。

冯刚主编《思想政治教育研究热点年度发布（2023）》，团结出版社，2024。

冯刚等：《新时代高校思想政治教育学原理》，人民出版社，2021。

冯刚等：《新时代高校思想政治教育前沿研究》，人民出版社，2022。

边和平：《高校思想政治理论课教育教学论》，中国矿业大学出版社，2014。

全国普通高校"两课"教育教学调研工作领导小组组编《普通高校思想政治教育课程文献选编（1949-2003)》，中国人民大学出版社，2003。

刘宝杰、杨世宏主编《高校思想政治理论课实践教学：理论与实践》，光明日报出版社，2021。

刘建军、张智编著《马克思主义经典作家论思想政治教育》，人民出版社，2023。

刘建军：《寻找思想政治教育的独特视角》，中国人民大学出版社，2017。

刘冠军：《学科视域中的思想政治理论课教学研究——教学内容创新设计与实践教学模式建构》，首都经济贸易大学出版社，2015。

刘隆：《新时代大学生思想政治教育接受论》，北京大学出版社，2024。

许东波、谭顺等编著《高校思想政治理论课教师队伍发展报告（2015-2016)》，高等教育出版社，2018。

孙正聿主编《马克思主义基础理论研究》（上、下册），北京师范大学出版社，2017。

孙秀丽：《高校课程思政与思政课程协同育人研究》，武汉大学出版社，2024。

孙其昂等：《大学生思想政治教育系统整合研究——基于社会现代化视野》，人民出版社，2024。

严帅等：《高校思想政治教育治理评价研究》，团结出版社，2016。

李忠军等：《马克思恩格斯思想政治教育思想研究》（全四卷），高等教育出版社，2024。

李钢主编《新时代高校思政教育创新之路》，人民日报出版社，2024。

李栓久主编《新时代高校思想政治理论课改革创新研究》，人民出版社，2023。

李海峰：《高校思想政治理论课教师角色研究》，人民出版社，2012。

李霞：《高校思政课教学话语体系创新研究》，中国社会科学出版社，2024。

吴恒：《新媒体时代的高校思想政治理论课教学改革与创新》，天津人民出版社，2022。

吴琼：《思想政治教育话语发展研究》，中国社会科学出版社，2017。

吴琼：《高校思想政治教育范式转换研究》，北京交通大学出版社，2016。

吴满意、景星维、唐登蓥：《网络思想政治教育理论前沿问题研究》，四川大学出版社，2024。

李梁、邱仁富等：《通识教育背景下高校思想政治理论》，上海大学出版社，2013。

佘双好：《思想政治理论课程教学法探析》，中国人民大学出版社，2018。

邹礼玉：《高校思想政治理论课教师队伍建设的新思路》，光明日报出版社，2013。

沈壮海、罗永宽主编《新时代高校思想政治理论课建设研究（2022）》，武汉大学出版社，2023。

沈壮海：《思政课的道理》，中国社会科学出版社，2024。

宋成剑：《思想政治理论课教学趣味论》，南开大学出版社，2013。

宋俊成：《高校思想政治教育学科建设研究——以学科政策内容分析为视角》，社会科学文献出版社，2017。

张智：《马克思恩格斯列宁思想政治教育思想考论》，中国人民大学出版社，2023。

张瑜：《高校思想政治教育科学化研究》，社会科学文献出版社，2024。

张雷声：《思想政治理论课教学的新境界》，中国人民大学出版社，2018。

张澍军：《思想政治教育学科建设研究》，人民出版社，2014。

陈万柏、张耀灿主编《思想政治教育学原理》，高等教育出版社，2001。

张耀灿：《思想政治教育学科建设研究》，中国人民大学出版社，2017。

陈万柏：《思想政治教育学原理》，中国人民大学出版社，2013。

陈寿灿：《增强大学生思想政治理论课获得感研究》，浙江工商大学出版社，2021。

陈建成、朱晓艳主编《高校思想政治教育理论与实践研究2019》，光明日报出版社，2020。

陈彦雄：《高校思政课教学质量问题研究》，北京工业大学出版社，2020。

陈晓曦：《高校思政课话语自觉研究》，人民日报出版社，2022。

陈锡喜：《意识形态和话语体系》，华东师范大学出版社，2011。

林庭芳：《高校思想政治理论课教育教学现代化研究》，人民出版社，2006。

林晶：《大数据思想政治教育模式构建研究》，人民出版社，2024。

罗荣渠：《现代化新论——中国的现代化之路》，华东师范大学出版社，2013。

金昕：《高校日常思想政治教育研究》，中国人民大学出版社，2023。

周小李：《高校思想政治教育"情商"——亲和力研究》，人民出版社，2022。

周方：《新时代高校思想政治工作协同创新研究》，人民出版社，2023。

周向军等主编《高校思想政治理论课"概论""纲要"教学设计》，山东人民出版社，2013。

周海燕：《高校思想政治理论课教师角色研究》，人民出版社，2017。

赵君：《高校思想政治教育管理队伍建设论》，中国社会科学出版社，2008。

赵浚：《人工智能赋能高校思想政治教育研究》，中国社会科学出版社，2024。

胡田庚主编《新理念思想政治（品德）教学论（第三版）》，北京大学出版社，2019。

骆郁廷：《思想政治教育引论》，中国人民大学出版社，2018。

骆郁廷主编《高校思想政治理论课程论》，武汉大学出版社，2006。

骆郁廷主编《高校思想政治理论课程评价新探》，中国社会科学出版社，2011。

秦书生：《新时代高校思想政治理论课改革创新研究》，东北大学出版社，2023。

聂鑫、王旭、肖丽：《思想政治理论课混合式教学研究》，北京航空航天大学出版社，2023。

顾海良、佘双好主编《高校思想政治理论课程教学改革研究》，武汉大学出版社，2006。

顾海良：《高校思想政治理论课程建设研究》，中国人民大学出版社，2009。

郭凤志：《高校思想政治理论课程建设研究》，北京师范大学出版社，2024。

郭绍均：《思想政治教育学科系统研究》，人民出版社，2022。

唐亚阳等：《新时代思想政治教育研究》，人民出版社，2023。

谈松华、陈芙泉：《大学思想政治教育简史》，上海交通大学出版社，1989。

教育部思想政治工作司组编《加强和改进大学生思想政治教育重要文献选编（1978—2014）》，知识产权出版社，2015。

黄蓉生等：《改革开放以来大学生思想政治教育论纲》，人民出版社，2014。

梅鲜：《高校思想政治教育第二课堂建设研究》，上海三联书店，2023。

蒋占峰：《大学生思想政治理论课获得感研究》，上海三联书店，2021。

鲁力、刘洋：《现代思想政治教育的多维探索》，天津人民出版社，2023。

谢伟光：《高校思政课对话式教学法研究》，社会科学文献出版社，2023。

谢守成等：《国际化视野下的大学生思想政治教育创新发展研究》，人民出版社，2014。

蒲丽霞：《高校思想政治理论课话语体系建设研究》，人民日报出版社，2022。

樊红兰、邱其荣：《高校思想政治理论课实践教学研究》，南京出版社，2024。

戴波、曾卫兵主编《新时代高校思想政治理论课教育教学研究》，知识产权出版社，2023。

戴钢书：《高校思想政治理论课教学跨学科研究方法论》，中国人民大学出版社，2017。

戴钢书：《高校思想政治理论课实践教学论》，中国人民大学出版社，2015。

魏宏森、曾国屏：《系统论——系统科学哲学》，清华大学出版社，1995。

三　中文报纸

《中共中央关于党的百年奋斗重大成就和历史经验的决议》，《人民日报》2021 年 11 月 17 日。

《全国高校思政课专兼职教师超 12.7 万人》，《中国青年报》2022 年 3 月 18 日。

《思政课作用不可替代 思政课教师责任重大——与会教师热议习近平总书记在学校思政课教师座谈会上重要讲话》，《光明日报》2019 年 3 月 19 日。

《谱写立德铸魂的奋进篇章——全国高校思想政治工作会议以来学校思想政治理论课建设综述》，《人民日报》2019 年 3 月 18 日。

丁俊萍、朱凌：《加强高校思想政治理论课建设的多维思考》，《思想理论教育》2016 年第 11 期。

王小静、李向勇：《试析新中国成立初期高校思想政治理论课教材建设》，《湖北社会科学》2013 年第 4 期。

王永和：《围绕"认知、认可、认同"构建思想政治理论课课堂教学方法体系》，《思想理论教育导刊》2013 年第 10 期。

王传发：《新时代高校思想政治理论课系统塑造的思想逻辑》，《云南大学学报》（社会科学版）2024 年第 2 期。

韦岚、罗茜茜：《高校思政课教师队伍建设的维度与策略——基于三个省级实施方案的分析》，《西南科技大学学报》（哲学社会科学版）2024 年第 1 期。

方雷、刘蕊：《新时代思想政治理论课建设创新的三个特性》，《思想理论教育导刊》2019 年第 3 期。

田克勤：《新中国成立七十多年来高校思想政治理论课课程体系的建构及其经验》，《中国青年社会科学》2021 年第 2 期。

四　中文期刊

冯刚、张欣：《深刻把握思想政治理论课理论性与实践性相统一的价值意蕴》，《新疆师范大学学报》（哲学社会科学版）2019 年第 5 期。

冯刚、陈步云：《深刻把握新时代思政课"八个统一"的建设规律》，《中国高等教育》2019 年第 9 期。

冯刚、陈倩：《塑造高校思想政治理论课公众形象须把握几对关系》，《思想教育研究》2024 年第 1 期。

冯刚、金国峰：《新中国成立 70 年来高校思想政治教育的发展动力、经验和展望》，《思想理论教育》2019 年第 10 期。

冯秀军：《推动思政课建设内涵式发展的着力点》，《思想理论教育导刊》2024 年第 6 期。

冯博：《高校思想政治理论课数字生态系统的内涵、结构与运行机制探析》，《思想教育研究》2023 年第 12 期。

吕鹏、林晶：《数字化赋能高校思想政治理论课的理论内涵、实践探索与路径优化》，《思想教育研究》2024 年第 6 期。

朱丹：《新时代高校思政课实践教学的内涵、价值及实现路径》，《云南大学学报》（社会科学版）2024 年第 2 期。

刘武根：《论新时代高校思想政治理论课建设的主要矛盾》，《思想理论教育导刊》2018 年第 5 期。

刘建军：《全面把握思想政治理论课建设的基本规律》，《思想教育研究，2017 年第 4 期。

刘建军：《思想政治教育话语转换的三重基础》，《思想理论教育导刊》2016 年第 5 期。

刘晓亮、侯凯升：《高校思想政治理论课建设的现状与展望——基于近五年来全国 70 余所高校的调查分析》，《思想政治教育研究》2024 年第 3 期。

刘雪璟：《论思想政治理论课教师的政治素养》，《思想理论教育导刊》2019 年第 11 期。

闫方洁、王慧洁：《高校思想政治理论课教材体系向教学体系转化的内在逻辑探析》，《思想理论教育》2024 年第 4 期。

闫成俭、胡鹤玖：《关于加强新时期高校思想政治理论课师资队伍建设的思考》，《思想理论教育导刊》2011 年第 7 期。

孙英：《改进高校思想政治理论课的问题意识研究》，《思想理论教育导刊》2018 年第 1 期。

孙英：《高校思想政治理论课教学供给侧改革论析》，《思想理论教育导刊》2017 年第 5 期。

李久林：《牢牢把握两个"关键"着重解决三大问题》，《思想理论教育导刊》2019 年第 5 期。

李云峰：《新时代高校思想政治理论课教师话语身份的场域理析》，《思想教育研究》2024 年第 7 期。

李永菊、陈曦：《高等教育内涵式发展背景下思想政治理论课建设研究》，《学校党建与思想教育》2020 年第 12 期。

李丽、葛彦东：《关于高校思想政治理论课整体建设的基本构想》，《思想理论教育导刊》2008 年第 12 期。

李明珠：《大数据时代高校思想政治理论课教学：挑战、机遇与变革路径》，《教育与教学研究》2019 年第 2 期。

李欣：《高校思想政治理论课教学话语建设存在的问题及对策研究》，《思想理论教育导刊》2019 年第 4 期。

李建、刘羽曦：《新时代高校思想政治理论课内涵式发展探析》，《思想政治课研究》2021 年第 3 期。

李建华、张响娜：《思想政治理论课改革的理性之道》，《学校党建与思想教育》2019 年第 7 期。

李素霞、刘孝林：《加强高校思政课教师队伍建设刍议》，《学校党建与思想教育》2023 年第 24 期。

李烨红：《新时代高校思想政治理论课教学话语体系构建研究》，《学校党建与思想教育》2021 年第 11 期。

李维昌、汪大本：《三重转变：高校思政课话语实效性提升路径的利益维度探析》，《思想政治课研究》2018 年第 5 期。

李紫娟：《新时代高校思想政治理论课改革创新刍议》，《学校党建与思想教育》2024 年第 8 期。

李楠、杜克捷：《中国式现代化理论融入高校思政课教学的三重维度》，《学校党建与思想教育》2024 年第 7 期。

杨志刚、费孝辉：《刍议提升高校思想政治理论课教学质量的三个着力点》，《思想政治教育研究》2018 年第 6 期。

杨洪泽、张森林：《基于接受理论的思想政治理论课教学可接受性建设初探》，《理论与改革》2013 年第 1 期。

肖贵清：《新时代学校思想政治理论课建设的基本思路》，《吉首大学学报》（社会科学版）2020 年第 2 期。

肖贵清：《新时代高校思想政治理论课的高质量发展》，《吉首大学学报》（社会科学版）2024 年第 3 期。

吴林龙：《论新时代学生思想政治教育系统化及其进路》，《思想教育研究》2019 年第 8 期。

吴潜涛：《推动思想政治理论课高质量发展的着力点》，《马克思主义理论学科研究》2022 年第 10 期。

何传启：《中国式现代化与全面建设现代化国家新征程》，《中国党政干部论坛》2020 年第 12 期。

何祥林、陈梦妮：《信息化时代高校思想政治理论课教学话语发展的理路》，《学校党建与思想教育》2019 年第 10 期。

佘双好、田贵华：《五年来高校思想政治理论课建设的显著成绩和深刻变化》，《思想理论教育》2024 年第 3 期。

佘双好：《构建与课堂教学相互促进的思想政治理论课实践教学体系》，《思想理论教育导刊》2015 年第 11 期。

佘双好：《高校马克思主义学院建设需要处理的一些关系》，《思想理论教育》2015 年第 2 期。

佘双好：《深刻把握习近平新时代中国特色社会主义思想的世界观》，《中国高校社会科学》2023 年第 3 期。

沈壮海：《论高校思想政治理论课的细节叙事》，《中国高等教育》2023 年第 17 期。

宋友文、王易：《高校思想政治理论课教材体系向教学体系转化研究》，

《中国高等教育》2019 年第 6 期。

张正光：《提升思想政治教育亲和力的有效路径》，《思想理论教育导刊》2017 年第 5 期。

张本刚、李晓萌：《中国共产党探索中国式现代化的历史进程、理论逻辑与实践逻辑》，《社会科学辑刊》2023 年第 4 期。

张秀荣、张诗豪：《新时代高校思想政治理论课教学方法改革创新的动因与路径》，《学校党建与思想教育》2020 年第 5 期。

张凯：《新时代高校思政课教师队伍建设探究》，《学校党建与思想教育》2019 年第 14 期。

张欣：《把握思想政治理论课理论性与实践性相统一的深刻内涵》，《学校党建与思想教育》2019 年第 13 期。

张宝君：《"精准供给"视域下高校思想政治理论课教学现实反思与策略》，《思想理论教育导刊》2017 年第 8 期。

张健彪：《整体性视野下高校思想政治理论课教学改革论析》，《思想政治教育研究》2021 年第 5 期。

张楠：《"四史"学习教育与高校思想政治理论课教学改革深度融合的探索》，《思想教育研究》2021 年第 3 期。

张雷声、韩喜平、肖贵清等：《全面深化对党的创新理论体系化学理化的认识》，《马克思主义理论学科研究》2023 年第 11 期。

张雷声：《改革开放以来思想政治理论课教师队伍建设论析》，《思想理论教育》2018 年第 10 期。

张澍军、齐晓安：《马克思主义理论学科建设与思想政治理论课建设的关系》，《高校理论战线》2008 年第 6 期。

陈大文、刘一睿：《高校思想政治理论课教师队伍建设若干保障制度解读》，《思想理论教育》2009 年第 1 期。

陈占安：《论高校马克思主义学院重在建设》，《学校党建与思想教育》2019 年第 5 期。

陈占安：《改革开放以来高校思想政治理论课教材建设的回顾与展望》，《思想理论教育导刊》2018 年第 10 期。

陈涛：《图像时代高校思想政治理论课建设的路径选择》，《思想教育研究》2017 年第 3 期。

陈锡喜、刘伟：《论高校思想政治理论课建设性和批判性的统一》，《思想理论教育》2019 年第 5 期。

陈锡喜、张濠：《推动高校思想政治理论课建设内涵式发展的要义和路径》，《思想理论教育》2019 年第 11 期。

罗亮：《高校思想政治理论课实践教学改革创新探究》，《学校党建与思想教育》2022 年第 5 期。

郑洁、李堂：《落实习近平总书记讲话精神 积极推动思想政治理论课改革创新——"新时代高校思想政治理论课改革创新"论坛综述》，《思想理论教育导刊》2020 年第 1 期。

房正：《党的理论创新与思想政治教育发展年度研究述评》，《思想教育研究》2018 年第 2 期。

孟珍伟、吴倩：《习近平文化思想融入高校思政课教学的四重逻辑》，《中南民族大学学报》（人文社会科学版）2024 年第 7 期。

胡凤琴：《党的十八大以来思想政治教育方法的理论与实践创新》，《湖北社会科学》2018 年第 3 期。

胡涵锦：《"及时跟进学"：新时代思想政治理论课教师"政治要强"的理论自觉和专业素养》，《学校党建与思想教育》2019 年第 17 期。

胡湘永：《基于"两个结合"的高校思政课教师队伍能力建设探究》，《中学政治教学参考》2024 年第 24 期。

钟飞燕、高德胜：《高校思想政治理论课的时代定位》，《思想教育研究》2019 年第 8 期。

侯惠勤：《意识形态的历史转型及其当代挑战》，《马克思主义研究》2013 年第 12 期。

郗厚军：《思想政治教育说理的内涵要义、认识误区及实践要求》，《思想教育研究》2022 年第 6 期。

逄锦聚：《提高质量是思想政治理论课教学的生命线——以"马克思主义基本原理概论"课为例》，《思想理论教育导刊》2017 年第 9 期。

宫长瑞、冯雲：《"元时代"高校思想政治理论课变革创新策略探赜》，《思想政治课研究》2024 年第 2 期。

骆郁廷、余杰：《如何理解"思政课的本质是讲道理"》，《光明日报》2022 年 7 月 8 日。

骆郁廷、唐丽敏：《改革开放四十年高校思想政治工作的三大跨越》，《马克思主义研究》2018 年第 12 期。

耿俊茂：《高校思想政治理论课教学改革坚持主导性和主体性相统一的理论与实践》，《思想理论教育导刊》2023 年第 11 期。

顾钰民、汪浩：《坚持"四个服务"宗旨讲好治国理政"三新"》，《思想政治教育研究》2017 年第 2 期。

顾钰民：《把创新作为思想政治理论课建设的着力点》，《教学与研究》2006 年第 6 期。

顾海良：《理解和把握〈习近平新时代中国特色社会主义思想概论〉教材体系的几个问题》，《中国高等教育》2024 年第 1 期。

顾海良：《新时代高校思想政治教育的理论指导和发展理念——学习习近平新时代中国特色社会主义思想》，《思想理论教育导刊》2018 年第 1 期。

徐晓峰、陶安娜、林威：《高校思想政治理论课教师与辅导员协同育人的优化路径探析》，《思想教育研究》2024 年第 8 期。

徐蓉、王梦云：《提升高校思想政治理论课教学质量的多维思考》，《思想理论教育》2017 年第 9 期。

郝平：《深入学习贯彻习近平新时代中国特色社会主义思想 加快"双一流"建设 实现高校内涵式发展》，《中国高教研究》2017 年第 12 期。

殷玲玲：《思想政治教育"以理服人"的现实思考》，《思想理论教育导刊》2018 年第 8 期。

高德毅、宗爱东：《课程思政：有效发挥课堂育人主渠道作用的必然选择》，《思想理论教育导刊》2017 年第 1 期。

高鑫：《新时代高校思想政治理论课教学话语体系作用机制研究》，《学校党建与思想教育》2019 年第 15 期。

陶文昭、孙志伟：《习近平新时代中国特色社会主义思想进思政课教材的几个问题》，《中国大学教学》2019年第1期。

黄广友、李生策：《高校思想政治理论课教师队伍后备人才培养的成效、问题与优化路向》，《思想理论教育》2024年第1期。

郗厚军：《思想政治教育说理的内涵要义、认识误区及实践要求》，《思想教育研究》2022年第6期。

黄建军：《高校思想政治理论课内涵式发展的模式探索》，《中国高等教育》2019年第11期。

梁冰：《提升新时代高校思政课亲和力和针对性的对策选择——学习中国共产党的十九大报告体会》，《思想政治教育研究》2018年第4期。

彭红涯：《高校思想政治理论课讲好伟大建党精神论略》，《思想政治教育研究》2024年第1期。

董玉来、伍洋：《高校思想政治理论课"阶梯课堂"教学改革的探索与实践》，《思想理论教育导刊》2021年第7期。

蒋兆雷、黄洪雷：《基于提升学生兴趣与认同的"马克思主义基本原理概论"课程教学与实践探索》，《思想理论教育导刊》2017年第5期。

韩乃茂：《高校思想政治理论课教学方法改革创新》，《中学政治教学参考》2024年第13期。

韩光道：《新形势下高职院校思政课教学与建设之判析》，《思想理论教育导刊》2017年第9期。

韩华、张丹丹：《新时代思想政治理论课建设的辩证法》，《高校辅导员》2019年第2期。

韩振峰、李辰洋：《新中国成立70年来高校思政课课程建设的发展历程及经验启示》，《北京交通大学学报》（社会科学版）2019年第4期。

韩爽、刘健：《高校思想政治理论课实践教法多元融合机制研究》，《黑龙江高教研究》2024年第4期。

覃事太、马俊、金鑫：《高校思想政治理论课教学话语建设的实践逻辑》，《思想理论教育导刊》2018年第5期。

焦艳：《主体间性视阈下高校思想政治理论课教学改革探索》，《学校党建与思想教育》2021 年第 4 期。

靳诺:《深入学习贯彻习近平总书记重要指示精神大力加强新时代高校
　　思政课教师队伍建设》,《思想教育研究》2024 年第 6 期。

管锦绣:《关于突出高校思想政治理论课教学理论性的思考》,《思想理
　　论教育导刊》2017 年第 5 期。

翟玉华:《新时代高校思想政治理论课课程目标的层化分解与教学要
　　求》,《思想政治教育研究》2024 年第 2 期。

熊晓琳、王丹:《创新高校思想政治理论课建设体系要做到"三个必
　　须"》,《思想教育研究》2016 年第 4 期。

滕飞、徐川:《论新时代高校思想政治理论课教学的话语转换》,《思想
　　政治教育研究》2021 年第 5 期。

潘建红、刘歌:《智能时代高校思想政治理论课教师主体角色及调适》,
　　《思想教育研究》2024 年第 4 期。

五　外文著作

Campbell, David E., Ed, et al. *Making Civics Count*: *Citizenship Educa-
　　tion for a New Generation*, Boston: Harvard Education Press, 2012.

Van Leeuwen T, *Discourse and Practice*: *New Tools for Critical Discourse A-
　　nalysis*, Shanghai: Shanghai Foreign Language Education Press, 2018.

Mc Carthy, Michael. *Discourse analysis for language teachers*, Cambridge:
　　University Press, 1991.

后　记

本书是我在长期从事高校思政课教育实践并对其进行理论思考的基础上研究完成的。作为一名思政课教师，在主耕教学的同时始终关注着"思政课发展与建设"——这个本人从博士论文选题开始就一直密切关注和追踪的课题，并养成了对该主题的资料搜集整理、热点问题反思与发展趋势研判的习惯。具体到本书，则主要进行了如下方面的研究：搜集整理课程建设与发展史的相关材料，系统梳理课程建设的基本要素，深入探究课程的本质问题及课程建设与发展中的矛盾，以及跟踪、了解和掌握新时代以来党和国家对思政课建设的政策部署与方向指引，全面分析新时代高校思政课程体系的演进逻辑与发展框架，并围绕思政课建设内涵式发展的新方略新要求而展开理论分析与实践探索，期望最终完成对高校思政课建设的学理性、系统性和前瞻性研究。

本书依托我主持的教育部人文社会科学研究项目"新时代高校思政课程体系的内在逻辑与科学优化研究"（项目批准号：22YJC710063）而开展，但并不囿于对课程体系建设的单一性研究，还从纵横交贯的宏观视野、现象与本质融合的立体思维、现实与未来观照的前瞻视角对课程体系进行了系统全面的研究。

本人负责全书从题目确定、提纲设计、内容论证到文字修订的整体流程。李金义、李继芳、许智银三位硕士研究生对书稿进行了文字校对，付出了辛苦劳动。社会科学文献出版社马克思主义分社总编辑曹义恒就本书题目及整体思路与本人进行过商讨并提出宝贵意见，编辑部的茹佳宁对本书文字进行多次的校对和修订，进一步提高了本书文字质量。在此，对他们的工作表示衷心感谢。同时，感谢东北师范大学马克思主义学部对著作出版的资助。

王爱莲

2025 年 2 月

图书在版编目（CIP）数据

高校思政课建设六论／王爱莲著.--北京：社会
科学文献出版社，2025.4.--（东北师范大学思想政治
理论课建设系列丛书）.--ISBN 978-7-5228-5021-4

Ⅰ.G641

中国国家版本馆 CIP 数据核字第 2025LT5106 号

东北师范大学思想政治理论课建设系列丛书
高校思政课建设六论

著　　者／王爱莲

出　版　人／冀祥德
责任编辑／吕霞云
文稿编辑／茹佳宁
责任印制／岳　阳

出　　　版／社会科学文献出版社·马克思主义分社（010）59367126
　　　　　　地址：北京市北三环中路甲29号院华龙大厦　邮编：100029
　　　　　　网址：www.ssap.com.cn
发　　　行／社会科学文献出版社（010）59367028
印　　　装／三河市尚艺印装有限公司

规　　　格／开　本：787mm×1092mm　1/16
　　　　　　印　张：17　字　数：250 千字
版　　　次／2025 年 4 月第 1 版　2025 年 4 月第 1 次印刷
书　　　号／ISBN 978-7-5228-5021-4
定　　　价／98.00 元

读者服务电话：4008918866